LES CONFESSIONS

DE FRÉRON

Il a été tiré *soixante-quinze exemplaires* numérotés sur papier de *Hollande*. — Prix : 7 fr.

Paris. — Imp. Viéville et Capiomont, 6, rue des Poitevins.

Dessiné par C. N. Cochin 1770.   Hubert sculp.

Du mauvais gout, Censeur inexorable,
De l'ignorance il dédaigne les cris
Sa plume, aux Ecrivains, l'a rendu redoutable,
Et son cœur, cher à ses amis.

A Paris, chez Bligny lancier du Roi cour du Manège des Tuilleries, Avec Privilège du Roi concédé par le
Sr. Gaucher en date du 21 Février 1777, pour cet Article.

LES CONFESSIONS

DE

FRÉRON

(1719-1776)

SA VIE, SOUVENIRS INTIMES ET ANECDOTIQUES, SES PENSÉES

RECUEILLIS ET ANNOTÉS

Par Ch. BARTHÉLEMY

« Le Goût est un prince detrôné qui de temps
en temps doit faire des protestations. »
(FRÉRON, *l'Année littéraire*, 1755,
t. I, p. 10.)

PARIS

G. CHARPENTIER, ÉDITEUR

13, RUE DE GRENELLE-SAINT-GERMAIN, 13

—

1876

PRÉFACE

I

Le dix-huitième siècle est peut-être l'époque
la plus curieuse, la plus intéressante, la plus
utile, et — j'ose le dire, — la plus indispensable
à connaître; et, cependant, c'est assurément
celle dont nous savons le moins l'histoire.

Quoique l'objet de nombreuses et même mi-
nutieuses recherches, le dix-huitième siècle est
encore, à l'heure qu'il est, peu et mal connu;
les investigations auxquelles il a jusqu'ici donné
lieu n'ont guère été commencées qu'avec notre
siècle, à la suite d'une terrible révolution, par
des hommes qui y avaient joué un rôle, et qui,
voulant s'excuser ou se disculper, ont fait de
1789 et de 1793 une conséquence nécessaire,
fatale même, du règne de Louis XV.

La Révolution française ayant absorbé toute l'attention des écrivains, — soit historiens, soit publicistes, — cette attention s'est concentrée sur les faits et la philosophie, et on a oublié de demander à la littérature, qui est la véritable expression d'une société et d'une époque, le mot et l'explication vraie de ce qui est encore une énigme à l'heure qu'il est, et cesse pourtant de l'être quand on a lu Fréron et quelques autres hommes qui, plongeant pour ainsi dire dans la postérité, ont voulu l'éclairer par le compte rendu, l'inventaire, *le pourquoi* des écrits publiés de leur temps, pour et contre la vérité religieuse, morale, historique, politique et littéraire.

Un siècle tel que celui qui produisit Voltaire et Rousseau n'est certes pas une époque ordinaire; mais, en regard et pour rétablir l'équilibre, il faut mettre Fréron, Guénée, Bergier, les apologistes catholiques, et aussi les martyrs de la vérité et du droit éternel et imprescriptible. Ce parallèle fait du siècle dernier *une époque du monde,* — pour nous servir de la parole si caractéristique du grand Joseph de Maistre.

Ce qui explique la passion d'études sur le dix-huitième siècle qui anime les libres penseurs du dix-neuvième, c'est le besoin qu'ils éprouvent de continuer la tradition de l'erreur, du mensonge et du sophisme, qui leur est si chère; mais les catholiques, eux, ne connaissent rien de ce passé, qu'ils ont jusqu'ici trop négligé d'étudier; et cependant nous sommes les fils du dix-huitième siècle autant que ceux du moyen âge.

Or, nous ne possédons si bien le sens intime du moyen âge, que parce que, — non contents d'étudier son histoire, — nous avons pénétré dans les secrets et jusqu'aux entrailles mêmes de ses institutions, de son art, de sa littérature et de sa science.

Il y aurait à faire, — sur la manière dont on doit étudier le dix-huitième siècle, — ce qu'un érudit de notre temps a pratiqué avec tant de sagacité pour le moyen âge. A défaut d'hommes comme les Guérard, les Paulin Paris et tant d'autres investigateurs de nos antiquités, nous avons, pour le siècle dernier, mieux encore, les contemporains mêmes, Fréron en tête, — pour ne parler que des critiques. Au lieu de procéder, comme pour les époques lointaines, par voie d'induction, il nous est ici donné de marcher de certitude en certitude, d'affirmation en affirmation.

Cependant, malgré tant de moyens et de sources d'informations, nous ne connaissons pas la littérature du dix-huitième siècle; à peine quelques noms, et de ces quelques noms peu d'œuvres sont du domaine des études modernes des catholiques. En somme, on a plus lu les *Lettres persanes* que l'*Esprit des lois*, les tragédies de Voltaire que sa correspondance, etc., etc., etc.

Dans cette époque si remplie, Fréron est un cicerone instruit; il en sait à fond l'histoire, et il en parle à merveille la langue, dont aucun secret ne lui est étranger : il ne dit que ce qu'il a vu; ses modèles, il les a pratiqués et connus, en quelque sorte, en déshabillé.

Du dix-huitième siècle, Voltaire n'a fait que la caricature, que l'on prend cependant pour le portrait; or, la caricature peut, tout au plus, servir de moyen de contrôle... et encore avec combien de prudence !

Fréron, lui, a peint le portrait; s'il exagère quelquefois, ce n'est que pour mieux accentuer la physionomie et lui donner un relief qui la mette en pleine lumière.

C'est dans cette galerie de types que nous voulons introduire les gens de goût et de sens.

Il est aussi injuste de ne voir que Voltaire,

Rousseau, les encyclopédistes, et même Crébillon fils en tête du siècle dernier, sans tenir compte
des Fréron, des Guénée, des Bergier, etc., que
de s'obstiner à placer uniquement au seuil de ce
temps-ci Parny et Pigault-Lebrun, en ayant
l'air d'oublier Joseph de Maistre, de Bonald
et Châteaubriand.

II

Depuis plus de trente ans tout à l'heure, les
deux derniers siècles de notre littérature, — le
dix-huitième plus particulièrement, — sont l'objet d'études nombreuses, variées, parfois même
enthousiastes. Les auteurs dramatiques, les historiens, les poëtes, les écrivains de tous genres
de l'époque qui précéda immédiatement la nôtre,
sont analysés, estimés à leur valeur, avec plus
ou moins d'impartialité. Seuls, les critiques ont
été oubliés dans cette revue à peu près générale des forces intellectuelles d'un temps qui
compta cependant, en ce genre éminemment
difficile, ingrat et rarement sympathique, des
hommes tels que Desfontaines, Fréron et

Clément, pour ne citer que les plus fameux.

Plusieurs raisons ont empêché que cette étude se fît; d'abord les incroyables préjugés amassés contre Fréron, puis l'immensité de la collection de ses feuilles, — près de deux cents volumes! — enfin, la partialité beaucoup trop marquée avec laquelle on a, de tous temps, apprécié les critiques.

Bravant ces préjugés, en ce temps qui appelle et cherche la lumière en tout et partout, nous avons tenté de publier un choix des pensées les plus remarquables de Fréron.

C'est ici le dix-huitième siècle jugé par un contemporain; ce sont vraiment les souvenirs littéraires intimes et anecdotiques de trente années, les plus curieuses peut-être et aussi les plus instructives à connaître de cette époque déjà si loin de nous, — tant les événements ont une marche rapide, — et cependant c'est presque d'hier!

Le moindre attrait de la publication que nous entreprenons est d'offrir, en quelque sorte, un Cours familier de littérature et d'art pour la période historique qui, en France, s'étend de 1745 à 1775, et comprend l'existence même de critique de Fréron.

Les souvenirs intimes et anecdotiques — dont
on est si curieux, à juste titre ; car ils sont la
meilleure révélation des hommes et des choses
d'une époque, — abondent dans cette publication ; et, en lui donnant un prix inestimable, impriment en même temps à sa contexture le laisser-
aller plein de naturel, de charme, de piquant, et
à la fois de bonhomie d'une causerie. Cet attrait
est immense, et il fait complétement défaut à la
plupart des cours de littérature parus jusqu'à
ce jour.

Les rapprochements, qui naissent comme
d'eux-mêmes entre le siècle dernier et le nôtre,
impriment d'ailleurs à ces pages un intérêt tout
particulier d'actualité que peu de livres ont, de
nos jours, comme celui-ci, la bonne fortune de
présenter.

Mais, ce n'est pas assez, — quoique ce soit
déjà beaucoup, — de faire connaître le mérite
du grand critique ; l'auteur dont l'esprit anime
ces pages, *l'homme même*, comme dit Buffon,
l'homme dont ces pages reflètent la vie, que
sait-on de lui ? Presque rien, tout compte
fait. Il nous a semblé qu'il serait à la fois
utile et intéressant de connaître ce qu'était
l'homme.

Fréron nous offre dans sa vie ainsi que dans son œuvre,

L'accord d'un beau talent et d'un beau caractère;

il fut, il est resté un caractère digne d'être étudié, et dont l'examen, loin de l'amoindrir, comme cela n'arrive, hélas! que trop souvent, le grandit encore.

Fréron n'a besoin que de la vérité; cette vérité nous l'avons cherchée dans ses nombreuses feuilles où, pendant près de trente ans, il a tenu ses lecteurs au courant de ses impressions et de ses appréciations des œuvres littéraires et polémiques de son temps. Groupant, — selon l'ordre chronologique, — tous ces fragments et les soudant entre eux, nous sommes arrivés à recomposer les *Confessions*, ou, comme disent les Anglais, l'*autobiographie* de Fréron. Nous n'avons pas besoin d'insister sur l'intérêt, le charme, l'instruction qui résultent d'un essai de ce genre, dans lequel se reflète, — ainsi qu'en un miroir fidèle, — la figure du critique dont jusqu'ici on ne connaissait que la caricature.

« N'a pas des ennemis qui veut, » a-t-on dit avec raison. Pour bien apprécier un homme, il

faut non-seulement savoir quels esprits l'ont
haï, mais aussi quels cœurs l'ont apprécié et
aimé. Le roi Stanislas et sa digne fille, Marie
Leczinska, le dauphin, l'épiscopat et le clergé,
ont été les protecteurs déclarés du grand critique; grâce à eux, ses feuilles ont pu continuer,
— quoique à travers la haine de Voltaire, des
encyclopédistes et de la tourbe littéraire d'alors,
— à défendre la religion, la morale, le goût et le
sens commun...

Ce qui constitue le vrai, l'immense mérite de
Fréron, c'est qu'il n'a jamais cédé à la colère
dans sa polémique contre des ennemis qui, à
défaut de raisons, l'accablaient d'injures. « Tu
te fâches, donc tu as tort », était ce que l'on eût
pu dire, et ce que répondait Fréron à ses contradicteurs.

Ainsi, la haine des sophistes, la sympathie des
âmes honnêtes, le calme dans la polémique, —
voilà ce qui distingue la vie et le caractère de
l'illustre critique. Il eut la gloire de partager
l'opinion publique entre Voltaire et lui; il eut
de son côté tous les amis de la religion et les
hommes de goût.

C'est à ceux qui comprennent quelles ruines
lamentables ont amoncelées dans les intelli-

gences, et sur le sol même de notre pays, les doctrines perfidement flatteuses des apôtres de l'incrédulité et du matérialisme, que nous offrons ces pages ; elles leur reviennent de droit. Ils y trouveront, — et ce ne leur sera pas une médiocre consolation et un petit encouragement, — la personnalité et la parole franche, sincère, éloquente parfois, spirituelle, incisive, convaincue toujours, d'un des nombreux défenseurs de la vérité et du goût, à cette époque agitée qu'on nomme le dix-huitième siècle.

Puissent ces pages et cette publication même dissiper une erreur trop accréditée même chez les esprits les plus honnêtes de notre temps, — c'est que la Vérité a vu sa cause abandonnée ou mal servie, alors que le sophisme cherchait à la saper de tous côtés. Mensonge ténébreux que l'on ne saurait assez démasquer ! Jamais la Vérité n'a manqué de défenseurs ; à aucune époque son camp n'a été déserté ; toujours de vaillants soldats ont bravé pour l'amour d'elle les plus terribles épreuves... Fréron est un de ces soldats.

Ch. BARTHÉLEMY.

LES CONFESSIONS

DE FRÉRON

1719-1776

I

Élie-Catherine Fréron naquit à Quimper, en 1719, d'une famille honnête et alliée, — comme il nous l'apprend lui-même, — par sa mère, à celle de Malherbe :

« J'ai l'honneur... d'appartenir à cet illustre poëte. On conserve encore dans ma famille le recueil de ses œuvres, qu'il envoya lui-même à un de ses proches parents établi en Bretagne. C'est dans cet exemplaire qu'on m'a, pour ainsi dire, montré à lire ; ce sont au moins les premiers vers que j'ai appris par cœur[1]. »

Fréron fit ses études chez les Jésuites, où il donna de bonne heure une idée de ses talents. Ses maîtres furent le père Brumoy et le père Bougeant, qui lui inspirèrent le goût de la belle littérature et lui inculquèrent les principes de la saine critique, basée sur l'admiration intelligente et réfléchie des grands modèles de l'antiquité et du siècle de Louis XIV. Après avoir terminé ses classes avec honneur, le jeune Fréron professa pendant quelque temps avec succès au collége de Louis-le-Grand, à Paris, un des plus célèbres de ceux que dirigeait si brillamment la compagnie de Jésus.

C'est pendant son séjour chez les Jésuites, au noviciat et au collége de Louis-le-Grand, — en 1735, — qu'il arriva à Fréron une occasion éclatante de montrer sa vocation et son goût de critique, d'une façon très-remarquable ; il n'avait alors que seize ans.

« Le célèbre Père *Brumoy*... m'honorait de son amitié, et daignait, de concert avec le Père *Bougeant*, me guider dans mes études. J'aimais la poésie avec passion, et le Père *Brumoy* ne faisait

---

1. *Opuscules* de Fréron, tome I, page 362, et l'*Année littéraire*, 1757, tome VII, page 167. *Poésies de Malherbe*, édition in-8°, 1757. « L'éditeur et le libraire méritent toute la reconnaissance du public. Je leur dois en mon particulier des remerciements personnels. L'honneur que j'ai d'appartenir au grand Malherbe, du côté de ma mère, me rend plus intéressante et plus précieuse cette édition de ses *Poésies*, que j'ai sues par cœur dès mon enfance, et où j'ai appris à lire. »

qu'enflammer cette ardeur, en me parlant sans cesse de *Rousseau* qui lui écrivait souvent. Le *Pindare* de la France lui fit parvenir une ode en manuscrit, qu'il venait de faire sur la paix, en le priant de la lire d'un œil sévère et de lui marquer les défauts qu'il y trouverait. Le Père *Brumoy* me montra cette ode, et me força de lui dire ce que j'en pensais. J'osai lui citer les endroits qui me déplaisaient. Il envoya ses notes à *Rousseau* qui l'en remercia, et quelque temps après lui adressa une autre copie, corrigée d'après ses observations. Cette seconde leçon, beaucoup meilleure que la première, n'était pas encore assez digne d'un poëte aussi renommé : autres changements indiqués. Le docile *Rousseau* refit cette ode jusqu'à trois fois, et la mit en état de tenir sa place parmi les plus belles de son Recueil[1]. »

En 1739, se sentant entraîné vers une vocation qu'il devait illustrer, — celle de la critique littéraire, — il quitta le collége, témoin de ses premiers succès et ayant fait connaissance de l'abbé Desfontaines, il lui demanda d'être associé à ses travaux[2]. Fréron avait alors vingt ans.

1. L'*Année littéraire* de Fréron, 1774, tome I, pages 7 et 8.
2. Fréron écrivait, en 1757, au sujet de la part que l'auteur de *l'Esprit de l'abbé Desfontaines* lui attribuait dans la rédaction des diverses feuilles de ce célèbre critique : « L'éditeur s'est trompé lorsqu'il a dit que j'ai spécialement travaillé aux *Jugements*. J'y ai fait quelques articles, à la vérité, mais en très-petit nombre. C'est aux *Observations* que j'ai eu beaucoup de part, surtout depuis la mort de l'abbé *Granet* (en 1741). Il y a environ sept ou huit volumes de ma façon. J'ai encore aidé l'abbé *Desfontaines*

Dans le cours d'une carrière longue et agitée, il garda toujours une vive reconnaissance pour ses anciens maîtres, et il n'y a pas d'écrivain de leur ordre dont il ne parle avec éloge dans ses écrits.

Le dix-huitième siècle qui aimait le pseudonyme ne s'étonna pas de voir Fréron — comme bien d'autres de ses contemporains, — s'intituler successivement *l'abbé Fréron, le chevalier Fréron*; c'est sous ce dernier nom qu'il publia, d'abord dans les feuilles de l'abbé Desfontaines, puis dans le recueil de ses *Opuscules*, et, plus tard, dans l'*Almanach des Muses*, diverses poésies fugitives, au premier rang desquelles on peut mettre l'*Ode sur la bataille de Fontenoy* [1], une des meilleures qui aient paru depuis celles qui ont immortalisé le nom de Jean-Baptiste Rousseau.

Est-ce à dire pour cela que Fréron était né poëte et qu'il eût pu suivre cette carrière honorable, mais hérissée de difficultés? Certes non, et il eut le bon esprit de ne pas se méprendre sur la portée du succès de ses vers, et surtout de son ode. Cependant, toujours fidèle à son goût pour la poésie, nous le voyons analyser avec une prédilection marquée les productions en ce genre, et, parfois même, lâchant la bride à son Pégase, semer de quelques vers, voire de tirades assez étendues, éloquentes ou spirituelles, ses appréciations critiques.

De son amour pour la rime et de ses premiers essais en vers, il resta au style de Fréron les qualités, et — pourquoi ne le dirions-nous pas aussi? — les défauts qu'en-

dans sa traduction de *Virgile*. » (*Année littéraire*, 1757, tome III, page 133.)

1. A la fin de ce volume j'ai réuni les Poésies fugitives de Fréron, et entre autres, son *Ode sur la bataille de Fontenoy*. — Dans une lettre à Roy, — célèbre poëte lyrique dans le genre illustré par Quinault, — Fréron lui dit : « Le public honora d'un favorable accueil mon *Ode sur la journée de Fontenoy*. Vous daignâtes vous-même applaudir à ce faible essai. » (*Lettres sur quelques écrits de ce temps*, 1749, tome I, page 197.)

traîne l'emploi de la forme poétique dans les allures de la prose.

Ce style nombreux, carré, précis, pur et correct, est quelquefois surchargé d'épithètes, de métaphores cherchées, d'images mythologiques. Mais ces défauts sont de son siècle ; ses qualités seules lui sont propres.

D'ailleurs, que d'esprit ! quelles fortes études chez Fréron ! Avec quel art et quel bonheur il employait l'ironie ! combien il se montra familier avec toutes les ruses du genre polémique ! Il semblait que ce fût là son élément natif,

> Et comme on naît poëte, il était né critique.

De 1739 à 1745, époque de la mort de Desfontaines, — c'est-à-dire pendant six années, — sous la direction et avec les conseils d'un tel maître, Fréron fit un apprentissage au sortir duquel il passa si bien maître à son tour et acquit en peu de temps un si grand renom, qu'on peut dire qu'il ne tarda pas à faire oublier l'éminent critique qui lui avait donné des leçons.

Cœur loyal et reconnaissant, aimant sincèrement et son pays natal et son maître, il ne laissa jamais passer la moindre occasion de rappeler l'un et de louer l'autre.

Dans une lettre adressée à l'abbé Desfontaines, au sujet de la petite comédie du *Sylphe*[1], de Saint-Foix, Breton comme lui[2], Fréron dit :

« Je ne suis pas moins jaloux de la gloire de la Bretagne, que vous l'êtes de l'honneur de la Normandie[3]. L'intérêt même que j'y prends doit être d'autant

---

1. Représentée pour la première fois, en 1743.

2. Poullain de Saint-Foix, né à Rennes, en 1698, mourut à Paris, le 25 août 1776.

3. L'abbé Desfontaines était né à Rouen.

plus vif, que dans ma province, les beaux esprits et les écrivains polis sont plus rares que dans la vôtre, où une célèbre université et deux Académies de belles-lettres doivent naturellement répandre le goût des sciences et disposer les esprits des jeunes gens à les cultiver[1]. »

Et plus tard, — en 1749, — il écrivait encore :

« Il n'y a personne qui ne convienne de l'utilité des académies établies en plusieurs villes du royaume, et des prix qui y sont distribués. Ces sociétés littéraires font couler insensiblement dans tous les membres d'un État le goût des lettres et des arts. Elles adoucissent les mœurs, dégoûtent des plaisirs frivoles et grossiers, excitent l'émulation dans les gens oisifs, et jettent sur l'ignorance un ridicule dont on cherche à se sauver par l'étude.

« La province de Bretagne est peut-être la seule qui soit privée de cet établissement avantageux. Aussi a-t-elle été la dernière à se polir et à figurer sur le Parnasse. Elle est encore, aujourd'hui, la plus stérile en écrivains ; mais par ceux qu'elle a produits, on peut juger qu'il en sortirait un plus grand nombre de son sein, si, dans l'institution d'une académie à Rennes, la jeunesse bretonne trouvait les encouragements si communs ailleurs. On pourrait se flatter de voir

1. *Opuscules* de Fréron, tome I, page 169.

revivre les *Harduins* et les *Bougeants.* Les *Maupertuis,* les *Saint-Foix,* les *Duclos,* les *Trublets* et les
La Bletteries auraient peut-être, dans leurs compatriotes, des imitateurs qui marcheraient sur leurs
traces glorieuses[1]. »

Ce fut en travaillant aux diverses feuilles de l'abbé Desfontaines, — notamment aux *Observations sur les écrits
modernes* et aux *Jugements sur quelques ouvrages nouveaux,*
— que Fréron se lia d'amitié avec Crébillon père, Roy,
Piron, Louis Racine, Gresset, l'abbé d'Olivet, Fontenelle,
Montesquieu, Destouches, Saint-Foix, l'abbé Prévôt, Boissy
et tant d'autres littérateurs, dont il appréciait les talents
si divers [2].

Mais l'homme dont le caractère et les écrits lui étaient
le plus sympathiques, c'était l'abbé Desfontaines, à la mémoire duquel il écrivait ces vers, dès les premières pages
de ses *Opuscules,* en 1753 :

>   « Et toi qui d'une plume à ton repos fatale
>   　　Eus le courage de t'armer ;
>   　　Toi qu'une exécrable cabale,
>   　　De tes talents sombre rivale,
>   　　Voudrait en tous lieux diffamer :
>   Moderne Photius[3], *observateur* solide,

1. *Lettres sur quelques écrits de ce temps,* 1749, tome I, pages 259
et 260.

2. *Opuscules* de Fréron, tome I, pages 76 à 80.

3. Allusion au *Myriobiblon* ou *Bibliothèque* du fameux patriarche de Constantinople, ouvrage dans lequel il consigna
l'analyse critique des ouvrages qu'il avait lus pendant son am-
bassade en Assyrie. Ce recueil est le modèle des journaux littéraires. Les jugements de Photius sur le caractère et le style des
écrivains dont il analyse les productions sont presque toujours
dictés par le goût le plus pur.

> Qui sus, malgré les cris de cent petits auteurs,
> Par ton attique sel préserver les lecteurs
> Du miel assoupissant de toute œuvre insipide [1]... »

Ce fut pour défendre l'abbé Desfontaines, lors de la suppression de ses *Observations sur les écrits modernes*, en 1743, que Fréron publia sa *Lettre d'un bourgeois de Paris à un de ses amis* [2].

Les pages suivantes, oraison funèbre de son maître, appréciation impartiale d'un homme qu'il connaissait si bien, et programme de sa vie de critique à lui-même, méritent d'être citées textuellement; elles font honneur à sa reconnaissance et à son esprit : elles sont adressées à Le Franc de Pompignan :

« Si quelque chose pouvait me consoler, monsieur, de la mort de mon maître et de mon ami, ce serait assurément l'honneur que je reçois de lui succéder dans la place d'associé d'une académie [3] établie par vos soins, illustrée par vos talents. En attendant que je vous envoie, monsieur, l'Éloge historique que vous me demandez de cet illustre écrivain, permettez-moi de vous adresser cette lettre, comme un monument de l'estime et de la vénération que je conserverai toujours pour sa mémoire. Je vais essayer de peindre, avec des couleurs vraies, le caractère de son

1. *Opuscules* de Fréron, publiés pour la première fois en 1753, tome I, page 80.

2. Réimprimée dans les *Opuscules* de Fréron, tome I, pages 209 à 228.

3. L'Académie des belles-lettres de Montauban, érigée par lettres patentes du 19 juillet 1744, données à Dunkerque.

esprit et de son cœur, laissant à part les circonstances
de sa vie et l'énumération de ses ouvrages et de ses
querelles littéraires, que je placerai ailleurs.

« J'ose dire, monsieur, et je ne crains pas d'en
être démenti, que notre siècle lui a autant d'obligation que le siècle dernier en eut à Boileau. Si l'on
veut même examiner sans prévention les services
que ces deux auteurs ont rendus aux lettres, on conviendra sans peine que nous devons beaucoup plus à
l'abbé *Desfontaines*, que nos pères ne durent à Despréaux, par le besoin pressant que nous avions d'un
censeur judicieux et éclairé. Le règne de Louis XIV
était si fertile en grands hommes, dont les écrits
servaient de modèles, qu'il pouvait se passer de la
critique des mauvais ouvrages. D'ailleurs, Boileau,
comme poëte, n'a fait qu'effleurer les auteurs, et
jeter, en passant, du ridicule sur leurs misérables
productions, au lieu que l'Aristarque de nos jours
est entré dans des détails aussi instructifs qu'a-
gréables.

« Personne n'avait plus étudié que lui les règles
et les raisons des règles; personne ne les a déve-
loppées avec plus de finesse, d'agrément et de clarté.
Le brillant et la solidité, la justesse et la vivacité,
l'érudition et le choix, la force et la légèreté, l'abondance et la précision, la délicatesse et l'enjouement,
l'exactitude et la pureté du langage : voilà ce qui
caractérise cette plume célèbre. Il avait le coup d'œil

infaillible ; il saisissait parfaitement le ridicule, dans le goût d'Horace et de Lucien. Il tirait habilement d'un ouvrage tout ce qui pouvait prêter à la plaisanterie, et tourner à l'amusement ou à l'instruction de son lecteur. Il surprenait en quelque sorte l'endroit faible qui échappait aux yeux des plus attentifs, et que l'indulgent auteur se cachait à lui-même.

« Formé dès sa plus tendre jeunesse à l'école des bons écrivains de tous les siècles, il s'était fait, sur la nature des ouvrages d'esprit, des principes invariables, dont le flambeau l'éclairait dans la lecture des écrits modernes. Avec quel courage et quel succès ne s'est-il pas opposé à l'irruption de ces hardis novateurs, de ces ingénieux Pygmées, ivres du fol espoir de détruire l'ancien Parnasse, d'y élever une autre montagne à leur fantaisie, et de substituer aux couleurs de la nature le vernis de l'art, à l'or des *Rousseaux* le clinquant des *La Mothes*.

« Semblable au Dragon, gardien du jardin des Hespérides, il veillait à la porte du Temple du Goût, pour empêcher l'invasion de l'ignorance et du faux bel esprit. Il repoussait d'un bras d'airain le précieux néologisme, l'affectation du style, l'importun étalage de la fausse érudition, la ridicule recherche des idées singulières, la bizarre alliance des mots étonnés de se voir mariés, la tournure sophistique des pensées triviales : ennemis sans cesse renaissants, qu'il terrassait toujours avec de nouvelles armes.

« Mais ce qui le rendait plus redoutable à la populace des auteurs, c'est qu'en général il ne s'écartait point des lois de l'équité. Malgré tous ses ménagements, vous sentez bien, Monsieur, qu'il ne pouvait manquer d'avoir pour ennemis les petits écrivains qu'il ridiculisait, espèce d'insectes ardents à piquer ceux qui les doivent écraser. Il n'y a que la médiocrité qui se révolte avec fureur contre un homme qui a le courage de la démasquer. L'esprit supérieur sait entendre raillerie, et se tient même honoré des critiques sérieuses ou enjouées de ses écrits.

« Comme ce siècle est malheureusement stérile en grands hommes, presque tous les auteurs se déchaînèrent contre l'abbé *Desfontaines*. Ils attaquèrent sa réputation, le peignirent avec les plus affreuses couleurs, le firent passer pour un mauvais citoyen, pour un sujet pernicieux à l'État, le transformèrent en aspic effroyable, en serpent envenimé. Et tel est le malheur des gens de lettres, trop et trop peu connus, que leur célébrité fait écouter avidement toutes les calomnies que la vengeance inspire à des rivaux jaloux ou à des cœurs ulcérés. Ces premières et flétrissantes impressions s'effacent difficilement. On voit même les personnes les plus raisonnables décider témérairement du caractère d'un homme (qu'ils n'ont jamais pratiqué) sur le rapport de ses vils ennemis.

« Vous découvrez maintenant, monsieur, la véritable source de tant de haines, de fausses imputations, de tant d'horreurs et d'infamies publiées contre notre illustre abbé, de tant d'injustes persécutions qu'on lui a suscitées. Car voici à peu près le raisonnement de l'amour-propre offensé d'un auteur :

« L'abbé *Desfontaines* m'a critiqué ; il m'a fait
« voir la fausseté, la trivialité de mes réflexions, la
« marche irrégulière de mes idées, le subtil galima-
« tias de mon style ; il a détruit le petit édifice de
« réputation que je m'étais bâti à force de manéges
« et d'intrigues ; il désabuse les esprits crédules qui
« rendaient hommage à mes talents, et me rend
« méprisable aux yeux même de ceux qui me res-
« pectaient ; c'est donc un malhonnête homme, sans
« mœurs, sans religion ; c'est un monstre qu'il faut
« étouffer. » En effet,

> Qui méprise *Cotin*, n'estime point son roi,
> Et n'a, selon *Cotin*, ni Dieu, ni foi, ni loi.

« Les auteurs critiqués sont pourtant venus à bout de nuire à leur censeur. Ils lui ont fermé l'entrée aux récompenses que son mérite devait naturellement lui procurer. Tous les honnêtes gens n'ont pu voir sans indignation qu'il fût la victime d'une odieuse cabale, tandis que les plus minces sujets étaient comblés d'honneurs littéraires :

> *Ploravere suis non respondere favorem*
> *Speratum meritis.*

« Il faut convenir aussi que notre abbé était né avec des sentiments. Philosophe dans sa conduite comme dans ses principes, il était exempt d'ambition ; il avait dans l'esprit une noble fierté qui ne lui permettait pas de s'abaisser à solliciter des bienfaits et des titres.

« Le plus grand tort que lui aient fait les injures dont on l'a accablé, est qu'elles ont quelquefois corrompu son jugement. L'exacte impartialité, je l'avoue, n'a pas toujours conduit sa plume, et le ressentiment de son cœur se fait remarquer dans quelques-unes de ses critiques. Mais pouvait-il, obsédé d'ennemis forcenés, se contenir dans les bornes de la modération ? On doit pardonner quelques traits satiriques à un écrivain d'autant plus outragé, qu'il connaissait l'innocence de ses intentions. La Fontaine lui-même

> De son pays l'homme le moins mordant,
> Et le plus doux, mais homme cependant,

ne s'est-il pas vengé par sa plume de la jalouse rage de quelques-un de ses envieux ?

« Si l'abbé *Desfontaines* était quelquefois dur et piquant dans ses écrits, dans la société, il était doux, affable, poli, sans affectation de langage et de manières. On doit cependant le mettre au rang de ceux dont on n'est curieux que de lire les ouvrages. Il paraissait, dans la conversation, un homme ordinaire, à moins qu'on n'y agitât quelque matière de littérature et de bel esprit. Il soutenait avec chaleur ses sentiments ; mais la même vivacité d'imagination qui l'égarait quelquefois le remettait sur sa route, pour peu qu'on la lui fît apercevoir.

« Il avait le cœur excellent, plein de droiture et de probité, dégagé de basse jalousie. Les succès de ses amis le flattaient autant que les siens propres ; il s'intéressait à leur sort, il s'attendrissait sur leurs disgrâces comme un père. Je pourrais même vous citer, monsieur, plusieurs gens de lettres, aujourd'hui connus, qu'il a non-seulement aidés de ses conseils, mais soulagés de ses médiocres facultés.

« Le grand *Rousseau*, M. *Rollin* et tous ceux qui s'intéressent véritablement au progrès du bon goût, dont il a suspendu la décadence, étaient du nombre de ses admirateurs et de ses amis. J'ai été au désespoir qu'un mot innocent[1] l'eût brouillé avec M. *Piron*, dont je sais qu'il faisait un grand cas. Il était inconsolable d'avoir perdu son amitié. Je dois dire aussi, à la gloire de M. *Piron*, qu'il estimait les talents de l'abbé *Desfontaines;* qu'il a été touché de sa maladie, et qu'il honore sa cendre de regrets sincères. Il avoue maintenant que la raison doit pleurer en lui son interprète, le bon goût son appui, les écrivains leur maître, et le public son vengeur.

1. Voyez la note de Fréron, pages 286 et 287.

« Ma perte, monsieur, est encore plus grande ;
je perds un bienfaiteur, un guide, et plus que tout
cela, un ami. S'il a paru de moi quelque écrit qui
ait mérité des applaudissements, si j'ai montré quelque étincelle de talent et de goût :

· C'est à vous, Ombre illustre, à vous que je le dois[1]. »

Resté seul et libre à vingt-six ans, par la mort de son
maître (1745), Fréron entreprit ses premières feuilles
périodiques sous le pseudonyme de *Lettres de madame la
comtesse de *** sur quelques écrits modernes* [2]; la première de
ces lettres est datée du 1er septembre 1745, ce qui donnerait à penser que Fréron n'attendit pas la mort de son
maître (arrivée au mois de décembre de la même année)
pour voler de ses propres ailes. Mais c'est une simple
question d'antidate, et pas davantage.

Cette *comtesse de* *** était l'interprète de la raison et du
bon goût, et elle s'exprimait avec autant d'esprit que de
sel. Comme la réputation de plusieurs beaux esprits n'était
pas ménagée dans ces feuilles, ils eurent le crédit de les
faire supprimer.

Il ne parut que dix-neuf lettres ; la dernière est datée du
25 juillet 1746.

Voici de quelle façon spirituelle et originale la comtesse
exposait le plan de sa correspondance à une de ses amies
de province, à qui elle l'adressait :

« Je vous plaindrais, madame, d'être obligée de
vivre en province, si je ne connaissais votre goût

1. *Opuscules* de Fréron, tome I, pages 278 à 288.
2. Ces lettres ont été réimprimées dans le tome II des *Opuscules*
de Fréron.

pour la littérature amusante et légère. Vous m'avez même chargée de vous envoyer les livres nouveaux qui paraîtraient ici; mais, en vérité, je vous aime trop pour vous obéir.

« Il m'est venu une idée, dont vous allez bien rire : c'est de me faire auteur moi-même, et de vous adresser toutes les semaines un petit ouvrage de ma façon.

« Bon ! vous écriez-vous, quelle folie ! Une femme s'ériger en bel esprit !

— Folie, tant qu'il vous plaira, madame; rien n'est plus sérieux.

— Mais encore, quel ouvrage ? direz-vous : des romans ?

— Non, madame.

— Des comédies ?

— Point du tout.

— Des opéras ?

— Vous n'y êtes pas.

— Des odes ?

— Oh ! encore moins.

— Quoi donc ?

— Vous êtes un peu trop vive, madame : écoutez. C'est un ouvrage qui sera de moi, et qui ne sera pas tout à fait de moi; un ouvrage qui, dans sa petitesse, renfermera les plus gros ouvrages; un ouvrage qui vous rendra savante, en vous épargnant la peine de le devenir; un ouvrage qui ne ressemblera peut-être à rien, et qui, pour le moins, ressemblera à beaucoup d'autres ; un ouvrage difficile et aisé, rare et commun, solide et frivole, critique et apologétique ; un ouvrage enfin qui vous mettra au fait de tous les ouvrages, et qui vous fera juger de l'esprit et du goût de nos modernes écrivains.

« Vous ne devez pas craindre, madame, que je prenne un jour dans le mois pour vous offrir la liste insipide des naissances, des morts et des mariages, pour vous régaler de lambeaux décousus de tous les livres, de squelettes de nos pièces de théâtre, et d'un ramassis de vers arrivés en poste de la province, et destinés à retourner presqu'aussitôt dans leur patrie [1]. Mon projet est de vous écrire librement ma pensée sur les auteurs et sur les écrits de ce siècle. Des pièces fugitives en tout genre, mais d'un bon goût ou d'un ridicule rare, une heureuse découverte, soit par rapport aux arts, soit par rapport aux amusements de la société, des remarques plus particulières sur les spectacles, sur les romans et sur les petits livres qui ont le plus de cours dans le monde : c'est à quoi je m'attacherai par préférence. Ainsi mes Lettres occuperont le milieu entre la profonde ignorance et la docte littérature. A défaut des autres agréments, je vous promets qu'elles auront les grâces de la variété.

---

1. Critique piquante et vraie du *Mercure de France.*

« Il n'y a pas un bon livre écrit dans notre langue, que je n'aie lu et relu. Je sais même le latin : Virgile et Horace me sont aussi familiers que Racine et Rousseau.....

« Bien plus ; savez-vous, madame, que j'ai déjà une petite cour d'auteurs, qui me rendent un compte fidèle de toutes les nouveautés littéraires ? Il est vrai que ces écrivains ne sont pas du premier ordre. Mon aréopage n'est composé ni des C***, ni des M***, ni des le Bl*** [1] ; mes courtisans sont tous de jeunes auteurs, qui se flattent de remplacer ces héros de notre littérature ; leurs prétentions, comme vous voyez, sont modestes. Quoi qu'il en soit, il y a deux ou trois de ces jeunes gens qui ont une érudition surprenante pour leur âge. Quand je serai embarrassée de quelque livre au-dessus de ma portée, j'aurai recours à leurs lumières, et je vous ferai part de leurs réflexions, tournées à ma façon. Attendez-vous à des traits libres et rapides, plutôt qu'à des analyses dans les formes. Nous autres femmes, nous devons traiter la littérature comme le plaisir : l'effleurer, jamais l'approfondir.

« Je ne vous réponds pas que mon jugement ne s'égare quelquefois, mais rien ne pourra jamais le corrompre ; et, dans le compte que je vous ren-

---

1. Ces voiles cachent des noms tombés dans un juste oubli, et qu'il serait aussi peu facile que peu utile de soulever ici.

drai des différents écrits, la sincérité sera mon guide.

> « A Paris, ce 1ᵉʳ septembre 1745.

> « Je suis, etc.

> « La comtesse de * * * [1]. »

Un des amis de Fréron, Roy, le poëte lyrique dont l'esprit satirique devait se plaire à cette spirituelle mystification destinée à mettre en défaut le troupeau des écrivains médiocres, faméliques et dénonciateurs, adressa à la comtesse imaginaire une lettre de félicitations et de conseils, où je relève ce petit trait assez plaisant, — allusion à une anecdote contemporaine :

> « MADAME,

> « ..... Je crois .... apercevoir dans votre style la maturité et les couleurs mâles qui appartiennent à notre sexe. Vous vous souvenez, madame, du petit

1. Lettre I, pages 3 à 5, et 7 à 9 du tome II des *Opuscules* de Fréron. — Plus tard, la comtesse écrit à son amie :
« Vous me connaissez trop, madame, pour me confondre avec ces écrivains sensibles et délicats qui s'effarouchent de la plus légère censure. Je suis si satisfaite lorsqu'on m'honore assez pour relever mes défauts, que je ne conçois pas qu'un auteur puisse s'offenser des critiques justes, ni même des innocentes railleries qu'on fait de son livre. Pourquoi tous les gens de lettres ne pensent-ils pas aussi noblement que M. de *Cahusac*, qui m'a remercié en galant homme, de ce que je n'avais pas dit de son ballet des *Fêtes de Polymnie* autant de mal que je pouvais en dire. » (*Lettres de madame la comtesse de* ***, etc., pages 149 et 150 du tome II des *Opuscules* de Fréron, 8 décembre 1745.)

héros de *la Métromanie*, qui, sous le masque de la Bretonne, idole de son cœur, découvre un homme fait et d'une double majorité... J'évite un pareil piége; vous m'avez indiqué votre correspondant : apparemment il ouvrira ma lettre en votre présence [1] »

Desforges-Maillard, dont il est ici question (né en Bretagne, en 1699, mort en 1772), n'est plus guère connu de nos jours que par le stratagème dont il se servit pour donner du prix à ses vers, — stratagème qui a fourni à Piron le sujet de *la Métromanie*.

Desforges résidait à Bréderac, près d'un vignoble appelé *Malcrais*. Il adressa au *Mercure de France*, sous le nom de *mademoiselle Malcrais de la Vigne*, un certain nombre de pièces légères dont le rédacteur fut charmé. On assure que, complétement trompé, le bon rédacteur se prit d'une belle passion pour la nouvelle Muse, et lui écrivit : « Je vous aime, ma chère Bretonne, pardonnez-moi cet aveu; mais le mot est lâché. » Il ne fut pas la seule dupe de cette supercherie. On ne parla bientôt plus dans Paris que des vers de la divine Malcrais; il n'y eut pas de poëte qui ne s'empressât de lui rendre hommage par la voix du *Mercure*. Voltaire et Destouches, entre autres, se signalèrent à l'envi, et furent ou parurent un instant jaloux l'un de l'autre au sujet des réponses plus ou moins tendres qu'ils recevraient de la coquette.

Lorsque Desforges voulut enfin terminer cette comédie et reprendre son véritable sexe, la plupart de ses adorateurs furent d'abord un peu honteux du rôle public qu'il venait de leur faire jouer; mais, en dernier résultat, la

---

1. Suit un résumé des onze lettres parues jusqu'au 8 décembre 1745, — date de la lettre de Roy à la comtesse (page 151 du tome II des *Opuscules* de Fréron).

mystification fut encore moins fâcheuse pour eux que pour lui; car, du moment qu'il parut à découvert, on ne songea plus qu'à déprécier ses vers et à le rendre ridicule, ce qui ne fut pas fort difficile; son talent avait trop peu de consistance pour résister à une pareille réaction.

Fréron n'avait pas à craindre un tel sort; malgré ses précautions apparentes pour dépister ses ennemis, car il en avait déjà, — n'en a pas qui veut, — on ne fut pas dupe de son manége; lui-même avait rendu le plus transparent possible le voile dont il semblait chercher à s'entourer. Était-ce prudence ou coquetterie de femme, ou plutôt n'était-ce pas un adroit et immanquable moyen de piquer la curiosité du public? — Je penche fort pour ce dernier sentiment.

La forme épistolaire adoptée par Fréron, d'après l'exemple de l'abbé Desfontaines, et appliquée par lui à toutes ses feuilles, donnait à ses appréciations.critiques le charme et l'abandon d'une causerie intime, et enlevait à son ouvrage le cachet de pédanterie dogmatique, qui n'est que trop à redouter dans ces sortes d'écrits. Les feuilles de Fréron furent un cours *familier* de littérature, — dans toute la force et tout le charme du mot.

Poursuivi par la haine de Voltaire dont il avait réduit à leur juste valeur certaines productions dramatiques ou littéraires, entre autres, son opéra du *Temple de la gloire*, sa comédie de la *Princesse de Navarre*, et surtout son *Discours de réception à l'Académie française*, il se vit mettre au donjon de Vincennes.

C'est de cette prison d'État qu'il écrivait au ministre cette lettre, moitié en prose, moitié en vers, où l'ironie contenue, l'enjouement et la ténacité du Breton qui se sent dans le droit et la raison, dominent d'un bout à l'autre :

« MONSEIGNEUR,

« On dit que les poëtes aiment la solitude; je ne

crois pas que ce soit celle de Vincennes. Je n'ai ici aucun commerce avec les hommes. Dans cette disette de vivants, j'ai voulu du moins m'entretenir avec les morts. J'ai demandé un Ovide; on n'a pas fait difficulté de m'en promettre un. Vous ne devineriez jamais, monseigneur, ce qu'on m'a apporté : un livret intitulé : *les Miracles de saint Ovide.* Je serais mort d'ennui, si heureusement, nous autres, habitants du Parnasse, n'avions à notre service une déesse qu'on appelle *Renommée.* Elle a eu pitié de ma situation. Hier elle interrompit les occupations de toute espèce qu'on lui donne à Paris. Elle prit son vol vers Vincennes, s'abattit sur mon donjon, et perça l'épaisse voûte de mon manoir octogone. Ses visites, vous le savez, monseigneur, sont toutes des visites du jour de l'an. Elle ne me dit qu'un mot, qui est que vous daigniez vous intéresser à mon sort. Je l'ai chargée d'apporter à vos pieds les expressions de ma reconnaissance, et de me prêter au moins une de ses cent voix pour vous assurer, monseigneur, que je m'efforcerai de justifier vos bontés. Le donjon de Vincennes est un terrible prédicateur : je suis totalement changé.

> Il n'est rien que je ne promette
> Pour sortir de ce triste lieu.
> Ma Muse, désormais discrète,
> Résistera (s'il plaît à Dieu)
> A la démangeaison secrète

De turlupiner les écrits,
Que la Sottise dans Paris
Enfante, distribue, achète.
Qu'on m'impose pour châtiment
De convertir chrétiennement,
En doux miel du Panégyrique
Le fiel amer de la Critique;
D'aimer les auteurs, en un mot,
De ne chanter que leurs louanges,
Et d'écrire que le plus sot
A de l'esprit comme les anges :
Volontiers, j'y souscris encor,
Pourvu qu'on me rende l'essor.
Plein de respect et d'indulgence
Pour les auteurs du dernier rang,
Je pousserai la complaisance
Jusqu'à louer l'abbé......[1].

« Je vous supplie, monseigneur, de considérer que vous n'aimez rien tant qu'à faire des heureux, et qu'il s'en faut beaucoup que je le sois.

« J'ai l'honneur d'être, avec le plus profond respect, etc.[2]. »

A peine sorti de prison, Fréron commence à publier ses *Lettres sur quelques écrits de ce temps*. On aurait peine à comprendre tant d'audace, — ou plutôt de courage, — si l'on ne savait que la prudence avait dicté au critique la pensée de se faire deux puissants protecteurs de Stanislas Ier et de sa fille Marie Leckzinska, femme de Louis XV et reine de France.

1. L'abbé Le Blanc.
2. *Opuscules* de Fréron, tome I, pages 403 à 405.

Stanislas et Marie avaient compris de bonne heure le danger des doctrines de Voltaire et de la secte encyclopédie, puissamment encouragées par madame de Pompadour, le maréchal de Richelieu et le duc de Choiseul. Fréron se donna pour mission de combattre le philosophisme en l'attaquant avec ses propres armes, — l'ironie et le persiflage, et de plus, une érudition variée et de bon aloi.

Sa devise, fort belle, et dont tous ses écrits firent flotter à leur tête le noble étendard, fut ce vers de Martial :

Parcere personis, dicere de vitiis.

« Égards pour les personnes, la vérité pour leurs méfaits, » — c'est-à-dire leurs écrits subversifs de la religion, de la morale, de la politique et du goût dans les lettres comme dans les arts.

Mais, pour ne pas braver inutilement le courroux des puissants complices de Voltaire et de ses adhérents, non-seulement Freron ne signa pas d'abord son nom, — il voulut encore, afin de se déguiser davantage, — que ses lettres parussent venir de l'étranger. Ainsi, sur douze volumes dont se compose son nouveau recueil, commencé le 1er janvier 1749, les trois premiers portent les rubriques de Genève et d'Amsterdam ; au quatrième, il indique Genève et Paris ; au cinquième, Londres et Paris ; enfin, à partir du sixième, il signe *M. Fréron*, et au neuvième, il fait suivre son nom de ses divers titres académiques : *de la Société royale et littéraire de Nancy, et de l'Académie des belles-lettres de Montauban.*

Une ingénieuse allégorie sert de prélude à sa première lettre :

« La Critique m'apparut dernièrement en songe, environnée d'une foule de poëtes, d'orateurs, d'historiens et de romanciers. J'aperçus dans une de ses

mains un faisceau de dards, dans l'autre quelques
branches de laurier. Son aspect, loin d'inspirer
la crainte, inspirait la confiance aux plus ignares
amants des savantes sœurs. Ils osaient l'envisager
d'un œil fixe, et semblaient défier son courroux. La
déesse indignée faisait pleuvoir sur eux une grêle de
traits. Quelques écrivains, dont la modestie rehaus-
sait les talents, obtenaient des couronnes; plusieurs
recevaient à la fois des récompenses et des châtiments.

« Cette vision, monsieur, m'a fourni l'idée de ces
Lettres, où l'éloge et la censure seront également
dispensés. Je me bornerai à quelques fruits du Parnasse, fertile contrée qui n'est point soumise à l'ordre des saisons, et qui trop souvent produit sans
culture. Ne serait-ce pas cette docte montagne, toujours en travail, qui aurait fait imaginer à Ésope sa
fable si connue? Quoi qu'il en soit, j'entre en matière [1]. »

En peu de temps ces nouvelles feuilles eurent un débit
prodigieux. Les amis même de Voltaire les lisaient avec avidité; jusque-là que madame du Deffand, l'amie de l'irascible
philosophe, en faisait ses délices, et donnait à Fréron la
première place dans son estime, — l'auteur de la *Henriade*
devant se contenter de la seconde [2].

1. *Lettres sur quelques écrits de ce temps*, 1749, tome I, pages 3
et 4. — Lettre 1. (Paris, 1er janvier 1749.)
2. Lettre de D'Alembert à Voltaire (Paris, 4 octobre 1761.) —
Voyez *Œuvres de Voltaire*, édition Beuchot, tome LXII, page 37.

Cependant pour donner plus de variété à ses feuilles, Fréron cherchait à avoir des correspondants ; à ce sujet, il écrivait le 25 juin 1749, à l'anonyme qui était censé le lire, à Genève.

« Je n'aurais jamais pris avec vous, monsieur, l'engagement pénible de vous faire connaître les productions de notre Parnasse, si je n'avais compté sur les secours des gens de lettres. Ils doivent s'intéresser au succès de cet ouvrage, dont le but est de faire briller le flambeau qui a guidé les grands maîtres, et d'éteindre ces feux-follets qui égarent la plupart de nos écrivains. Je les invite à m'adresser quelques écrits de leur façon, soit des lettres sur la littérature en général, soit des pièces fugitives d'un bon goût et d'un genre toléré, soit de courtes dissertations sur des points curieux, soit des remarques sur nos livres modernes, soit des réflexions sur mes propres censures.

« J'aspire bien moins à l'honneur d'instruire qu'à l'avantage d'être instruit ; et je ne m'offenserai jamais des critiques qu'on pourra faire des miennes, pourvu que l'on me traite avec la même politesse et la même équité dont je suis résolu d'user envers tous les auteurs, sans acception et sans exception de qui que ce soit [1]..... »

Marmontel, dont une critique de sa tragédie de *Denys*

---

1. *Lettres sur quelques écrits,* etc., tome I, pages 104 et 105.

le Tyran[1] avait paru dans les lettres de Fréron, fut le premier et le seul parmi les amis de Voltaire à lui répondre ; sa lettre est assez impertinente, — à n'en juger que par le commencement et la fin, — le milieu n'étant qu'une défense passablement prétentieuse des endroits faibles signalés par Fréron :

« J'ai lu, monsieur, avec beaucoup d'attention le premier cahier de vos *Lettres sur quelques écrits de ce temps.* Vous voulez que je vous en dise mon avis : je vais vous satisfaire avec la même impartialité et les même égards dont vous faites profession.

« La littérature a besoin d'un ouvrage tel que vous l'avez conçu ; soit pour conserver la pureté du goût, soit pour imposer silence à tous ces criailleurs, qui sont à l'affût des nouveautés pour répandre dans le public leurs impertinences vénales. Je ne doute pas que le ministère ne tolérât un censeur, qui aurait fait ses preuves de goût, de probité et de lumières, et vous me paraissez capable de remplir ces conditions. Mais permettez-moi de vous dire que votre essai, d'ailleurs bien écrit, et plein de traits ingénieux, nous laisse encore quelque chose à désirer. Je n'en prends pour exemple que l'extrait de *Denis le Tyran.*

« L'auteur a dû être sensible à vos éloges, mais il a dû être surpris de quelques-unes de vos critiques.

1. Jouée le 5 février 1748.

Je conviens d'abord que celles de vos remarques auxquelles je ne répondrai pas sont fondées. »

Suivent neuf pages de récriminations colériques, qui prouvent que Marmontel a tort, puisqu'il se fâche. Il conclut en ces termes cavaliers :

« En voilà assez, monsieur, pour vous prouver le cas que je fais de vos remarques, et l'attention avec laquelle je les ai lues. Continuez de communiquer aux auteurs vos lumières. Des critiques, même hasardées, font faire à ceux qu'elles intéressent des réflexions utiles; mais on a mieux à attendre des vôtres, pourvu que vous vous donniez la peine de puiser dans les sources du goût et de la saine érudition, d'étudier les règles de l'art, d'approfondir et de combiner les parties du tout dont vous ferez l'analyse.

« Je suis avec une parfaite considération,

« Monsieur,

« Votre, etc. [1].

« MARMONTEL. »

Marmontel s'était montré peu avisé en voulant manier l'arme difficile et surtout dangereuse du persiflage contre Fréron ; le maître lui renvoya ses traits de telle façon, que le jeune et infortuné père de *Denys le Tyran* ne s'en releva jamais :

1. *Lettres sur quelques écrits*, etc., tome I, pages 104 à 115.

« De tous les auteurs, dont j'ai parlé dans mes premières feuilles, je croyais, monsieur, que vous deviez être le moins mécontent.

« Vous avez trouvé peu de justesse dans quelques-unes de mes critiques.

« Si les raisons que vous apportez pour vous justifier me paraissaient solides, je serais le premier à convenir de mon tort. Je n'aurais que des compliments à vous faire sur la beauté de votre tragédie, et des remercîments sur votre générosité à relever mes fautes. Mais comme vos objections n'ont pas à mes yeux désintéressés toute la force qu'elles doivent avoir aux vôtres, permettez-moi d'y répondre en peu de mots. . . . .

. . . .

« Je vous suis obligé, Monsieur, du conseil que vous me donnez à la fin de votre lettre, de puiser dans les sources du goût et de la saine érudition, d'étudier les règles de l'art, d'approfondir et de combiner les parties du tout dont je ferai l'analyse. Je suis bien résolu de profiter de ces leçons, et je tâcherai de les mettre en pratique, lorsque je rendrai compte de votre tragédie d'*Aristomène*.

« Je suis, etc. [1].

« FRÉRON. »

---

1. *Lettres sur quelques écrits*, etc., tome I, pages 115 à 125.

Fréron tint d'autant plus facilement parole à Marmontel, qu'*Aristomène* était bien au dessous de *Denys le Tyran*. Après une longue analyse critique de la seconde œuvre tragique du jeune poëte[1], il se résume en ces termes :

« Je puis vous assurer, sans craindre que l'on me soupçonne de partialité, que toute la pièce est écrite d'un style rude, bas, ampoulé, plein d'ambiguïtés, d'inversions vicieuses, et de fautes de langage. Je ne vous parle point des vers imités, pour ne rien dire de plus, de tous les poëtes que nous connaissons. Il y en a une quantité raisonnable. Il m'eût été fort aisé de vous indiquer les sources où un génie aussi fécond a daigné puiser. Mais ce détail m'eût mené trop loin. Il n'y a donc dans ce tableau ni ordonnance, ni dessin, ni traits neufs, ni coloris, ni correction, ni chaleur ; c'est une peinture bizarre, sèche et morte. J'en suis réellement fâché pour l'auteur qui avait donné quelques espérances par son *Denys le Tyran*, que je mets, malgré tous ses défauts, fort au-dessus de son *Aristomène*[2]. »

Voltaire, après avoir lu l'examen d'*Aristomène*, le trouva si juste, qu'il en fit faire des compliments à Fréron par Thiriot, lequel dit au critique que Voltaire *regardait cette excellente critique comme le pendant de celle du Cid par l'Académie française :* ce furent ses propres termes. L'auteur de

1. Jouée le 30 avril 1749.
2. *Lettres sur quelques écrits,* etc., tome II, pages 289 à 355, Lettres XI et XII. (15 et 31 décembre 1749.) — Pages 353 et 354, Lettre XII.

la Henriade, depuis cette époque, changea bien de langage sur le compte de Fréron. Il est vrai que ce dernier ne le ménagea pas lui-même quand il crut que l'intérêt de la religion, de la morale et des lettres l'exigeait[1].

Marmontel ne fut plus tenté de répondre à Fréron et n'en appela jamais de cet arrêt en forme. D'ailleurs, la tragédie n'était nullement son fait. En 1750, sa *Cléopâtre* tombe à plat; un bon mot attribué à diverses personnes, et qui peint bien l'opinion du public, fut inspiré par l'aspic automate de Vaucanson qui sifflait, en piquant Cléopâtre et en lui donnant la mort. On demandait à l'un des spectateurs ce qu'il pensait de la pièce : « Je suis — répondit-il, — de l'avis de l'aspic. »

Plus tard, les *Héraclides* et *Egyptus* subirent le sort d'*Aristomène* et de *Cléopâtre*. Chez Marmontel, la tragédie fut toujours une passion malheureuse.

Un seul homme fut fidèle à Fréron, dont il partageait tous les principes en littérature; il fut le premier à l'encourager dans l'entreprise difficile qu'il avait commencée, mais où jamais ni l'esprit, ni l'à-propos, ni le courage ne lui firent défaut. Cet ami du critique ce fut Roy, poète lyrique, illustre dans la carrière ouverte avec tant d'éclat par Quinault.

Fréron s'empressa d'insérer cette lettre, avec quelques lignes de préambule; quoique un peu longue, nous la transcrirons presque en entier, pour les intéressants et précieux détails qu'elle contient sur l'état de la littérature et du mouvement intellectuel à cette époque :

M. Roy, — c'est Fréron qui parle, — M. Roy, si connu par ses succès sur le théâtre lyrique[2], et par la

---

1. L'*Année littéraire*, 1774, tome I, pages 14 et 15.
2. Né à Paris, en 1683, mort en 1761, Charles Roy avait alors produit les poëmes d'opéra suivants : *Callirhoé* (1712), *Sémiramis* (1718), dont Voltaire a tiré tout entier le plan de sa tragédie du

glorieuse distinction accordée à sa muse[1], vient, monsieur, de m'adresser une lettre, dont la lecture ne peut manquer de vous être agréable. Je souhaite que ma réponse vous fasse autant de plaisir, et qu'il puisse la goûter lui-même. »

Voici la lettre de Roy :

« Je vous félicite, monsieur, de la liberté rendue à votre plume, et des ménagements que vous voulez vous imposer. Vous allez donc remplir votre mission en toute bénignité, sans que la vérité perde rien de ses droits. Boileau la soutenait autrefois avec un zèle amer. Il appelait du relâchement de notre siècle au siècle d'Auguste. Il tonnait sur les infracteurs des règles, sur les profanateurs du temple des muses. On veut aujourd'hui des dogmes plus mitigés.

« Dans la querelle des anciens et des modernes madame Dacier traita sévèrement le champion des

même nom : *les Éléments* (1725), du prologue desquels on a souvent cité ces beaux vers :

> Les temps sont arrivés; cessez triste cahos!
> Paraissez, éléments! Dieux, allez leur prescrire
> Le mouvement et le repos;
> Tenez-les renfermés chacun dans son empire.
> Coulez, ondes, coulez! volez, rapides feux!
> Voile azuré des airs, embrasez la nature!
> Terre, enfante des fruits, couvre-toi de verdure!
> Naissez, mortels, pour obéir aux dieux!

Les Sens (1732). Dans le genre lyrique, Roy se montra supérieur à La Mothe et à Danchet, les seuls poëtes qui se fussent distingués jusqu'alors dans une carrière ouverte par Quinault, et qu'il a rendue si difficile pour ses successeurs.

1. Roy avait reçu le cordon de Saint-Michel.

Perrauts : elle fut accusée de ne pas savoir le monde. La Bruyère, accueilli dans son temps, le serait-il dans le nôtre? Les Trissotins n'armeraient-ils pas contre Molière? Il faut donc, monsieur, qu'un censeur remontre avec mille égards, corrige sans scandale : c'en serait un de faire rire un moment les lecteurs, aux dépens d'un écrivain qui les aurait ennuyés dix ans.

« L'ironie, si favorable à votre prédécesseur, est une ressource presque perdue : elle est le masque de la satyre. Si le masque est impénétrable, on croira que vous louez de bonne foi des sottises ; ce n'est pas là votre compte : s'il est assez mince pour laisser du jour à vos sentiments, vous vous attirez une populace d'auteurs et leurs redoutables protecteurs.

« Les uns et les autres pullulent à vue d'œil. Du temps des Corneilles et des Racines, quels juges donnaient le ton à leur siècle? Le grand Condé, MM. de la Rochefoucault, de Vivonne, de Bussy, de Saint-Aignan, et tout ce que la cour avait de plus respectable. Le privilége s'est trop étendu : à présent que de Mécènes bourgeois, que de nouveaux favoris de la fortune, jaloux d'ajouter à leur luxe un vernis de littérature, apprécient souverainement les ouvrages d'esprit, et se piquent même d'en faire éclore chez eux ! Ils augmentent leur train de quelque aspirant à l'esprit, ils l'enhardissent à produire une pièce, et remplissent le parterre d'approbateurs soudoyés.

Croyez-moi, monsieur, connaissez ces *affiliés* aux maisons opulentes, et gardez-vous de les toucher.

« Le célèbre Rousseau [1] me raconta un jour que des Crésus lui fermaient la bouche, quand il voulait défendre Racine contre Pradon et ses semblables. J'ai vu un pareil homme à une vente de tableaux, où l'on exposait une mauvaise copie à titre d'un précieux original : des enchérisseurs apostés imposaient à l'acheteur curieux de ce meuble, seulement à cause de sa cherté, lorsqu'un savant peintre lui dit à l'oreille : « *Monsieur, ne soyez pas leur dupe, ceci « n'est qu'une méchante copie.* » Détrompé par l'intérêt, notre faux connaisseur serre son argent, en pâlissant du péril qu'il avait couru. Comme on met moins au jeu à tenir pour les Cotins contre les Corneilles, on se restreint à ne prononcer que sur la Poésie et la Musique. De pareilles gens sont en embuscade pour vous assaillir, si vous n'êtes pas de leur avis ; et je ne pense pas que vous en soyez jamais.

« Oserez-vous embellir vos feuilles de quelques relations de combats poétiques ? Vous savez que les courtisans d'Apollon, ardents à se supplanter les uns les autres, ne se déchirent que trop indécemment. Quelle honte ! Les Médecins opposés dans une consultation, les Avocats, chargés d'intérêts contraires, y mêlent-ils du personnel ? Non, la profession est entre eux un lien de l'amitié ; mais écrire est un

1. Jean-Baptiste.

titre de haine entre tous ceux du métier. Serez-vous
le rapporteur fidèle, le juge impartial? Ils croient
que la rivalité leur met justement les armes à la
main ; il ne veulent peut-être pas les voir dans les
vôtres. Il faudrait vous munir de leur compromis
bien signé, avant que de voir l'affaire. L'Académie
prit cette précaution, et ne publia la critique du *Cid*
qu'après avoir obtenu l'aveu de Corneille.

« Comme je doute que nos auteurs vous don-
nâssent leur blanc seing, il faut sacrifier quelque
chose à l'amour de la nation, au désir que vous avez
de nous sauver des reproches de nos voisins, qui
forcés d'admirer la France par tant d'endroits, se
vengent un peu sur notre littérature. Ils insultent à
notre avidité pour des romans obscènes, ou de puériles féeries, à notre comique défiguré, à notre tragédie mal dessinée, et toujours la même, ou infectée
de nouveautés grotesques, enfin à la décadence du
goût français qui faisait loi à toute l'Europe.

« Peut-être quelques lecteurs vous sauront gré de
votre courageuse entreprise. Je souhaite que vous
soyez plus heureux que ces Grecs désintéressés, qui,
se consumant pour la République, n'y gagnaient que
la peine de l'ostracisme. Il est vrai qu'on les regrettait, qu'on les célébrait quand ils n'étaient plus. Mille
gens déchaînés contre votre prédécesseur[1], ont

---

1. L'abbé Desfontaines.

attendu sa mort, pour soupirer après un réformateur du Parnasse.

« Je sais que vous ne serez pas toujours dans la
triste nécessité de blâmer. Il vous viendra quelque
occasion de louer. Le génie n'est pas tout à fait éteint.
Si nos jeunes gens voulaient se réconcilier avec les
vieux modèles, s'ils voulaient lire et écouter, rien ne serait désespéré. Vous auriez du plaisir à faire sentir les
beautés d'un ouvrage raisonnable : n'est-il pas vrai ?

« Je vous annonce donc comme une bonne nouvelle, que M. *des Touches*, à qui vous ne refusez pas
le nom d'illustre, n'a point tout à fait abandonné un
public, dont il a lieu d'être content. Il m'écrit que sa
solitude lui a produit cinq comédies, qui ne sont pas
des cadettes indignes du *Glorieux* et du *Philosophe
marié*. Que ne les donne-t-il ? Il craint d'échouer
contre la mode dominante. Lié avec lui d'un commerce intime, je tâche de le rassurer : si je puis en
venir à bout, je serai bien content.

« Ne souhaiteriez-vous pas de tout votre cœur, que
le succès de quelques bonnes pièces pût étouffer la
mauvaise graine qui couvre le champ de Thalie, et
que l'émulation ramenât les apprentis au goût des
maîtres les plus approuvés.

« Le barreau possède encore des grands hommes ;
point d'année sans quelque cause célèbre, sans
quelque *factum* curieux. N'amuseriez-vous pas uti-
lement par un judicieux extrait de tels ouvrages,

dont la réputation est souvent bornée à l'enceinte du Palais?

« Je ne souhaite point d'oraisons funèbres : elles sont rares. On n'en fait que pour les personnes les plus éminentes, et je n'aime pas à les voir disparaître de ce monde.

« Nous avons des prédicateurs fameux. Le lecteur le plus mondain préférera l'esquisse du sermon au sermon entier, qui pourrait l'ennuyer. Peut-être votre jugement amènerait des auditeurs à l'orateur chrétien, et réchaufferait la tiédeur de bien des gens.

« Vos talents, monsieur, auront toujours à se développer, dans quelques étroites limites qu'on resserre votre emploi. Je rougis pour les malades des adoucissements qu'il faut donner aux remèdes les plus salutaires. Il me semble qu'un amour-propre bien entendu doit inspirer la docilité. Nous devons beaucoup à qui nous éclaire sur le bord du piége, quand l'envie même lui mettrait le flambeau à la main. Que nos Hypocrates nous guérissent par amitié, ou par intérêt, s'il réussissent, qu'importe le motif? Qui sait, si en faisant apercevoir à une Muse naissante, qu'elle est faible et débile, on ne lui donnerait pas une secousse capable de lui faire prendre des forces?

« Enfin la profession d'Aristarque et même d'excellent auteur n'est pas aussi lucrative que celle d'adulateur, de client soumis, de proxénète de plaisirs, d'un Petrone, d'un Tigellin. Le temple d'Apollon est antipode à celui de Plutus. Sachons gré du moins à celui que se met en sentinelle pour repousser les invasions du mauvais goût et des modes ridicules, qui s'engage dans une route plus remplie d'épines que de roses. . . . .

« A Paris, ce 11 juillet 1749 [1]. »

« Oui, monsieur, — répond Fréron, — la modération, la politesse, la *bénignité*, puisque vous le voulez, caractériseront ces feuilles nouvelles. Ce ne sera donc pas le sabre à la main, comme *Mahomet*, que je remplirai ma *mission*. Je prêcherai avec douceur dans le temple des Muses, et je me flatte par ce moyen de gagner des esprits au dieu du goût. *Ce n'est pas là votre compte*, et vous vous accommoderiez peut-être mieux du zèle amer de *Boileau*. Mais ne conviendrez-vous pas, monsieur, que le *Juvénal* du siècle passé a souvent trop étendu le cercle dans lequel son genre devait être renfermé. N'êtes-vous pas révolté avec tous les honnêtes gens, quand vous lisez dans cet écrivain, d'ailleurs si respectable, ces vers indécents et grossiers :

Tandis que *Colletet* crotté jusqu'à l'échine
Va mendier son pain de cuisine en cuisine.

« Et celui-ci, où il trouve mauvais en parlant de *Chapelain* :

Qu'il soit le mieux renté de tous les beaux esprits.

1. *Lettres sur quelques écrits,* etc., tome I, pages 173 à 183.

« Approuvez-vous le trait contre *Quinault*, qui semble vous avoir transmis ses talents et ses récompenses [1] ?

« Vous ne l'ignorez pas, monsieur, les critiques, quelque fondées qu'elles soient, sont toujours soupçonnées d'injustice, dès que la passion s'y laisse apercevoir. Le palais des lecteurs les rebute, si les épices y dominent. Il y a même de la maladresse, permettez-moi de vous le dire, à décocher des dards trempés dans le fiel. Le rival qu'on veut blesser n'en est seulement pas effleuré. Les flambeaux de la haine et de l'envie éclairent son triomphe. Mais lorsqu'on dit modestement son avis sur un ouvrage, qu'on en relève les défauts sans aigreur et sans partialité, le poëte, le romancier ou l'historien que vous censurez n'en ressent que plus vivement les coups que vous lui portez. Il aimerait bien mieux que vous l'attaquassiez avec les armes de l'animosité. Vos égards sont cruels : vous lui ôtez inhumainement tout sujet de se plaindre. S'il entend assez peu ses intérêts pour se piquer, le public se range de votre côté, le ridicule du sien.

« Je vous promets, monsieur, que je ne donnerai jamais aux auteurs la satisfaction d'élever contre moi de justes murmures. En rendant compte des livres qui seront à ma portée, je m'interdirai tout trait dur,

1. Quinault était chevalier de l'ordre de Saint-Michel.

toute raillerie piquante, toute allusion personnelle. Ce devoir indispensable que je m'impose, n'exclut pas les plaisanteries innocentes et les ironies légères, lorsqu'elles ne tomberont que sur les écrits. La seule grâce que je demande, est que l'on ne me croie pas coupable des applications malignes, des interprétations offensantes que la sourde méchanceté de mes ennemis pourra faire de mes ouvrages.

« Vous avez bien raison, monsieur, de dire que les auteurs *pullulent à vue d'œil*. L'essaim de ces étourneaux, qui se laissent prendre aux filets des Muses, est innombrable. Un souper avec vous, monsieur, avec V***, avec P*** ou C*** (le père) [1] échauffe la froide imagination d'un adolescent, qui n'a pas encore secoué la poussière scolastique. Il ne cause plus qu'en rimes ; il n'est affamé que de lauriers, altéré que de l'hippocrène. Je vous divertirai peut-être en vous faisant part d'un entretien que j'eus ces jours passés avec un pareil aspirant. Il persista, malgré mes remontrances, à se croire favorisé d'un talent supérieur. A la fin ma patience m'abandonna, et dans une espèce de fureur, je l'apostrophai ainsi :

Jeune présomptueux, quelle aveugle manie,
T'asservissant au joug du Dieu de l'harmonie,
T'enivre de l'encens d'un ridicule orgueil,
Et du rôle d'auteur cache à tes yeux l'écueil !

1. Vadé (?), Piron et Crébillon, *le tragique?*

Reçois de la raison un conseil salutaire :
Apprends qu'il faut voler à côté de Voltaire,
Ou subir le destin de ces rimeurs obscurs,
Opprobre tour à tour et jouets de nos murs.
Après ce sage avis, si la rage d'écrire
Agite encor tes sens de son brûlant délire,
Explique-nous du moins dans quel art tu prétends
De ton sublime esprit fixer les vœux flottants.
Quelle étude, quel genre occupera tes veilles?
Te verrons-nous, épris des lyriques merveilles,
Du vainqueur d'Albion ternissant les exploits,
Élever jusqu'à lui l'audace de ta voix?
Ou croyant mettre au jour une autre HENRIADE,
Endormir ton Héros d'une LOUISIADE[1] :
Ressusciter pour lui Mars, Vénus, Apollon,
Neptune et Jupiter, et Minerve et Junon,
Et tout ce vain ramas de fables surannées,
Dans la poudre classique à jamais confinées?
Si ton cerveau n'est plein que de ces lieux communs,
A quoi bon essayer par des chants importuns
D'exalter des Bourbons les rapides conquêtes
Et les nombreux lauriers amassés sur leurs têtes!
Pour remplir dignement un si hardi dessein,
Il faut que la nature ait versé dans ton sein
Cette bouillante ardeur, cette fougue divine,
Ces transports, ces élans, cette flamme intestine,
Qui, dévorant les cœurs, embrasant les esprits,
Peuvent seuls enfanter les immortels écrits.

1. Allusion à un ouvrage de Piron, intitulé : *Poëme de Fontenoy,
ou Essai d'un chant pour servir à un poëme héroïque de la
Louisiade* (1745). — Voyez le tome VI des *Œuvres complètes de
Piron*, publiées par Rigoley de Juvigny, en 1776.

C'est alors que planant au séjour du tonnerre,
On voit avec dédain s'escrimer sur la terre
Tant de vils artisans d'un si noble métier.
Mais, dis-tu, sur le Pinde il est plus d'un sentier :
Je puis entre les bras de l'aimable Thalie
Crayonner les tableaux de l'humaine folie.
Tu le peux : j'y consens. Mais voyons de quels traits
Ton pinceau de nos mœurs formera les portraits.
Iras-tu sur les pas d'un larmoyant modèle,
Changer le brodequin en chaussure nouvelle;
Et traçant à nos yeux de bourgeoises douleurs,
Sur la scène des Ris faire verser des pleurs?
Épargne à notre goût ces tristes comédies,
De nos fades romans dolentes rapsodies,
Ces drames ambigus, sans génie et sans art,
Qui pourraient tout au plus, par un coup du hasard,
Te faire remporter, pour prix de tes ouvrages,
Des applaudissements, et jamais des suffrages[1].

— Eh! bien, dit mon candidat, je ne m'embarquerai pas sur cette mer orageuse : j'appréhenderais
trop de me noyer dans les flots du parterre. La satire est aisée; je m'attache à son char. Je n'ignore
pas qu'elle est la ressource des malheureux dépourvus de génie ; du moins est-ce sur ce ton que j'en ai
entendu parler nos beaux esprits les plus célèbres,

_____

1. Fréron fit réimprimer, en 1753, cette tirade de vers dans le
tome I de ses *Opuscules,* pages 397 à 400, avec ce titre : *Fragments
d'une épître à un jeune homme qui veut être auteur.* Les variantes
qu'il a semées dans cette seconde édition sont piquantes et renforcent la satire de la première, en déguisant à peine certains noms
d'écrivains, que la prudence lui interdisait de désigner trop clairement dans ses *Lettres sur quelques écrits de ce temps.*

qui à la vérité saignent encore des blessures qu'elle leur a faites ; mais n'importe, j'aurai le plaisir d'être lu et redouté.

— Quelle erreur, lui répondis-je ? Une satire fine, judicieuse et enjouée suppose le talent, comme un bon ouvrage dans un autre genre. *Horace* et *Juvénal* chez les Romains, *Régnier* et *Despréaux* parmi nous ne partagent-ils pas l'admiration de l'univers avec les plus grands hommes, en partie pour avoir semé le sel de l'épigramme sur les insipides *Bavius* et *Cotins* de leur temps ? Mais cette carrière est sagement fermée dans ce siècle de politesse et d'humanité. La *Satire* y révolte l'esprit, l'*Idylle* fait soulever le cœur, l'odeur des *Bouquets* porte à la tête. Que ferez-vous donc ?

— Tous ces raisonnements sont superflus, répliqua mon étourdi. Bon gré, mal gré, je veux être bel esprit.

— Oh ! rien n'est si facile, lui répartis-je ; vous n'avez qu'à faire comme tant d'autres qui n'y sont pas plus appelés.

« Je lui donnai là-dessus des conseils admirables. Il me quitta, bien résolu de les mettre en pratique. Je ne l'ai pas revu depuis ; mais je ne désespère pas d'entendre bientôt parler de ce nain comme d'un géant.

« Si j'ai bien saisi l'esprit de votre lettre, monsieur, vous êtes aussi mécontent de la **multiplicité** des protecteurs que de celle des protégés. Pour moi j'aimerais beaucoup mieux qu'il y eût moins d'écrivains, et plus de *Mécènes*. Vous me citez des noms illustres et respectables, qui, sous le dernier règne, excitaient les talents. Mais, monsieur, je pourrais vous nommer autant de seigneurs qui chérissent aujourd'hui les Lettres, qui s'en font même une agréable occupation, et dont le discernement ne s'égare point par les *clameurs* d'une multitude prévenue. Il est encore de *grands* Ministres qui daignent sourire aux Muses, des magistrats éclairés qui les cultivent et les encouragent.

« Vous en voulez furieusement aux *Mécènes bourgeois*. Eh! monsieur, n'en faut-il pas pour les auteurs bourgeois?

« Je frémis au tableau que vous m'offrez des écueils, dont la carrière que je cours est semée. Je sens mon malheur : je me trouve dans la triste nécessité de déplaire à tous les beaux esprits, soit que je les loue, soit que je les censure. Car telle est l'incompréhensible singularité de leur amour propre : l'éloge le plus outré leur paraît toujours inférieur à leur mérite : la critique la plus légère, ils la regardent comme une satire atroce. Mais enfin, monsieur, depuis les belles tragédies que nous avons eues sur l'amour de la patrie[1], j'ai appris à me sa-

____

1. Allusion ironique à la tragédie de *Denys le Tyran*, de Marmontel.

crifier pour le bien public, si cependant je suis assez heureux pour que mon dévouement y contribue.

« Vous souhaitez que nos jeunes gens se réconcilient avec les vieux modèles, qu'ils lisent et qu'ils écoutent. Je crois, monsieur, qu'en général leur plus grand défaut est de ne pas sentir leur faiblesse, quelquefois même de méconnaître leurs forces. Il en est d'eux comme des terres, où il y a une mine d'or, sans que le propriétaire l'y soupçonne. Tel est né pour un savant respecté, qui s'obstine à être un bel esprit bafoué.

« Le bandeau de l'amour-propre les aveugle presque tous. Ils se flattent de tirer d'une imagination souvent très-pauvre, assez de richesses pour tenir un grand état dans l'empire littéraire. Ils semblent ignorer qu'un fonds inculte rapporte peu. Ce n'est pas que l'on conseille de marcher servilement dans des routes où l'on aperçoit des vestiges. Il est des chemins sur la terre, il n'y en a point dans les airs ; mais le vol est faible sans les ailes de l'étude.

> Pour bien jouer hantez les bons joueurs :
> Surtout craignez le poison des loueurs,

« Dit le grand *Rousseau*. Nous ne le voyons que trop : la vapeur des éloges produit la fatuité. On devient amoureux de ses œuvres, comme Pygmalion de sa statue ; mais celle-ci fut animée.

« Après tout, monsieur, le caprice fait souvent les succès ; c'est ce qui invite tant de gens à s'essayer. La multitude ne saurait se défendre du charme de la nouveauté. Elle élève d'abord au premier rang un jeune auteur[1], qui souvent ne donne que de faibles espérances d'y monter. Elle décourage par là le talent auquel elle est accoutumée.

« Ce qui peut dégoûter encore plus les gens de lettres, c'est que leur gloire devient un poids accablant pour un tas de rivaux acharnés à la détruire. Quand un vrai génie paraît dans le monde, on le distingue à cette marque : tous les sots se soulèvent contre lui.

« Il est d'autres désagréments. L'habileté des médiocres et la bêtise des esprits supérieurs peuvent détourner un homme sensé de cette profession. On a beau dire ; le plat écrivain se rend intérieurement justice : le remords de la médiocrité le déchire. Il la déguise par l'adresse de se faire valoir, qui donne plus sûrement la réputation que ce qu'on vaut. L'homme de génie est peu propre pour l'intrigue ; il fait bien ses ouvrages, et mal sa cour. Presque tous les auteurs du dernier siècle avaient à célébrer les heureuses influences du trône, avant qu'on eût seulement songé au modeste *Corneille*. Sans le géné-

---

1. Nouvelle allusion à Marmontel : il n'avait que vingt-quatre ans, lorsqu'il donna son premier ouvrage : *Denys le Tyran*.

reux *Boileau* il échappait aux regards augustes et bienfaisants qui animaient tous les arts[1].

« Vous me rendez justice, monsieur. Ce n'est point une vaine démangeaison de critiquer qui me fait entreprendre cet ouvrage : je saisirai avec transport toutes les occasions de louer. Rien, selon moi, ne nous fait plus d'honneur que le respect que nous témoignons pour les gens d'un mérite supérieur. Il semble que nous ne saurions être bien pénétrés de ce qu'ils valent, que nous ne valions beaucoup nous-mêmes ; et l'admiration que nous avons pour eux, quand elle est bien marquée et bien sincère, nous fait en quelque sorte devenir leurs pareils.

« Quel phénomène intéressant pour le Parnasse que les cinq comédies que vous m'annoncez de M. *Destouches!* Je craignais que cet illustre auteur, occupé de graves études, n'eût monté son esprit sur un autre ton que celui de la riante Thalie. Je m'imaginais, qu'il voyait avec indifférence renaître les ridicules qu'il a saisis et peints si heureusement, et qu'il n'employait ses talents qu'à combattre les faux principes des esprits forts : oisif en apparence, mais toujours utile à la société. Je suis bien impatient de voir ses nouveaux drames. La Muse de la comédie, si long-

---

1. La pension de Corneille ayant été supprimée, Boileau courut chez le roi pour l'engager à la rétablir. Il offrit le sacrifice de celle dont il jouissait lui-même, disant qu'il ne pouvait, sans honte, recevoir une pension, tandis qu'un homme tel que Corneille en était privé.

temps abandonnée par son unique favori, a-t-elle eu tort de recourir aux larmes ? M. *Destouches* peut seul lui rendre sa première gaîté.

Elle attend son retour comme une tendre épouse
Attend son jeune époux absent depuis un an;
Et que retient encor sur son onde jalouse
    L'infidèle Océan...... [1]. »

Toujours vigilant à déguiser son individualité à ses ennemis et ne voulant pas leur fournir l'occasion de suspendre encore ses feuilles et de le faire mettre lui-même une seconde fois à Vincennes, — Fréron glisse entre deux de ses lettres (la treizième et la quatorzième) l'avis suivant :

« Avis du véritable Auteur de ces Lettres.

« *Le Public croit que ces* LETTRES SUR QUELQUES ÉCRITS, *sont d'un Auteur qui, après la mort de l'abbé* DESFONTAINES, *donna quelques essais dans ce genre. J'ai contribué à accréditer cette opinion en parlant quelquefois comme si c'eût été lui-même. Mais je me crois obligé d'avertir qu'il n'a aucune part à cet ouvrage, et que je lui suis, ainsi qu'au Public, tout à fait inconnu. J'écris mes Lettres à un Ami que j'ai à* GENÈVE. *Il les fait imprimer dans cette ville, d'où il en arrive quelques exemplaires à Paris. Il a soin d'y mettre l'ordre et*

---

1. *Lettres sur quelques écrits,* etc., tome I, pages 183 à 197. (15 juillet 1749.)

l'arrangement nécessaires. Ainsi, ceux qui voudront y faire insérer quelque pièce en Prose ou en Vers, ou quelque Lettre, pourront l'adresser (port affranchi) à M. DE VINIOUVILLE, A GENÈVE. Au reste, on ne verra jamais rien dans cet Ouvrage qui puisse blesser la Religion de l'État, le Gouvernement, les bonnes mœurs ni l'honneur de qui que ce soit ; ce sont des remarques purement littéraires [1]. »

Dans ce curieux *Avis*, Fréron déguise à la fois son anonyme et révèle le rôle secondaire de ses collaborateurs, qui ne lui servaient guère que de chercheurs et de fureteurs de bibliothèques ; pour lui, il rédigeait à peu près tout, ou bien il revoyait soigneusement les articles de ses aides et y imprimait le sceau de son esprit et de sa critique. C'est cette méthode de révision qui donne un caractère si marqué d'unité à ces nombreuses feuilles en tête desquelles figure son nom.

Parmis les collaborateurs de Fréron, — pour les *Lettres sur quelques écrits du temps,* — il faut citer comme le plus distingué (le seul connu d'ailleurs), l'abbé Joseph de la Porte [2], compilateur infatigable, homme de goût et de jugement, possédant à un haut degré l'esprit d'analyse, moins commun et plus estimable qu'on ne pense. Mais, ce n'était pas et ce ne fut jamais un critique. Homme d'un commerce sûr, de mœurs très-douces, il se plaçait modestement au rang qui pouvait lui appartenir parmi les gens de lettres.

Un quatrain qui, dans sa forme épigrammatique, peint

---

1. *Lettres sur quelques écrits,* etc., 1749, tome I, page 288. (4 août 1749.)

2. Né à Béfort, en 1713, mort à Paris, le 19 décembre 1779.

bien le caractère et les habitudes de travail de Fréron et
de l'abbé de la Porte, mérite d'être rapporté :

> Fréron de La Porte diffère.
> Voici leur devise à tous deux :
> L'un (*Fréron*) fait bien, mais est paresseux ;
> L'autre est diligent à mal faire.

A mal faire est une exagération ; le reste seul est vrai et
exact.

L'abbé de la Porte travailla aussi à *l'Année littéraire*,
suite des *Lettres* de Fréron *sur quelques écrits de ce temps*.

Roy continuait à encourager Fréron, et il lui écrivait
pour le féliciter et le conseiller, au besoin, en ami sincère.

« M. Roy — dit Fréron, — est, de tous les auteurs, le seul qui paraisse désirer sincèrement le
succès de ces Feuilles. Vous n'en êtes point étonné,
monsieur. Avec le zèle que vous lui connaissez pour
le progrès du vrai goût, qu'il a puisé dans les sources
primitives, il est naturel qu'il s'intéresse à la fortune
d'un ouvrage, qui n'a peut-être d'autre mérite que
de rappeler les principes des grands maîtres ses
modèles, et d'épargner au siècle l'admiration préci-
pitée qu'il accorde à des écrivains, dignes d'un autre
tribut. Le fanatisme des partisans ne permet pas une
vue claire et nette ; il n'y a que l'impartialité qui
sympathise avec le jugement.

« Vous m'avez remercié, monsieur, de vous avoir
communiqué la première Léttre que j'ai reçue de
l'imitateur de *Quinault*. En voici une nouvelle que

vous lirez sûrement avec autant de plaisir. Ce que
j'aime dans ce poëte, est qu'il a toujours le courage
de tenir pour les anciens contre les vains efforts des
modernes pygmées. »

« MONSIEUR,

« Je ne répliquerai point par articles à votre ingénieuse réponse du **20** juillet. Notre commerce
sentirait la thèse ou le plaidoyer. Je vous offrirai
seulement mes idées, comme le hasard les fera couler sous ma plume. Nous sommes tous deux zélés
citoyens de la République des Lettres, et nous met-
tons souvent ses intérêts sur le tapis. Mais savez-vous
si le public veut être appelé en tiers à tous nos entretiens? Sais-je si une lettre peut rendre la chaleur
de la conversation !

« M. *Des Touches* n'ignorait pas ce qu'il avait à
réclamer sur la Comédie du *Méchant :* il vous a laissé
cette fonction comme à la partie publique. Il est fort
sensible à l'estime que vous lui témoignez; mais il
ne rabat rien de la sienne pour son jeune rival[1],
imitateur, si vous voulez; plagiaire, non.

« Vous êtes trop judicieux pour confondre ces
deux titres. L'imitateur va chercher à la mine l'or
et les diamants. Il faut lui compter le travail de la

1. Gresset avait trente-huit ans, lorsqu'il donna au Théâtre-
Français sa comédie du *Méchant* (1747).

fouille et l'élégance de l'œuvre. Le plagiaire dérobe
l'or tout façonné, et les pierres toutes montées. Que
ne doit-on pas à *Molière*, à *Regnard* pour avoir
enrichi notre comique des trésors d'*Aristophane*,
de *Plaute*, et de *Térence?* Nos tragiques ont réussi
d'après *Sophocle* et *Euripide*. Plût au ciel que ces
grands modèles fussent moins oubliés et méprisés
de nos génies créateurs !.......

« Nous ferions, si vous vouliez, un ample catalogue
des pièces applaudies depuis *Molière* et *Regnard*,
et je ne prétendrais pas dégrader les auteurs, en
indiquant les sources où ils ont puisé telle intrigue
ou tel caractère. Ne serait-ce pas de quoi amuser la
curiosité du lecteur? Ceux qui s'adonnent au théâtre
seraient-ils fâchés qu'on leur aplanît le chemin?
S'élèverait-on contre le Dictionnaire des plagiaires?
Un pareil secours a été donné à des écrivains d'une
espèce plus importante [1]. On parcourrait dans notre
liste les adresses certaines des idées, des plans, des
personnages qui roulent sur notre scène. Nous n'in-
téresserions que les auteurs qui ne sont plus; nous
nous garderions bien de heurter les vivants : vous
savez sur cela ma délicatesse.

« Oui, je pense qu'on ne peut trop encourager
les talents qu'on voit éclore. Je vous répète, monsieur,
que, nourri du lait de *Quinault*, je ne digère pas ai-

1. La *Bibliothèque des prédicateurs*, du père Vincent Houdry,
jésuite. (Lyon, 1712-33, 22 volumes in-4°.)

sément *le fiel de Boileau.* Ces deux aliments ne sympathisent point. Mais je n'honore pas moins ce premier maître qui a nettoyé notre poésie. Il faut avouer que son travail n'était pas inférieur à celui d'Hercule dans les étables d'Augias. C'est un problème de savoir si *Boileau* a plus découragé de mauvais écrivains qu'il n'en a fait naître de raisonnables....

« Ne faites point d'arrêts, donnez seulement vos motifs. Il est peu de productions qui ne soient mêlées de beautés et de défauts ; c'est à vous de faire ce que les orfévres appellent le *départ* des métaux.

« La critique qui proscrit tout désespère ; elle étouffe les talents dans leur germe. Celle qui discute et choisit est la mère des progrès....

« Vous êtes plus à portée que personne, monsieur, de rendre aux auteurs d'élite tous leurs droits à l'estime publique, d'écarter les nuages qu'on leur oppose, de les venger des injustes préférences qu'on usurpe sur eux. Vos lettres, accréditées de jour en jour, se répandront dans toute la France, passeront à l'étranger, et seront des espèces d'actes de notoriété qui constateront le goût de la vraie littérature. Ce goût est obscurci pendant un temps, mais il reprend dans un autre....

« ROY.

« A Paris, ce 8 août 1749 [1]. »

---

1. *Lettres sur quelques écrits*, etc., 1749, tome I, pages 289 et 290, et pages 290 à 305.

5.

Les critiques vives de Fréron excitaient de plus contre lui la foule des auteurs médiocres ou mauvais qu'il n'épargnait pas, les regardant comme une proie qui lui était naturellement acquise, et dont il avait le droit de faire prompte et bonne justice, par les verges du ridicule dont il les fustigeait impitoyablement.

Laissons le s'expliquer là-dessus avec son ami, dans sa correspondance, — de plus en plus piquante, intéressante et instructive :

« Vous avez souvent, monsieur, entendu dire dans la conversation *ce siècle critique*, comme on dit dans la chaire *ce siècle pervers*. Si vous aimiez l'antithèse, je pourrais vous offrir ici un parallèle assez juste des orateurs sacrés et des censeurs littéraires. Ce qu'il y a de certain, c'est que les uns et les autres sont assez utiles dans un temps où le goût est aussi dépravé que les mœurs. Mais un prédicateur est borné à des déclamations vagues ; aucun de ses auditeurs ne peut devenir l'objet particulier de ses remontrances ; un critique est obligé de nommer l'auteur dont il relève les défauts. Voilà précisément la raison pour laquelle le premier est souffert des vicieux qu'il foudroie ; tandis que le second a l'honneur d'être. haï des médiocres qu'il dévoile. Mais il me semble qu'il ne devrait pas être plus permis d'ennuyer le public que de le scandaliser. Un homme qui afficherait de mauvaises mœurs, serait bientôt cité devant le tribunal qui préside aujourd'hui avec autant de lumière que d'équité au maintien de l'ordre et de la décence. Un écrivain sera-t-il en droit d'afficher impunément un mauvais livre ; et le lecteur assassiné ne pourra-t-il obtenir la vengeance légère qu'il en veut tirer ? Il ne condamne qu'au ridicule.

« Vous allez peut-être vous imaginer, monsieur, que perdant de vue les ménagements que je me suis prescrits, je me propose de poursuivre les auteurs, le flambeau de la critique à la main, comme une furie attachée à leurs pas. Ne craignez point, monsieur, que je m'échappe jamais du cercle que la politesse et l'humanité ont tracé autour de moi. Voyez jusqu'où va ma facile indulgence. Je ne me contente pas de lire avec des yeux favorables les ouvrages nouveaux ; je m'informe des motifs qui les ont fait éclore. Si j'apprends que tel auteur modeste travaille, non dans la vue d'usurper les premiers rangs, mais seulement pour acquérir une petite réputation d'esprit dans certaines sociétés où il est admis, ou pour se frayer un sentier au temple de la Fortune, je me croirais coupable de faire avorter ses projets par des critiques outrées. On ne doit sévir que contre les présomptueux qui, fiers de quelques succès éphémères obtenus dans les vallons du Parnasse, se placent insolemment sur le sommet.

« J'ai beau vivre avec des poëtes, je ne me fais point au délire de leur amour-propre. Ces gens-là s'estiment exclusivement. Tout ce qui n'est pas vers

attire leurs dédains. Un madrigal l'emporte dans
leur esprit sur les ouvrages en prose les plus sérieux.
Mais la poésie est-elle donc un métier si difficile?
Qu'on me donne un jeune homme d'un médiocre
esprit, avec de la mémoire, qui, à l'exemple d'un
rimeur que je connais, ne fasse que des vers, ne
lise que des vers, ne pense qu'à des vers, ne rêve
qu'à des vers, et je vous réponds que j'en fais un
poëte fort bon pour ce siècle. Je ne vous promets pas
qu'il compose des tragédies ; mais il enfantera des
ouvrages sous ce titre, où il y aura des vers épiques,
lyriques, satiriques, élégiaques, qui seront applau-
dis. A l'égard des opéras, vous pensez bien qu'il
n'aura pas beaucoup de peine à réussir dans cette
partie, si le public continue de s'accommoder de
pièces pareilles à celles qu'on lui donne aujour-
d'hui [1]. »

Avec quel art il saisissait, ou plutôt il faisait naître les
occasions de parler de Voltaire, dont l'incessante production fournissait toujours des critiques aussi justes que
piquantes à Fréron. Ainsi, — pour ne citer qu'un exemple
des rubriques qu'il employait pour ramener sans cesse
l'auteur de *la Henriade* sur la scène, — ayant à rendre
compte des *Mémoires sur la vie de Ninon de Lenclos* [2], par

1. *Lettres sur quelques écrits*, etc., 1749, tome II, pages 3 à 6.
Lettre 1 (8 septembre 1749).
2. On peut dire que Ninon fut en quelque sorte la marraine de
Voltaire ; à sa sortie du collége, elle souhaita de le voir ; ses réparties lui plurent, et elle lui laissa par son testament une somme
de deux mille francs pour acheter des livres. On peut juger de la

Bret, il ouvre de cette façon le feu contre son terrible adversaire :

« S'il y avait parmi nous, monsieur, un auteur qui aimât passionnément la gloire, et qui se trompât souvent sur les moyens de l'acquérir ; sublime dans quelques-uns de ses écrits, rampant dans toutes ses démarches ; quelquefois heureux à peindre les grandes passions, toujours occupé de petites, qui sans cesse recommandât l'union et l'égalité entre les gens de lettres, et qui, ambitionnant la souveraineté du Parnasse, ne souffrît pas plus que le Turc, qu'aucun de ses frères ne partageât son trône, dont la plume ne respirât que la candeur et la probité, et qui sans cesse tendît des piéges à la bonne foi, qui changeât de dogme, selon les temps et les lieux, indépendant à Londres, catholique à Paris, dévôt en Austrasie, tolérant en Allemagne : si, dis-je, la patrie avait produit un écrivain de ce caractère, je suis persuadé qu'en faveur de ses talents on ferait grâce aux travers de son esprit et aux vices de son cœur ?

« Il en est de même des femmes galantes, qui savent allier le génie, l'étude et la volupté : elles sont respectées, malgré leurs faiblesses. »

nature des réparties d'un enfant à qui son parrain, amant de Ninon, et sans doute d'après ses conseils, avait fait apprendre par cœur, dès l'âge de trois ans, le poëme impie de la *Moïsade*. Comme le père Le Jay (pardon d'un tel rapprochement !), Ninon prévit que le jeune Voltaire serait l'*étendard du déisme en France*.

Où était le cosmopolite Voltaire en ce moment? — A Berlin [1], où il se brouillait avec Frédéric, avec Maupertuis, avec tout le monde enfin.

Ce portrait, tracé en quelques coups de crayon, était si frappant de ressemblance, que tout le monde y reconnut Voltaire, ses amis d'abord, sa nièce ensuite et Voltaire après eux. Furieux de se voir si bien saisi au naturel, il mit en campagne sa nièce, madame Denis, qui obtint la suppression du journal.

On fit alors courir cette épigramme sanglante contre Voltaire :

> La larme à l'œil, la nièce d'Arouet
> Se complaignant au surveillant Malesherbe [2]
> Que l'écrivain, neveu du grand Malherbe [3],
> Sur notre épique osât lever le fouet.
> — Souffrirez-vous, disait-elle à l'édile,
> Que chaque mois ce critique enragé
> Sur mon pauvre oncle à tout propos distille
> Le fiel piquant dont son cœur est gorgé ?
> — Mais, dit le chef de notre librairie,
> Notre Aristarque a peint de fantaisie
> Ce monstre en l'air que vous réalisez.
> — Ce monstre en l'air? Votre erreur est extrême,
> Reprend la nièce ; eh! monseigneur, lisez :
> Ce monstre-là, c'est mon oncle lui-même.

Six mois après, grâce à la protection du roi Stanislas et de la reine de France, sa fille, Marie Leczinska, Fréron eut la liberté de reprendre la plume.

L'ardeur de la polémique n'empêchait pas notre critique de satisfaire l'admiration vive et éclairée que ses études

1. *Lettres sur quelques écrits*, etc., 1752, tome VI, pages 3 et 4. Lettre I. (25 mars 1752.)

2. Malesherbes était surveillant de la librairie.

3. Fréron était descendant — par les femmes — du poëte Malherbe.

lui avaient inspirée de bonne heure et qu'il conserva,
jusqu'au dernier soupir, pour les chefs-d'œuvre littéraires
du grand siècle. A cette époque, en rendant compte des
*Remarques sur les tragédies de Jean Racine, par Louis Racine
son fils*, il disait :

« Elles (ces *Remarques*) sont précédées d'un
Discours préliminaire que M. *Racine* m'a fait l'honneur de m'adresser, parce que je préside à la
nouvelle et magnifique édition in-4°, qu'on prépare
des œuvres de son illustre père....

« J'ai.... cru, par rapport à l'entreprise dont il
s'agit, que le public n'exigeait de moi que de revoir
fidèlement le texte; de lui en offrir un correct, ce
qu'on n'a point fait jusqu'à présent; de rejeter toutes
les mauvaises critiques qu'on trouve ordinairement
à la suite de ces tragédies ; de composer une vie du
poëte, avec un discours qui contînt l'histoire des
pièces, les anecdotes qui y ont rapport, et où je fisse
sentir les progrès de l'auteur, et l'intervalle immense
qu'il a franchi avec tant de succès et de rapidité
depuis *la Thébaïde* jusqu'à la sublime *Athalie*. C'est
à quoi je me suis borné dans cette édition en trois
volumes in-4°, qui paraîtra dans un an [1]. »

C'est à grand peine, qu'au commencement de 1753, il
résiste au désir de critiquer une mauvaise pièce de Vol-

---

1. *Lettres sur quelques écrits,* etc., 1752, tome VII, pages 49, 51
et 52. Lettre III (26 novembre 1752).

taire ; mais, le souvenir de la récente suspension de ses
feuilles et de son propre emprisonnement, le força à être
prudent. Cependant, il ne put s'empêcher d'écrire alors
ces quelques lignes, qui en disent plus qu'elles ne contiennent de mots :

« J'avais dessein, monsieur, de faire des remarques sur la dernière tragédie du fameux M. *de Voltaire*, intitulée *le duc de Foix*, qui vient d'être
imprimée après un médiocre succès. Mais, pour de
bonnes raisons, j'ai pris le parti de me borner à une
simple analyse.... [1]. »

Fréron — il faut le dire, sous peine de ne rien comprendre aux persécutions dont il fut l'objet de la part de
Voltaire, de madame de Pompadour, du ministre Choiseul
et de la tourbe encyclopédique, pendant toute sa vie, —
Fréron était odieux, à plus d'un titre, à ce parti puissant.
Il sortait des Jésuites, dont il avait été l'élève ; il avait fait
ses premières armes sous l'abbé Desfontaines ; il s'annonçait et se produisait comme un écrivain religieux et
ennemi juré des philosophes.

Sans l'active et puissante protection de Stanislas et de
Marie Leczinská, reine de France, Fréron eût succombé
cent fois pour une ; que dis-je ? dès la première attaque de
ses ennemis, il eût été vaincu à tout jamais.

Le moment était arrivé où Stanislas allait confirmer
plus étroitement encore à Fréron les témoignages d'une
protection que rien ne devait ébranler ; en 1753, l'éminent
critique fut reçu membre de l'Académie de Nancy, récem-

1. *Lettres sur quelques écrits*, etc., 1753, tome VIII, pages 35
[à 40]. Lettre II (18 janvier 1753).

ment fondée par son bienfaiteur. Laissons à Fréron le plaisir bien naturel de nous raconter sa reconnaissance envers Stanislas; écoutons son discours de réception et initions-nous ainsi, de plus en plus, à ces détails de la vie intellectuelle et des goûts littéraires du dix-huitième siècle, à la cour du meilleur et du plus sage des rois.

Un discours de réception. — Vers adressés par Fréron au roi Stanislas. — *Opuscules de M. F****. — Le libraire Duchesne. — Un mot d'éditeur. — Fréron fonde l'*Année littéraire*. — Le chevalier de la Morlière. — Les épreuves d'une critique impartial. — Profession de foi. — Études incessantes de Fréron. — Un aveu bon à recueillir. — Vers d'un filleul à son parrain. — Ce que devint le filleul.

« Vous savez, monsieur, que c'est au roi de Pologne, père de notre auguste et vertueuse reine, que je dois le rétablissement de mes feuilles. Ce prince, sur le désir que je témoignai il y a trois mois d'être de l'Académie de Nancy, qu'il a fondée[1] et qu'il éclaire, me fit encore l'honneur de me proposer lui-même, dans une de ces séances particulières, où déposant la majesté du trône, il ne brille que de l'éclat du mérite personnel. Je fus élu d'une voix unanime. La reconnaissance m'a inspiré d'aller porter moi-même mes hommages aux pieds d'un roi, dont le goût et le zèle pour les sciences sont si vifs, qu'il daigne abaisser ses regards sur un des moindres citoyens de la République des lettres.

« J'arrivai à Nancy le 7 mai (1753). Le lendemain, jour destiné à l'Assemblée publique de l'Aca-

1. En 1750 ou 51.

démie, tous ceux qui la composent se rendirent à dix heures dans l'Église des Cordeliers, où l'on chanta une messe du Saint-Esprit, après laquelle le panégyrique de saint Stanislas, évêque de Cracovie, patron du roi et de l'Académie, fut prononcé par M. l'abbé *Clément*[1], prédicateur et aumônier de Sa Majesté, doyen du chapitre de Ligny, et membre de la Société littéraire[2]. Ce panégyrique reçut les applaudissements qu'il méritait. L'orateur, homme de génie, a paru avec distinction dans les chaires de Paris.

« L'après-midi, sur les trois heures, se tint l'Assemblée publique, que le roi devait honorer de sa présence. Mais la circonstance de sa fête, qui se célébrait à Lunéville, l'empêcha de nous procurer cette satisfaction. M. d'*Héguerty*, sous-directeur, ouvrit la séance à la place de M. *de Choiseul*, primat de Lorraine et directeur, qui était malade. M. d'*Héguerty*, se plaignit modestement d'être obligé de remplir les fonctions de M. le primat.... Il dit ensuite des choses flatteuses sur les trois récipiendaires, MM. *Palissot*, *de Cogolin* et moi....

« Après la lecture du discours que M. *Palissot* avait envoyé de Paris, je lus le mien. Il ne me conviendrait pas, monsieur, de vous en donner l'extrait,

1. Denis Xavier Clément, né à Dijon, le 6 octobre 1706, mort le 7 mars 1771.
2. Ou *Académie de Nancy*.

parce que vous pourriez me soupçonner de ne choisir que les endroits les moins défectueux ; et franchement, c'est ce que je ferais. Je prends donc le parti de vous l'envoyer en entier, et de l'abandonner à votre censure, ou plutôt à votre indulgence : *Veniam petimusque damusque vicissim.*

« Messieurs,

« La vivacité de mes sentiments justifie seule
« l'honneur que je reçois de me voir associé à votre
« illustre compagnie. Une pareille faveur méritait
« bien que je vinsse vous en remercier moi-même.
« Mon cœur goûte le plaisir de satisfaire sa sensi-
« bilité, et j'aurai du moins à vos yeux le mérite
« du zèle.
« Un autre motif m'a fait entreprendre ce voyage.
« J'ai eu la curiosité de voir de près le règne d'Au-
« guste, dont l'histoire ne m'avait donné qu'une
« idée imparfaite. Ce serait ici le lieu de vous expri-
« mer mon admiration ; mais vous exigez que tout
« homme de lettres, honoré de votre choix, vous
« communique quelques réflexions de littérature.
« Mon premier devoir est d'obéir à vos lois : je sus-
« pends mon hommage.
« On parle, on écrit depuis longtemps sur les
« qualités qu'exige le style, et sur ce qui s'appelle
« le bon goût. Oserais-je, messieurs, vous proposer
« des conjectures sur un sujet où il n'appartient

« qu'à vous de donner des lumières ? Tout le monde
« connaît ce précepte : il faut en toute chose une
« mesure ; il est de certaines bornes en deçà et au
« delà desquelles la perfection ne peut se trouver :

Est modus in rebus, sunt certi denique fines,
Quos ultrà citràque nequit consistere rectum.

« Plus on approfondira ce principe qu'Horace
« applique à la morale, et plus, je m'imagine, qu'il
« paraîtra fécond. Il convient à tous les ouvrages
« de la nature et de l'art, à toutes les sciences, à
« tous les goûts, à la vertu même, et surtout au
« style, dont la beauté, si je ne me trompe, consiste
« dans ce juste milieu dont parle le lyrique romain.
« Quiconque écrit est placé entre deux écueils, le
« sublime gigantesque et la bassesse rampante. Les
« hautes montagnes et les vallons humides ne sont
« point habités. On établit avec volupté sa demeure
« sur un coteau riant, où l'air n'est ni trop subtil
« ni trop grossier. Un fleuve qui franchit ses rives
« porte le ravage ; desséché, il devient inutile ; s'il
« remplit son lit, l'abondance et la joie coulent avec
« ses eaux ; l'œil humain se plaît à contempler son
« cours, rapide sans violence. L'aigle, qui se perd
« dans la mer, devient aussi invisible que l'insecte
« qui se cache sous l'herbe. Les écrivains guindés
« ou traînants ne sont point lus. On goûte un auteur
« qui n'écrit ni pour les sylphes ni pour les gnomes,

« mais pour les humains. L'art d'écrire exige donc la
« retenue d'un sage qui se modère dans les plaisirs.
« Le style, si je puis me servir de cette comparaison,
« doit être comme l'épouse de Jupiter, lorsque dans
« l'*Iliade* elle est représentée suspendue entre le
« ciel et la terre.

« C'est pour avoir ignoré ou violé cette règle de
« goût, que tant d'auteurs, nés d'ailleurs avec beau-
« coup d'esprit et de talents, ne seront jamais
« comptés parmi les grands écrivains. Leur défaut
« est de chercher avec inquiétude ou des pensées
« ou des expressions rares. Ils ne sentent pas que
« l'on ne doit s'attacher qu'à bien développer les
« idées qui sont dans tous les esprits, et les senti-
« ments qui sont dans tous les cœurs. Pourquoi
« certaines pièces sont-elles si bien reçues ? Ce n'est
« pas qu'il y ait du saillant, de l'extraordinaire ;
« c'est précisément parce que chacun retrouve ce
« qu'il a pensé, ce qu'il a senti. L'auteur n'a que
« le mérite de faire revivre ces idées primitives, de
« faire éclore ces mouvements cachés dans l'âme.
« Le spectateur applaudit par amour-propre ; ses
« applaudissements sont le cri de la nature qui se
« reconnaît.

« C'est donc la marque d'un petit esprit que de
« vouloir imaginer ce que personne n'a jamais
« pensé. Le grand talent est de dire ce que tout le
« monde dit, mais de le dire d'une façon noble, éloi-

« gnée du langage vulgaire, et néanmoins sans en-
« flure et sans faux brillants. L'enflure n'est pas
« l'embonpoint ; les faux brillants éblouissent, il
« s'agit d'éclairer. La méthode de faire perdre la
« vue par un cuivre étincelant que l'on mettait
« devant les yeux, était autrefois en usage. Quel-
« ques auteurs nous font souffrir le même supplice,
« par des ouvrages tout pétillants d'esprit. Ils nous
« donnent des feux d'artifice, et nous voudrions une
« lumière pure, douce, égale, comme celle du soleil
« dans le printemps et dans l'automne, moins riche
« en pompe qu'en bienfaits.

« Rousseau a dit de son maître :

> Non moins brillant, quoique sans étincelle,
> Le seul Horace en tous genres excelle.

« Vous avez remarqué, MESSIEURS, ce mot *quoi-*
« *que sans étincelle.* On ne trouve point en effet
« dans Horace de l'étincelant, mais du solide, du
« vrai revêtu d'une expression, tantôt énergique,
« tantôt simple, toujours nouvelle et cependant na-
« turelle. Il parle à l'esprit avec le suffrage du
« cœur ; son imagination est avouée par le juge-
« ment ; il ne cherche point à séduire, mais à per-
« suader ; il ne veut point surprendre l'admiration,
« mais la mériter.

« Quoique notre siècle ait devant les yeux un
« si parfait modèle, et beaucoup d'autres que je

« pourrais citer, nous ne pouvons nous dissimuler
« que nos littérateurs ne tombent dans d'étranges
« égarements. On couvre d'un grand masque le
« visage d'un enfant ; on pare Hercule des robes
« d'Omphale ; on charge de rubis la tête d'une ber-
« gère ; on orne galamment des problèmes d'algè-
« bre. On ne songe pas qu'il en est de certaines
« sciences comme de certaines professions : elles
« veulent être vêtues avec une noble simplicité.
« Que dirait-on d'un magistrat qui affecterait une
« parure recherchée ? C'est le même ridicule que
« de semer de fleurs un ouvrage de physique ou de
« géométrie.

« Un esprit de vertige s'est emparé de tous nos
« Français. Lucain est préféré à Virgile, Sénèque à
« Cicéron, les Italiens aux Romains. On court, non
« après des peintres de la nature, mais après des
« singes de l'art. Les gens sensés rient d'une erreur
« qui sera peu durable. Ces excès ne sont sans
« doute que des leçons que nous donne le goût,
« dans les mêmes vues qu'un sage législateur pro-
« duisit aux yeux des jeunes Spartiates un esclave
« dans l'ivresse.

« C'est ce goût qui fixe le point de la perfection,
« qui fait trouver à ceux qui le prennent pour guide
« ce milieu que la nature observe dans ses belles
« productions. C'est lui qui étend tout ce qui est en
« deçà, qui retranche tout ce qui est au delà du vrai

« beau. Sans lui, l'esprit, le génie même, perd son
« brillant : lui seul marque le prix aux ouvrages,
« et les rangs sur le Parnasse.

« Corneille avait plus de génie que Racine ; mais
« le goût lui manquait [1]. La Mothe avait peut-être
« plus d'esprit que Rousseau : il n'avait pas autant
« de goût. Qu'est-il arrivé ? On ne lit point beau-
« coup de tragédies de Corneille, où cependant il
« y a du génie ; son rival est entre les mains de tout
« le monde ; on sait Rousseau par cœur ; on n'a rien
« retenu de La Mothe.

« Mais encore, Messieurs, de ce que Racine ne
« montre pas autant de génie que Corneille, ni
« Rousseau autant d'esprit que La Mothe, est-ce à
« dire qu'ils en eussent moins ? Sans le goût, ils en
« auraient peut-être fait éclater tout autant. C'est
« ce goût suprême qui les a empêchés de se livrer
« aux fougues d'une imagination enflammée que
« l'on prend pour le génie, et aux traits sophistiqués
« que l'on confond avec l'esprit. Peut-être Corneille
« eût-il été souvent Racine, si le goût lui avait appris
« à ne pas mettre la *Pharsale* au-dessus de l'*Énéide*.

« Mais qu'est-ce donc que ce goût dont on parle

---

1. « Je prie les justes admirateurs de Corneille de ne pas croire
que ce que je dis ici tombe sur ses chefs-d'œuvre, tels que *Cinna,
Polyeucte, Rodogune*, etc. Je n'ai en vue que les pièces de ce
grand poëte, où le bas et le boursouflé se trouvent à côté du
sublime. » (*Note de Fréron*.)

« sans cesse, et sur lequel on a tant écrit ? Est-ce
« un sentiment de l'âme ? Est-ce une pure lumière
« de l'esprit ? Je croirais, MESSIEURS, que c'est l'un
« et l'autre tout ensemble ; que c'est à la fois un
« discernement vif et une sensation délicate. Si
« j'osais, je dirais que c'est le cœur éclairé.

« Vous le sentez bien mieux que je ne le définis
« ici, MESSIEURS, dans les écrits sublimes d'un prince,
« votre fondateur[1] et votre modèle ; d'un prince qui
« ne met pas plus de bornes à ses bienfaits qu'à ses
« lumières ; il chérit, il soulage, il récompense, il
« honore l'humanité. Son front auguste est chargé
« des couronnes de Mars, des guirlandes d'Apollon,
« de l'olive de Minerve et des palmes de la Religion.
« Pardonnez, MESSIEURS, ce mélange de sacré et de
« profane en faveur d'un roi qui réunit l'héroïsme
« de l'ancienne Rome et les vertus de la nouvelle.

« O Muses, aimez cet asile, où les sciences solides
« et les arts agréables sont cultivés avec supériorité ;
« annoncez votre restaurateur aux siècles à venir, et
« lorsque la toile et le marbre qui offrent ses traits
« chéris à nos yeux, seront consumés par le temps
« jaloux, dites ce que vous aurez vu, ce que vous
« aurez admiré ; célébrez l'auteur de votre gloire et
« de votre repos. Vous ne m'avez donné que du
« zèle : le génie est ici partagé entre vos favoris.... »

1. Voyez l'analyse qu'en a donné l'abbé Proyart dans son excellente *Histoire de Stanislas Ier* (tome II).

Suit l'éloge de divers membres de l'Académie de Nancy ; — éloge aussi vrai que délicat de monseigneur *de Choiseul*, primat de Lorraine, et directeur de l'Académie, fondée par Stanislas ; de **M.** *d'Heguerty*, ancien gouverneur de l'île de Bourbon, et sous-directeur de la même Académie ; de **M.** le comte *de Tressan* ; de **M.** le chevalier *de Solignac*, secrétaire perpétuel de l'Académie.

C'est surtout en voyant assis, au milieu de tant d'hommes distingués, les Pères *de Menoux* et *Leslie*, jésuites, que Fréron, dans un mouvement heureux et vivement senti de gratitude pour un ordre où il avait puisé les saines doctrines et le goût du beau et du vrai, termine ainsi la péroraison de son ingénieux et brillant discours :

« O Muses, aidez-moi à payer un juste tribut
« d'éloges... à ce membre distingué d'un corps, à
« qui il est réservé de ne jamais se démentir. Qu'il
« m'est doux de pouvoir, dans sa personne (celle du
« père *de Menoux*), rendre un témoignage public de
« gratitude, d'attachement et de vénération à une
« compagnie savante et vertueuse, dont la gloire
« rejaillit sur ceux qui la quittent. Je vous dois,
« MESSIEURS, le bonheur inexprimable d'être assis
« de nouveau à côté de mes anciens confrères [1]. Il
« me semble que je reprends mes premiers liens ;
« je crois revoir la patrie que j'avais abandonnée.
« En effet, cette académie, composée de l'élite d'une
« province féconde en gens d'esprit, de génie et de

1. Ceci semblerait indiquer que Fréron — comme Gresset, — avait été novice dans l'ordre des Jésuites.

« goût [1], m'offre des traits frappants de ressem-
« blance avec la société qui a daigné former mes
« premiers ans. Les vertus et les talents en tout
« genre y sont rassemblés : puissent-ils s'y perpé-
« tuer de même ! Mais le siècle des grands rois est
« celui des grands écrivains; et il sera sans doute,
« MESSIEURS, aussi difficile de vous remplacer un
« jour que l'auguste fondateur à qui nos voix una-
« nimes ne cesseront de faire entendre ce que la
« postérité pensera de lui [2]. »

« Après que nous eûmes achevé nos discours
(M. *de Cogolin* et moi), M. le chevalier *de Solignac*,
secrétaire perpétuel de l'Académie, y répondit.....
Les éloges de MM. *Palissot* et *de Cogolin* lui furent
dictés par la justice, et le mien par l'amitié : mon
partage n'est pas le moins flatteur.....

« Je terminai la séance publique par la lecture
d'une pièce de vers qu'on me demanda, et que
vous vous rappelez peut-être; c'est une épître sur
l'art et la nature adressée à M. W*** [3], receveur gé-

1. Voyez Dom Calmet : la *Bibliothèque de Lorraine*, Nancy,
1751, 1 vol. in-folio.

2. Le discours de réception de Fréron est imprimé dans le
tome III des *Mémoires de la Société royale des sciences et belles-
lettres de Nancy.*

3. *Watelet,* né à Paris, en 1718, receveur général des finances
pour la généralité d'Orléans, place dont il ne négligea pas les
immenses avantages, tout en se livrant à son goût pour les lettres
et pour les arts.

néral des finances... Mon épître se trouve dans le troisième volume de ces feuilles [1].

« Après m'être acquitté des devoirs d'académicien, je partis pour Lunéville, où je fus présenté au roi, qui me fit l'accueil le plus flatteur et le plus honorable. Si c'était tout autre que moi qui eût été reçu avec autant de distinction, et que j'en rendisse compte, j'entrerais dans des détails qui satisferaient sa vanité, fût-elle la plus difficile à contenter. Quelques jours avant que je prisse congé de Sa Majesté, elle me gratifia d'une très-belle boîte d'or enrichie de son portrait. Un philosophe de Genève serait insensible à tant d'honneurs et de bienfaits [2] ; mais moi qui, grâces à Dieu, ne suis ni ne veux être philosophe à ce prix, je vous avoue sincèrement, monsieur, que des bontés si distinguées ont extrêmement flatté mon amour-propre, et m'ont pénétré de la reconnaissance la plus vive. Je l'exprimai faiblement dans ces vers, que j'eus l'honneur de présenter au Roi :

Pandore fut des Dieux le plus parfait ouvrage ;
   Ils se plurent à la former.
Minerve lui donna la sagesse en partage,

---

1. Pages 40 à 43 (12 janvier 1750). — Fréron la reproduisit, en 1753, à la fin du tome I de ses *Opuscules* (pages 392 à 395), parmi ses poésies diverses, et nous la donnons à la fin de ce volume, entre autres *poésies fugitives* de cet illustre critique.

2. Jean-Jacques Rousseau.

> Vénus l'art de se faire aimer ;
> Les Grâces leur souris, les Muses leur langage.
> Les Dieux ont des mêmes présens
> Comblé STANISLAS leur image,
> Mais avec des traits différents :
> La Boîte que donna Pandore [1]
> Renfermait tous les maux ; et celle que je tiens
> M'offre les traits chéris du Héros que j'adore :
> Elle renferme tous les biens [2]. »

A son retour à Paris, Fréron trouva en vente ses *Opuscules*, publiés en trois volumes in-12, sous la rubrique d'*Amsterdam* (Paris).

Une « Lettre de l'éditeur à M. l'abbé G*** » lui annonce, en ces termes mystérieux, l'objet de cette publication :

« Il y a longtemps, monsieur, que vous me sollicitez de vous faire part des petits ouvrages de M. F***, dont les uns, publiés avec succès, sont devenus extrêmement rares, et les autres sont encore manuscrits. Vous savez que je les possède tous. Je suis lié depuis douze ans avec l'auteur de l'amitié la plus intime, et il n'a jamais cessé de me communiquer ce qu'il a composé, soit en prose, soit en vers, pas même depuis que je suis en Hollande. J'ai pris le parti, me trouvant dans un pays libre, de faire

---

1. A Prométhée, et qu'ouvrit si imprudemment le trop curieux Épiméthée.

2. *Lettres sur quelques écrits*, etc., 1753, tome IX, pages 332 à 351. Lettre XV (21 juin 1753).

imprimer ses *Opuscules*, au risque de lui déplaire.

« M. F***, au sortir des Jésuites, en 1739, connut feu M. l'abbé *Desfontaines*, qui le jugea digne de partager ses occupations littéraires. Il a constamment travaillé aux *Observations sur les écrits modernes* et aux *Jugements sur quelques ouvrages nouveaux*, jusqu'à la mort de cet abbé, arrivée au mois de décembre 1745 ; en sorte que dans la collection des *Observations* et des *Jugements*, il y a, pour le moins, sept à huit volumes de la façon de mon ami. Mais vous pensez bien que je n'en ai rien détaché pour mettre dans ces *Opuscules*, quoique je connaisse parfaitement les morceaux qui lui appartiennent. J'ai cru seulement pouvoir prendre trois ou quatre Lettres imprimées particulièrement sous son nom.

« Parmi les pièces que je vous envoie, il y en a quelques-unes dont il n'est pas bien certain que M. F*** soit l'auteur. Telles sont la *Lettre sur les Discours prononcés à l'Académie française*, la *Lettre de l'abbé Cotin*, la *Lettre d'un bourgeois de Paris*. La raison qui me les a fait employer, c'est qu'elles ont passé dans le public pour être de lui. On a cru y reconnaître son tour d'esprit et son style. Je l'ai souvent questionné là-dessus jusqu'à l'importunité ; il ne m'a jamais donné de réponse positive. A l'exception de ces trois morceaux douteux, tout ce que vous lirez, monsieur, dans ces trois volumes, est absolument de lui. J'ai pris la liberté d'y faire quelques retranchements, quelques additions et quelques notes qui m'ont paru nécessaires.

« J'ai fait imprimer ces *Opuscules* à mes frais, et je n'ai pas lieu de m'en repentir. Tous ceux qui prennent les *Lettres sur quelques Écrits de ce temps*, du même auteur (et le nombre en est ici considérable), font l'acquisition de ces trois volumes. Je voudrais bien en faire passer un certain nombre à Paris; mais je ne sais comment m'y prendre. Ne pourriez-vous pas, monsieur, m'en indiquer les moyens, ou plutôt obtenir une permission du Magistrat éclairé et prudemment facile qui préside aujourd'hui à votre librairie? Je suis persuadé qu'il ne vous la refusera pas, lorsqu'après avoir lu l'exemplaire que je vous envoie et que je vous prie de lui communiquer, il aura vu qu'il n'y a rien, dans ces trois volumes, de contraire à la religion, aux bonnes mœurs, au gouvernement de France, et qu'ils ne contiennent que des critiques purement littéraires. Je vous prie en grâce, monsieur, de me rendre ce service. Je vous en aurai la plus grande obligation, et je serai toute ma vie, avec l'attachement le plus inviolable et la plus vive reconnaissance,

« Monsieur,

« Votre très-humble et très-obéissant serviteur.

« P***[1].

« A Amsterdam, ce 6 février 1753. »

---

1. *Opuscules* de Fréron, tome I, pages i à iv.

Après avoir lu ses *Opuscules* ainsi réimprimés et réédités par quelque audacieux entrepreneur, comme il y en avait tant alors, Fréron écrit :

« Les moments les plus doux de la vie sont mêlés de quelque amertume. Quelle a été ma douleur, monsieur, d'apprendre, en arrivant de Lorraine, qu'on débitait ici trois volumes in-12, sous le titre d'*Opuscules*, avec la lettre initiale de mon nom. Je vous proteste, monsieur, que je n'ai aucune part à cette édition, qui renferme à peu près à la vérité tous mes petits écrits, fruits dangereux d'une jeunesse imprudente, mais aussi qui en contient quelques-uns qui ne sont point de ma composition, et dont les auteurs sont connus.....

« L'exemple de plusieurs auteurs m'autoriserait à désavouer quelques autres écrits de cette collection qui peuvent me faire tort, puisqu'ils ne sont ni moins vifs, ni moins piquants que ceux dont je viens de parler[1]. Mais ces sortes de désaveux n'entrent point dans ma façon de penser, et il n'y a ni fortune ni

---

1. Tels que la *Lettre sur les discours prononcés à l'Académie française en* 1743, et la *Lettre d'un bourgeois de Paris à un de ses amis au sujet de la suppression des OBSERVATIONS SUR LES ÉCRITS MODERNES*, qu'il rend à l'abbé *Desfontaines;* la *Lettre de l'abbé Cottin*, écrite des Champs-Élysées, qu'il dit être de *Mairault,* « qui ne s'en cacha point de son vivant, et qui en donna lui-même des exemplaires à tous ses amis. » Fidèle à l'auteur des *Remarques sur l'esprit des lois* (tome III des *Opuscules*), Fréron ne le nomme pas : on sait que c'est *Forbonnais*, etc., etc.

7.

titre littéraire qui puissent me faire trahir la vérité.
Tout ce que je puis faire, c'est d'être véritablement
affligé de cette publication, et de savoir très-mauvais
gré à l'éditeur, quel qu'il soit, d'avoir fait réimprimer des écrits, que je me flattais qu'on avait
oubliés :

> *Delicta juventutis meæ,*
> *Ignoscenda quidem, scirent si ignoscere vates[1].* »

Mais comment concilier les réclamations de Fréron avec
l'annonce suivante, que, dès le mois de mars 1752, le
libraire Duchesne, éditeur des *Lettres sur quelques écrits
de ce temps*, publiait à la fin du tome V de ce Recueil, et
que voici :

« *On imprime actuellement les Opuscules ou Lettres de
madame la comtesse de ***, sur quelques Écrits modernes, par
M. FRÉRON, en trois volumes. Le troisième volume contient
une Critique, chapitre par chapitre, de l'Esprit des Lois.* »

Rien de plus simple. Lorsque Fréron lut cette annonce
et autorisa cette publication, il ne calculait pas sur le
retour du courroux de Voltaire contre lui; obligé, par
prudence, de désavouer ses *Opuscules*, il ne les en laissa
pas moins paraître et se débiter.

Le 26 janvier 1754, Fréron abandonna la rédaction de
ses *Lettres sur quelques Écrits*, pour fonder *l'Année littéraire
ou suite des Lettres sur quelques Écrits de ce temps*; ce recueil,
qu'il continua jusqu'en 1776, c'est-à-dire, jusqu'à sa mort,
porta toujours, dès le premier volume, son nom, ses titres

----

1. *Lettres sur quelques écrits*, etc., 1753, tome IX, pages
351 à 351. Lettre XV (21 juin 1753).

et sa devise *Parcere personis, dicere de vitiis.* Membre des Académies d'Angers, de Montauban et de Nancy, Fréron fut, à la même époque, un des premiers fondateurs ou rédacteurs du *Journal étranger*.

Il n'avait rédigé que les 144 premières pages du tome XIII des *Lettres sur quelques Écrits de ce temps;* le libraire Duchesne, qui voulait, à tout prix, compléter son volume, le fit terminer par un écrivain inconnu, tout en laissant croire aux souscripteurs ou abonnés, que Fréron était l'auteur de ce complément. C'était une fraude, dont Duchesne ne se faisait pas scrupule; ainsi le treizième volume s'achève au 20 avril 1754, et la première lettre du tome I de l'*Année littéraire* est datée du 3 février de la même année. Ne sachant comment expliquer au public cette contradiction de dates, Duchesne donna, à la fin du treizième volume des *Lettres sur quelques Écrits de ce temps*, un long *avis*[1] qui n'éclaircit rien et qui ne vaut même pas la peine d'être analysé.

Ce Duchesne, libraire, « rue Saint-Jacques, au Temple du Goût, » me semble avoir été peint par Mercier, dans son *Tableau de Paris*, avec une ressemblance frappante; le passage mérite d'être transcrit :

« Les libraires se croient des hommes de conséquence, parce qu'ils ont l'esprit d'autrui dans leur boutique, et qu'ils se mêlent quelquefois de juger ceux qu'ils impriment.....

« Un libraire de Paris disait fort naïvement: *Je voudrais bien tenir, dans mon grenier, Voltaire, Jean-Jacques Rousseau et Diderot, tous trois sans culotte; je les nourrirais bien, mais je les ferais travailler.*

---

1. Il n'a pas moins de 8 pages.

Pourquoi l'un est-il riche [1], *et pourquoi les autres
ne travaillent-ils pas à la feuille* [2]. »

Duchesne se fait aussi la même question dans son *Avis* [3],
et raisonne de même à l'égard de Fréron.

Dans l'avertissement placé en tête du premier volume
de l'*Année littéraire*, on lit :

« L'auteur des *Lettres sur quelques Écrits de ce
temps* ayant jugé à propos d'interrompre cet ouvrage
périodique [4], on a cru devoir le continuer dans la
même forme, dans le même goût et sous les mêmes
conditions. On se flatte que le public ne s'apercevra
que du changement de titre et de libraire [5]. *L'Année
littéraire* étant la suite des *Lettres sur quelques
Écrits de ce temps*, on a commencé précisément où
en est resté l'auteur de ce dernier ouvrage. C'est
pour cela que, dès les premières analyses surtout,
on ne rendra quelquefois compte que du second
volume d'un livre, cet auteur ayant parlé du premier
tome. Cette attention a paru indispensable, pour ne
pas rompre la chaîne de ces Mémoires de Littérature.

1. Voltaire.

2. Tome II, chapitre CLXII. *Libraires,* pages 125 et 127. (Édition
in-8° d'Amsterdam, 1782.)

3. Pages 4 et 5.

4. Voyez, à la fin du tome I de l'*Année littéraire,* une Lettre de
Fréron au chevalier de Cogolin, de l'Académie de Nancy.

5. C'était Michel Lambert, rue et à côté de la Comédie-Française (aujourd'hui de l'*Ancienne-Comédie*) « au Parnasse. »

« Les *Lettres sur quelques Écrits de ce temps*
forment douze volumes in-12 complets, avec les deux
premiers cahiers du tome treizième, qu'il est décidé
que l'auteur n'achèvera pas. Ainsi ceux qui prenaient
cet ouvrage périodique peuvent faire relier ces deux
cahiers à la fin du douzième tome des *Lettres*. »

L'Année littéraire, qui paraissait tous les dix jours par
cahiers composés de trois feuilles in-12, soit 72 pages, —
cinq cahiers formant un volume, — donnait huit volumes
par an ; la première année seule n'en a que sept. Ainsi
de 1754 à 1776, pendant vingt-trois ans, Fréron a publié
cent quatre vingt-trois volumes de *l'Année littéraire*.

Il s'adjoignit, pour collaborateurs, l'abbé de La Porte,
Sautreau de Marsy, Daillant de la Touche, Baculard d'Ar-
naud, Jourdain, etc.

Si toute la réputation littéraire de Fréron fut établie
pendant sa vie, et reste attachée, après sa mort, à *l'Année
littéraire*, il faut avouer qu'il paya sa gloire bien cher, par
vingt-trois ans d'ennuis, d'épreuves et de tribulations auxquelles il finit par succomber, après avoir vaillamment
lutté avec un courage presque surhumain.

J'ai dit *ses ennuis*, et sur cet objet, — comme sur tous
les autres, — c'est Fréron seul que je veux laisser parler
toujours. A propos des jeunes auteurs qui en appelaient
à son jugement, se confiaient à sa critique et ne lui
savaient aucun gré de ses avis ou de ses corrections, il
dit :

« Je ne puis finir cet article[1] sans faire observer
aux auteurs qu'il est inutile qu'ils en consultent

1. Consacré au compte rendu du *Souper*, comédie en trois actes,
en prose, jouée une seule fois par les comédiens français (pages 114
à 125 du tome IV de *l'Année littéraire*, 1754, 12 juillet).

d'autres sur leurs ouvrages, s'ils ne sont pas disposés
à profiter des conseils qu'on peut leur donner.... Je
profiterai aussi de cette occasion pour prier les écrivains, j'entends ceux dont je n'ai pas l'avantage
d'être connu personnellement, de ne me point prendre pour juge de leurs productions, avant qu'elles
voient le jour. Ils me font assurément plus d'honneur
que je ne mérite; mais ils doivent sentir que mes
occupations ne me laissent guères de loisir. A peine
ai-je le temps de lire les livres imprimés; comment
puis-je avoir celui de lire les manuscrits?

« Une autre considération non moins importante
pour moi, et qui trouve ici sa place. Quelques poëtes
se formalisent de ce que je n'insère pas en entier
dans mes feuilles les poésies qu'ils m'adressent, ou
de ce que j'y fais quelquefois de légers changements.
Je les prie de croire que c'est autant pour moi que
pour eux que je fais usage de leurs vers; que tel
morceau, souvent trop long, contient quelques
tirades heureuses qui feraient plus d'honneur au
poëte et plus de plaisir au lecteur, que si l'on insérait
la pièce tout entière. En un mot, je préviens, une fois
pour toute, qu'on peut se dispenser de m'envoyer de
ces sortes de pièces, si l'on ne me laisse la liberté d'y
faire tous les retranchements, toutes les corrections
que je jugerai nécessaires. Je ne cherche en cela que
la gloire des auteurs et la mienne, qui serait trop
compromise en adoptant indifféremment tous les

vers que je reçois, parmi lesquels il y en a d'absolument mauvais que je rebute, quelques-uns de bons où je n'ai garde de rien changer, d'autres mêlés de bon et de mauvais ; c'est de ces derniers qu'il est question, et il me semble qu'on devrait me savoir quelque gré de la peine que je prends de les rendre passables. Au reste, si cette condition paraît trop onéreuse, on peut se pourvoir à d'autres journaux périodiques[1]. »

Les réclamations de certains auteurs médiocres avaient parfois une tournure ridiculement outrecuidante :

« Un de mes amis, M. *du Port du Tertre*, connu dans la République des lettres par des ouvrages qui ont été bien reçus[2], vient de m'écrire la lettre suivante, qui ne m'a pas étonné, et qui vous amusera :

« Le chevalier *de la Morlière* est venu hier chez
« moi, et s'est plaint amèrement de l'extrait que vous
« avez fait de *la Créole*[3]. Il trouve votre critique in-
« juste, en ce que vous prétendez que cette petite co-
« médie est mal écrite. Pour se venger, il a fait, non
« un libelle, mais une terrible critique de vos Écrits.
« Cet ouvrage est prêt à paraître. Il ne tient cependant
« qu'à vous d'*éloigner la foudre qui est prête à*

1. L'*Année littéraire, ibid.*, pages 123 à 125.
2. Né à Saint-Malo, en 1715, mort en 1759, Duport du Tertre fut un des collaborateurs de Fréron à l'*Année littéraire*.
3. Comédie en prose, en un acte, tombée à la première représentation. — Voyez l'*Année littéraire*, 1754, tome V, pages 65 à 68.

« *tomber*. Voici les propositions que je suis chargé
« de vous faire. On voudrait que vous lussiez atten-
« tivement *la Créole*, et que vous lui rendissiez
« plus de justice pour le style; car *l'auteur est per-*
« *suadé que ce petit ouvrage n'est point du tout mal*
« *écrit*. On vous permet, d'ailleurs, de relever les
« défauts que vous apercevrez dans la contexture de
« la pièce. En un mot, pourvu que vous conveniez
« *de la bonté du style*, on vous laisse liberté entière
« sur le reste. A ces conditions, la critique en ques-
« tion, qui est déjà toute prête, ne paraîtra point.
« Voici ce qu'on m'a chargé de vous proposer. Le
« chevalier *de la Morlière* viendra ce matin chez
« moi, pour savoir quel parti vous voulez prendre.
« Je vous souhaite le bon jour.

« Du Tertre. »

« J'ai répondu sur le champ, monsieur, que je
priais M. le chevalier *de la Morlière* de me dispenser
de lire *la Créole;* que c'était bien assez de l'avoir vu
représenter; que j'étais incapable de trahir ma conscience, en disant que cette pièce était bien écrite, pour
éviter une critique qui, probablement, le serait mal;
que je n'étais point homme à dire le contraire de ma
pensée, quand même la critique en question serait
bien bonne, bien littéraire, comme il est très-possible
d'en faire une; que je me rétractais volontiers, lorsqu'on me montrait évidemment que je m'étais trompé;

mais que je croyais avoir raison, par rapport au style de *la Créole;* que j'en étais bien fâché pour M. le chevalier *de la Morlière;* que je souhaitais de tout mon cœur qu'il eût, une autre fois, plus de bonheur, et qu'il fît un ouvrage mieux imaginé et mieux écrit; que je serais le premier à l'applaudir; qu'au reste, je ne craignais point la *foudre* de ce petit *Jupiter*[1]. »

Il n'est pas indifférent de savoir ce que c'était que la Morlière, d'abord mousquetaire, puis — on ignore à quel titre, — *chevalier* de l'ordre du Christ, en Portugal. Chef de claque de Voltaire, organisateur de cabales, il se crut propre à tenir une plume et publia le petit roman licencieux d'*Angola,* qui n'était pas de lui, mais du duc de la Trémouille, dans les papiers duquel on le trouva après sa mort. Les essais dramatiques de la Morlière sur les théâtres français et italien, furent mal accueillis. Enfin il eut la maladresse d'oser entrer en lice contre Fréron, en publiant un libelle intitulé : *Le contre-poison des feuilles, ou Lettres sur Fréron* (1754, in-12[2].) Pour comble d'ignominie, il fut le premier homme de lettres assez vil pour encenser les *vertus* et les *talents* de la Du Barry, dans un livre intitulé : *Le Royalisme, ou Mémoires de Du Barry de Saint-Aunez et de Constance de Cezelli sa femme; anecdote héroïque sous Henri IV; dédié à Madame la comtesse Du Barry* (1770). Il dut à sa dédicace l'honneur de souper avec cette fameuse courtisane.

---

1. L'*Année littéraire,* 1754, tome V, pages 214 à 216. — 18 septembre 1754.

2. C'est probablement cet ouvrage qui a été reproduit sous le titre de : *Antifeuilles* ou *Lettres de madame de* *** *sur quelques jugements portés dans l'Année littéraire de Fréron,* 1754, in-12. — C'est le libelle dont il est parlé dans la lettre de Duport Du Tertre à Fréron.

Accablé sous le poids des épigrammes et du mépris universel, la Morlière mourut à Paris, en 1785, dans le plus
profond abandon [1].

Voilà un des hommes de lettres dont Fréron s'était fait
un ennemi juré; on sait quel souci il prenait de la colère
de tels insectes. Croirait-on, après cela, qu'on ait osé lui
reprocher de ne parler dans ces feuilles que de personnages de cette trempe!...

« Il m'est revenu, monsieur, que l'on me faisait un
reproche auquel je suis extrêmement sensible. On
m'accuse de ne parler que d'*écrivailleurs*, généralement réprouvés, des *Boisp...*, des *Sell...*, des
Mail..., des *Chév...*, des *la Morl...*, etc; de ne prendre que des victimes mille fois immolées par le public
lui-même; de ne remuer, en quelque sorte, que des
cendres éteintes; de n'oser consulter le dieu du Goût
dans les entrailles des auteurs vivants, c'est-à-dire
des grands auteurs, des auteurs de réputation; de
redouter leur crédit et de me taire prudemment,
surtout par rapport aux ouvrages de l'Académie
française. Il est vrai, monsieur, que j'en ai laissé
passer quelques-uns sans vous en rendre compte.
Mais n'attribuez point mon silence à des raisons politiques. Je sais trop que l'honneur, autant que l'amour
des arts, gouverne cette illustre Compagnie, et que

---

1. Voyez dans les *Mélanges de littérature* publiés par Suard,
en 1804 : *Des applaudissements au théâtre*, les Lettres II et III au
Trunck-Maker, tome I, pages 341 à 352. Elles contiennent une
piquante et peu édifiante biographie du chevalier de La Morlière.

tous les membres qui la composent sont incapables de chercher à nuire à un citoyen, parce qu'il écrirait que tel discours, prononcé dans leur lycée, n'est pas de son goût. Ils sont à la tête de la République des lettres; c'est à eux d'y veiller, d'y faire observer les lois, et de laisser sacrifier sans pitié leurs enfants, pour le salut de la patrie, à l'exemple du grand *Brutus*. Eh! que deviendrait notre Parnasse, si le despotisme s'y introduisait, si la tyrannie de quelques citoyens anéantissait la liberté, si quelque impétueux *Sylla* s'emparait du souverain pouvoir!

« Croyez-vous, monsieur, que si j'étais sensible à tout ce qu'on peut dire ou faire contre moi, je me permettrais de critiquer les auteurs mêmes qui vous paraissent les plus méprisables? Vous lisez tranquillement, dans votre province, les lettres que je vous adresse; vous y voyez que je dis librement qu'un tel a fait une mauvaise tragédie; qu'un autre a donné au théâtre une comédie vide de sujet, de sens et de style; que celui-ci a composé un roman, dédaigné par les femmes de chambre mêmes; celui-là, des *Esprits* où il n'y en a point, etc. : tout cela vous paraît la chose du monde la plus simple.

« Vous n'entendez pas les cris de tous ces petits auteurs; vous ne voyez pas toutes les tracasseries qu'ils cherchent à me susciter; vous ne savez pas qu'ils s'attroupent et qu'ils s'associent, pour forger de plats libelles contre moi; vous ignorez (je crois cependant vous l'avoir déjà dit) que *Florise* veut du bien à *Damon*, qui a été le précepteur de son fils ; que *Célimène* ne peut se dispenser d'accorder sa bienveillance à *Mopsus*, qui a fait des vers pour elle, le jour de sa fête et le premier de l'an ; que *Clorinde* soutient nécessairement *Tircis* qui lui a dédié un livre, et qui lui a dit de jolies fadeurs dans son Épître dédicatoire, etc.

« Venez à Paris, monsieur, vous serez témoin de toutes ces misères ; vous y verrez les plus chétifs rimailleurs avoir un parti ; et vous serez peut-être surpris de mon intrépidité. Je m'étourdis sur tous les dangers ; si j'y pensais sérieusement, je ne sais si je serais aussi tranquille.

« L'exemple de *Boileau* est digne de remarque. Rappelez-vous que les *Cotins*, les *Pradons*, les *Pelletiers*, les *Bonnecorses* voulurent lui faire un crime d'État d'avoir dit, en parlant de son siècle, *ce siècle de fer*. Ils en portèrent des plaintes très-graves. J'ai quelquefois peur aussi que les dignes successeurs de ces grands génies ne donnent une interprétation odieuse à quelque mot innocent qui pourrait m'échapper. Mais les lumières et l'équité du gouvernement me rassurent ; on se moqua des accusateurs de *Boileau*, qui, quoique satyrique de profession (ce qui est plus fort que d'être critique) était hautement protégé par le monarque et par ses ministres ; on rirait également des imbéciles imputations de mes ennemis. Ils ne manqueront pas de relever ce propos, et de s'écrier que je me mets en parallèle avec *Boileau*; j'en suis bien éloigné; ce n'est point moi qui me compare à *Boileau;* ce sont eux que je compare aux *Cotins*, aux *Bonnecorses*, etc.; je les crois aussi bons écrivains et aussi bonnes gens[1]. »

L'année littéraire venait d'accomplir sa première année; dans l'*Avertissement* qui ouvre la seconde, Fréron s'excuse vis-à-vis du public, de ne lui avoir donné — l'année précédente, — que sept volumes, au lieu de huit qu'il avait annoncés. « Je croyais, — dit-il, — pouvoir satisfaire à cet engagement; mais, n'ayant commencé qu'à la fin de février, il m'a été impossible de le remplir. Il n'en sera pas de même de cette année 1755, et les huit volumes seront complets.... »

« A l'égard des Lettres pour tout... objet relatif à mon ouvrage, je supplie tous ceux qui me font l'honneur de me les écrire, de ne pas s'offenser s'ils n'ont de moi aucune réponse. Je sens toute l'impolitesse de ce procédé; mais il m'est impossible d'agir autrement. Mes travaux périodiques ne me le permettent pas; et d'ailleurs, quand je ne serais pas aussi considérablement occupé que je le suis, je ne trouverais jamais assez de temps pour répondre au grand nombre de Lettres que je reçois toutes les semaines. Je n'en invite pas moins tous mes lecteurs

____

1. L'*Année littéraire,* 1754, tome VII, pages 336 à 340.

à me faire part de leurs remarques, de leurs réflexions, de leurs idées, pourvu (je le répète) qu'ils
n'exigent pas que je leur réponde, et que le port de
leurs lettres soit affranchi. Ils doivent être persuadés
que je ferai toujours une attention sérieuse à leurs
conseils, à leurs avis ; que j'en profiterai pour la perfection de mon ouvrage ; que je les nommerai, lorsqu'ils voudront me le permettre ; que je tairai leur
nom, lorsqu'ils l'exigeront.

« Le peu de loisir qui me reste me met encore
hors d'état de pouvoir lire les ouvrages manuscrits...
C'est me flatter infiniment, sans doute, que de soumettre à mes faibles lumières des tragédies, des
comédies, des pièces de vers, des discours, etc.,
avant que de leur faire voir le jour. Mais les écrivains
qui m'honorent de cette confiance trouveront dans
Paris des juges plus éclairés et moins occupés.

« Je finis par quelques réflexions sur le travail que
j'ai entrepris, et que j'ai le courage de continuer. Il
est certain que je me fais beaucoup d'ennemis ; je
n'en puis douter ; je n'en suis point étonné ; je m'y
suis attendu ; et malheur à moi, si je deviens l'ami
de tous les auteurs ; ce sera une preuve infaillible
que mon ouvrage aura perdu le peu qu'il vaut. Je
conçois qu'un censeur littéraire soit haï de ceux
qu'il censure. Mais d'où vient la haine que lui portent des personnes qui n'ont jamais fait de Livres ?
Rien n'est plus simple encore. Les mauvais auteurs,

qui sont en grand nombre, ont leurs amis, leurs
connaissances, leurs coteries, où ils sont bienvenus.
Ils déchirent impitoyablement la réputation du censeur qui a trouvé leurs écrits misérables ; il n'est
pas là pour se défendre ; et, comme on parle devant
des gens qui souvent ne le connaissent pas, ils en
prennent quelquefois l'idée la plus odieuse et la plus
injuste. Les spectateurs indifférents rient de ces
vaines déclamations ; et je sais qu'un jour dans une
compagnie, où j'étais peu ménagé par un de ces
chétifs écrivains, il se trouva quelqu'un, qui dit à
son voisin, assez haut pour être entendu : *Cet
homme-là est sûrement un Auteur, ou l'ami de
quelque Auteur.* Ce propos, plein de raison et
de vérité, le couvrit de ridicule, et lui ferma la
bouche.

« Je m'imagine (et je me flatte même de le prouver par mon exemple) que l'on peut être bon citoyen
en tout sens, et trouver la plupart des écrits de ce
siècle pitoyables. La critique des ouvrages est une
opération de l'esprit ; le cœur n'y a aucune part. Si
l'on était réputé méchant pour dire que telle tragédie est mauvaise, il y aurait en vérité bien des
méchants ; car tout le monde dit la même chose.
J'aimerais autant, lorsque je suis chez un marchand
qui m'étale plusieurs pièces d'étoffe, sur lesquelles
je prononce librement : « Celle-ci est passable,
« celle-là est commune, cette autre est fort laide »,

que ce marchand furieux dît de moi : *Voilà un bien méchant homme.*

« *Horace,* que l'on accusait aussi de méchanceté, a peint le véritable méchant. Que l'on me permette de rapporter et de m'appliquer ses paroles. Sans être doué de ses talents, on peut se trouver dans la même situation que lui, avoir à combattre les mêmes préjugés.

> *Lædere gaudes,*
> *Inquis : et hoc studio pravus facis. Unde petitum*
> *Hoc in me jacis ? Est auctor quis denique eorum*
> *Vixi cum quibus ? Absentem qui rodit amicum ;*
> *Qui non defendit alio culpante ; solutos*
> *Qui captat risus hominûm, famanque dicacis ;*
> *Fingere qui non visa potest, commissa tacere*
> *Qui nequit : hic niger est, hunc tu, Romane, caveto.*

« Vous aimez à mordre, me dites-vous : c'est là
« votre étude, votre penchant. D'où vient que vous me
« faites ce reproche ? Quelqu'un de ceux avec qui j'ai
« vécu m'a-t-il peint de ce caractère ? Celui qui dé-
« chire son ami absent, qui ne le défend pas lors-
« qu'un autre en dit du mal ; qui veut à toute force
« faire rire ceux qui l'entourent, et qui brigue la
« réputation de railleur ; qui est capable d'imaginer
« ce qu'il n'a point vu, et de divulguer un secret
« qui lui a été confié : voilà ce qui s'appelle un
« homme noir ; c'est de lui que vous devez vous dé-
« fier, ô Romains ! »..........

« Les véritables méchants (et la société en est pleine) sont donc ces gens qui s'étudient à noircir un honnête homme, qui attaquent ses mœurs qui sont pures, sa probité qui est solide, son honneur qui est à l'abri de tout reproche, sa bonté, son humanité, qu'il exerce sans ostentation dans le sein de sa famille et de ses amis. Il semble qu'il soit reçu dans le monde de déchirer, de calomnier, de déshonorer son prochain par ses discours, et que l'on ne puisse pas écrire que Monsieur tel a fait un livre médiocre. Quelle contradiction !

« Le plaisir malin de critiquer, uniquement pour critiquer, entre si peu dans ma façon de penser, que tout lecteur désintéressé s'aperçoit aisément de mon attention à renfermer la censure littéraire dans les bornes qu'elle doit avoir. Ce qu'il y a de certain, c'est que je n'ai point à me reprocher jusqu'ici d'avoir fait périr un seul innocent ; et je puis dire, avec vérité, que j'ai sauvé bien des coupables, n'ayant pas voulu instruire leur procès.

« J'ai donc lieu d'espérer que les honnêtes gens, les lecteurs raisonnables regarderont ces Feuilles, non comme des archives de noirceur et de méchanceté, mais comme un Recueil de principes et de remarques, assez justes, en général, sur les beautés et sur les défauts des écrits de nos jours. On m'objectera peut-être que je prends une peine inutile ; que les mauvais auteurs sont incorrigibles ; qu'ils n'en barbouilleront pas moins de papier; je veux le croire. Mais faut-il pour cela laisser prescrire les droits du Goût? C'est un Prince détrôné qui de temps en temps doit faire des protestations[1]. »

Cette profession de foi, cette déclaration des droits imprescriptibles du goût est digne de celui qui s'honorait de compter le poëte Malherbe au nombre de ses ancêtres; même persévérance chez tous deux, et Fréron jusqu'au lit de mort défendit ces saines doctrines, dont quelques moments avant d'expirer, Malherbe soutenait si vaillamment la cause. On sait qu'une heure avant de mourir, après deux heures d'agonie, Malherbe se réveilla comme en sursaut, pour reprendre sa garde d'un mot qui n'était pas bien français; et sur la réprimande que lui fit son confesseur de ce qu'il s'occupait encore de pareils soins, il dit qu'il voulait défendre jusqu'à la mort la pureté de la langue française.

Fréron saisissait toutes les occasions de protester énergiquement, au nom de la morale et du goût, — deux principes qu'il ne sépara jamais, persuadé avec raison que l'on ne peut outrager l'une sans offenser l'autre, — contre le trop grand nombre d'œuvres licencieuses et pitoyablement écrites dont le dix-huitième siècle ne fut hélas! que trop fécond producteur.

En terminant le rapide compte rendu d'un détestable roman, intitulé : *l'Infortuné Provençal*, il disait :

« Ainsi finit l'un des plus mauvais romans que j'aie lus de ma vie.

— Pourquoi donc m'en rendre compte, me direz-

_____
1. *L'Année littéraire*, 1755, tome 1, pages 3 à 10.

vous, monsieur? Pourquoi ne pas parler de quelque bon livre, de quelque ouvrage solide qui prête à l'instruction ou à l'agrément?

— Vous avez vos raisons, monsieur, et je les trouve très-judicieuses; mais j'ai les miennes aussi, et je me flatte qu'elles ne vous paraîtront pas mauvaises.

« 1° Si l'on ne tenait registre que des bons livres, nous manquerions bientôt d'occupation, mes confrères les journalistes et moi : dans le cours d'une année il paraît tout au plus en France une douzaine d'écrits véritablement estimables.

« 2° Quand je commence à lire un livre nouveau, je ne sais s'il sera bon ou mauvais; quoique les premières pages me rebutent souvent, je continue et j'achève, parce qu'il serait contre l'équité de prononcer sans avoir tout lu; j'espère toujours rencontrer quelque endroit, quelque morceau passable qui m'engage et m'autorise à tempérer la critique. Si mon attention est trompée, est-il juste, monsieur, que la peine d'avoir lu une brochure détestable, souvent un mortel in-4°, me devienne tout à fait inutile, et que j'aie recours à d'autres ouvrages qui peut-être ne vaudraient pas mieux? Il me serait impossible de remplir l'engagement que j'ai pris de vous écrire avec exactitude tous les deux ou trois jours. C'est bien la moindre grâce que vous puissiez m'accorder, que de me permettre de vous dire un mot des misères qui me passent par les mains, pour me dédommager du temps que j'ai perdu, et perdu si ennuyeusement. Vous devez, d'ailleurs, vous être aperçu de mon attention à rendre ces articles extrêmement courts : ainsi, vous lisez en cinq ou six minutes ce qui m'a coûté une matinée, et souvent deux jours entiers de lecture.

« 3° Comme vous êtes dans le goût de lire les brochures nouvelles et quelquefois d'en faire l'emplète au hasard, n'est-ce pas un service que de vous prévenir contre toutes celles qui vous feraient regretter un loisir et un argent qui auraient pu être mieux employés?

« 4° Enfin, ce sont précisément ces sortes de livres qui fournissent des exemples abondants de mauvais goût, d'indécences scandaleuses, de style ridicule, de plates imaginations, et il est essentiel, selon moi, de les faire sentir aux auteurs eux-mêmes, aux jeunes gens, et à un certain ordre de lecteurs ; aux premiers, pour les punir, et pour leur ôter, s'il est possible, la manie de faire part au public de leurs ineptes et grossières conceptions ; aux seconds, pour les rendre plus sévères sur les premiers pas qu'ils hasardent dans l'Empire des Lettres, et pour leur persuader combien il est facile et honteux de fabriquer de ces tissus d'ordures et d'extravagances, tels que sont la plupart des misérables romans dont nos quais sont infectés ; aux troisièmes

pour tâcher de les dégoûter de ces lectures insipides
et dangereuses qui corrompent la pureté des mœurs
et du goût, et pour leur inspirer, s'il est possible,
l'amour de la saine et solide littérature. Ils ne sauraient se figurer l'avantage qu'ils procureraient aux
sciences et à la nation, le bien qu'ils se feraient à
eux-mêmes, s'ils se tournaient du côté de la raison,
et s'ils ne cherchaient que les livres véritablement
utiles. Qu'ils rougissent en voyant que c'est pour eux
qu'on fait paraître tant de brochures insipides : eux
seuls enhardissent et multiplient cette fourmilière
de petits écrivains, qui feraient tout autre chose,
s'ils n'étaient sûrs d'un certain débit de leur papier
barbouillé[1]. »

A d'autres reproches, non moins graves, Fréron répondait :

« Je ne me suis jamais piqué d'être *encyclopé-
diste*, persuadé qu'un homme qui sait tout ne sait
pas grand'chose. J'ai même prévenu ... que, par
rapport aux ouvrages qui traiteraient d'arts étrangers à la littérature, tels que la peinture, l'architecture, la sculpture, la musique, etc., j'aurais l'attention de consulter les maîtres les plus habiles et les
plus exempts de partialité : c'est ce que j'ai toujours
fait[2]. »

1. L'*Année littéraire*, 1755, tome II, pages 243 à 246.
2. *Ibidem*, 1755, tome IV, pages 19 et 20.

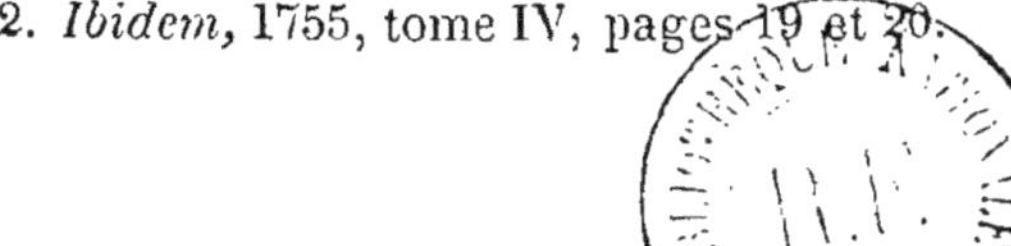

9

Ami du célèbre architecte Blondel, il ne se contentait pas de lui demander son avis sur tout ce qui se rattachait à l'art; il écrit, en 1757 :

« Ce n'est plus par la renommée, monsieur, mais par ma propre expérience que je vous parlerai à l'avenir des leçons publiques et gratuites d'architecture que donne le célèbre M. *Blondel*, architecte du roi, dans son école des Arts, rue de la Harpe. J'ai suivi avec exactitude le quatrième cours, dont je vous avais annoncé l'ouverture pour le 10 juin de cette année; je ne puis assez me féliciter d'y avoir acquis des connaissances indispensables à tout citoyen qui pense, surtout à un homme de lettres [1]. »

L'architecte Patte, homme de talent, donnait aussi à Fréron d'utiles conseils.

Pour la musique, Rameau était le guide ordinaire de notre critique :

« L'amitié qu'il avait pour moi m'a mis souvent à portée de jouir de cette âme franche et sublime. Il m'étonnait par la précision de ses idées et par la chaleur qu'il conservait dans un âge aussi avancé [2]. »

Voilà auprès de quels hommes Fréron puisait ce goût des belles choses, si net, si brillant, si solide, — surtout si incontestable, — qu'il arrachait à son plus mortel

---

1. *L'Année littéraire*, 1757, tome V, page 347. Suit le compte rendu du cours d'architecture de Blondel (pages 348 à 355).
2. *Ibidem*, 1764, tome VIII, page 307.

ennemi des aveux éclatants et irrécusables. Nous n'en cite-
rons qu'un; il suffira pour bien faire apprécier la réputation littéraire du rédacteur en chef de *l'Année littéraire*
et sa supériorité sur tous les autres critiques de cette
époque.

Un seigneur de la cour de Turin [1] ayant invité Voltaire
à lui indiquer un correspondant littéraire à Paris : « Adres-
« sez-vous — dit Voltaire, — à ce coquin de Fréron; il n'y
« a que lui qui puisse faire ce que vous demandez. » Le
seigneur, qui avait lu les diatribes de l'auteur de *la Henriade*, s'étonnant d'un tel avis : « Ma foi oui, — répliqua
« le philosophe, — c'est le seul homme qui ait du goût;
« je suis forcé d'en convenir, quoique je ne l'aime pas, et
« que j'aie de bonnes raisons pour le détester. »

Malgré, — peut-être même à cause de la brutalité des
termes de cet aveu si franchement involontaire, — nous en
avons fait une des épigraphes de cette publication consacrée
à Fréron; tant ces paroles ont d'énergie et de poids. C'est la
confession d'un ennemi, — et quel ennemi que Voltaire!...

A cette époque — et c'est tout dire, — Fréron était en
France l'homme qui occupait le plus, avec Voltaire, les
cent bouches de la renommée; *le patriarche de Ferney* dont
l'ambition effrénée fut toujours de régner seul dans le
monde littéraire, ne put jamais pardonner à son redoutable critique, d'avoir partagé l'empire avec lui.

A travers ses ennuis, ses épreuves et ses tribulations,
dont lui-même vient de nous tracer le tableau animé et
vivant; en dépit d'occupations aussi ingrates que celles
d'un critique, Fréron n'oublia jamais la Muse qui avait
charmé sa jeunesse, et dans son âge mûr, — jusqu'au dernier soupir, disons-le, — il ne laissa échapper aucune
occasion de lui sacrifier.

« J'ai toujours aimé la poésie, monsieur, — écri-

____

1. Le marquis de Prié.

vait-il, en 1756, — et, malgré mon double travail
de prose[1], je me livre quelquefois à mon goût pour
les vers. Je suis d'ailleurs un peu blessé de la médiocre opinion que donnent dans le monde du talent
de la critique tant d'auteurs intéressés à l'avilir.
Interrogez tous les petits poètereaux, que je ne puis
louer en consciense, ils vous répondront qu'il n'y a
rien de si facile que de critiquer, qu'il est bien plus
aisé de détruire que de bâtir, etc. Tous ces propos
me piquent, je vous l'avoue, et sans admettre,
comme de raison, la très-mince idée qu'ils ont ou
qu'ils affectent du genre que je cultive, je suis bien
aise de leur faire voir que, si je voulais m'en donner
la peine, je ferais des vers qui, sans valoir grand'
chose, seraient pour le moins aussi bons que les
leurs [2]. »

La reconnaissance qu'il avait vouée au roi Stanislas,
qui, non content de soutenir *l'Année littéraire* et de lui
procurer l'appui de sa fille, la reine Marie Leczinska,
avait daigné être le parrain de son fils, auquel il avait
donné son nom; la reconnaissance dicta à Fréron, ces
vers qu'il eut l'honneur de présenter lui-même à son
bienfaiteur, à Versailles, le 28 septembre 1756, pendant
le séjour de Stanislas à la cour de Louis XV, où, tous les

---

1. Fréron était un des rédacteurs du *Journal étranger,* fondé
en 1754, en même temps que l'*Année littéraire,* et il écrivait dans
ces deux feuilles, mais il quitta bientôt le *Journal étranger,* pour
s'occuper entièrement de son *Année littéraire.*
2. L'*Année littéraire,* 1756, tome III, pages 285 et 286.

ans, il venait passer quelques jours près de sa vertueuse
et bien-aimée fille.

> Pour tracer un portrait fidelle
> De mon auguste Bienfaiteur,
> Tel qu'il est gravé dans mon cœur,
> Ce serait trop peu d'un *Appelle*
>
> Ici des lauriers du dieu *Mars*
> La Gloire à nos yeux le couronne ;
> Là les Divinités des Arts
> Des lauriers du fils de *Latone*.
>
> Tantôt, ses plus chères vertus,
> L'humanité, la bienfaisance,
> Nous font jouir de la présence
> Des *Antonins* et des *Titus*.
>
> Tantôt c'est le sensible *Énée*
> Qui domptant le sort envieux,
> Fuit sa patrie infortunée,
> Et va chercher avec ses Dieux,
> Par l'ordre de la Destinée,
> Un autre Sceptre et d'autres Cieux.
>
> L'Église à son tour le propose
> Comme un modèle à tous les Rois,
> Et dans lui nous montre à la fois
> Un *Constantin*, un *Théodose*.
>
> Tant de vertus et de talents
> De STANISLAS sont le partage,
> Qu'il faut vingt crayons différents
> Pour bien dessiner son image [1].

Bientôt, une inspiration qui fait honneur au cœur
et à l'esprit de Fréron, excita de nouveau sa verve poétique. Né en 1755, le fils du critique avait eu pour parrain

---

1. *L'Année littéraire*, 1756, tome VI, pages 97 et 98.

le roi Stanislas; l'heureux père, lorsque l'enfant eût atteint
l'âge de trois ans, le présenta à son protecteur, qui reçut
de ses petites mains un papier sur lequel des vers — touchant hommage ! — étaient l'interprète des sentiments
dont l'auteur de ses jours était pénétré pour le royal parrain de son fils.

« J'eus l'honneur de présenter mon fils le 29 de
ce mois (août 1757) à Sa Majesté qui le reçut avec
cette bonté touchante si bien peinte dans ses regards
et dans toutes ses actions. Elle daigna même le ca-
resser, et prendre de ses mains un papier qui conte-
nait les vers suivants, où je fais parler mon fils, et
où j'ai tâché d'exprimer des sentiments à la portée
d'un enfant de son âge.

> Sur mes lèvres à peine écloses
> Le nom de STANISLAS est venu se placer ;
> Et l'auteur de mes jours ne m'apprend d'autres choses
> Depuis que je sais prononcer.
> Sans cesse il m'entretient des vertus, de la gloire
> De l'auguste Parrain dont j'attends mon bonheur :
> Son nom est le premier entré dans ma mémoire ;
> Il sera le dernier à sortir de mon cœur [1].

Cette expression de reconnaissance, Fréron la renouvela
chaque année à Stanislas, jusqu'au moment où son fils
eût atteint l'âge de neuf ans [2]. Il disait, en 1758 :

1. *L'Année littéraire*, 1757, tome V, page 353.
2. Voyez ces vers dans l'*Année littéraire*, 1759, tome VI,

« Mon fils doit tous les ans un tribut au roi de
Pologne, duc de Lorraine et de Bar, pour l'honneur
qu'il lui avait fait de le tenir sur les fonts de
baptême, et pour les bontés touchantes que lui té-
moigne Sa Majesté lorsqu'Elle vient à Versailles, et
qu'Elle veut bien lui permettre de voir un parrain,
dont il est déjà tout fier. C'est cette petite vanité
enfantine, dont je suis souvent témoin, que j'ai
tâché d'exprimer dans les vers qu'il a présentés cette
année au plus heureux des rois, au plus digne d'être
l'un et l'autre [1]..... »

« Puissé-je — disait-il, en 1760, — lorsque mon
fils aura atteint son cinquième lustre, le mener encore à Versailles faire sa cour à son auguste parrain,
qui vient tous les ans dans cette saison jouir de ses
propres vertus, de son humanité, de sa bienfaisance,
de lui-même, dans les bras d'un gendre adoré,
d'une reine aussi chère à la France qu'à l'auteur
de ses jours, et d'une postérité charmante ! [2] »

Fréron n'eut pas le bonheur de réaliser son vœu ; seize
ans après, il expirait de chagrin, et bientôt une révolution sans exemple comptait son fils au nombre des ré-
gicides du petit-fils de son royal bienfaiteur, dont il

pages 70 et 71 ; 1760, tome VI, pages 94 et 95 ; 1761, tome VI,
page 355 ; 1762, tome VI, pages 285 et 286 ; 1763, tome VI, pages 191
et 192.

1. L'*Année littéraire*, 1758, tome V, pages 331 à 336.
2. *Ibidem*, 1760, tome VI, page 94.

traînait le nom dans la boue et dans le sang de la Terreur[1].

1. L'adage populaire : *Tel père, tel fils,* ne fut jamais moins
vrai qu'à l'égard de Stanislas Fréron ; on verra plus loin ce qu'il
était, et ce qu'il devint pendant la Révolution, où il fut l'émule
de Marat et le digne ami de Robespierre.

III

Nous sommes arrivé à une époque de la vie de Fréron, trop mémorable pour ne pas être racontée avec quelque détail ; les faits qu'on va lire honorent le cœur et l'esprit du célèbre critique, mais ils lui valurent un terrible redoublement de haine de la part de Voltaire. Voici les faits : lorsqu'en 1753, Fréron se rendit à Nancy, pour sa réception à l'Académie fondée en cette ville par le roi Stanislas, il s'arrêta à Château-Thierry.

« Mon premier mouvement — écrivait-il, en 1758, — fut de me faire conduire à la maison où était né et qu'avait habitée l'inimitable *La Fontaine*... J'y trouvai une mère respectable et trois filles bien élevées. Je causai près de deux heures avec elles ; jamais conversation ne m'a paru si courte. Mais autant que je fus satisfait de leur politesse et de leur esprit, autant la médiocrité de leur fortune me toucha. Est-il possible, me disais-je en moi-même, que la postérité d'un si grand poète ne soit pas plus heureuse ! Triste et bizarre condition des gens de lettres : ils traînent leurs jours dans la gloire et dans le besoin, et ne laissent à leurs enfants qu'un nom illustre. L'unique héritier des *Corneilles* a pour tout bien et pour toute ressource un misérable emploi de quatre ou cinq cents livres. Il serait digne de notre siècle et de notre gouvernement de corriger la malignité de cette destinée. J'ose solliciter en faveur des rejetons de *La Fontaine*, l'attention généreuse de cette protectrice des arts, éclairée elle-même de leur flambeau, dont sa bienfaisance augmente et son goût épure la lumière. Je ne craindrai pas non plus de réclamer pour le même objet les bontés des ministres aujourd'hui en place, qui tous aiment les lettres, et dont quelques-uns les ont cultivées avec des talents réels et des succès mérités [1]. »

Le souvenir de son voyage à Château-Thierry, que Fréron appelle « la circonstance la plus glorieuse et la plus agréable » de sa vie, lui avait été renouvelé par une lettre que lui adressa, en 1758, mademoiselle *de La Fontaine*, en lui apprenant la mort du petit-fils unique de l'immortel fabuliste.

« La vénération attachée aux grands hommes, et

1. L'*Année littéraire*, 1758, tome II, pages 20 et 21.

qui s'étend sur leur postérité, l'amitié particulière qui m'unissait avec M. *de La Fontaine*, l'estime véritable que son esprit et ses connaissances m'avaient inspirée, m'imposaient le devoir d'honorer dans ces feuilles sa mémoire[1]. »

Après ce court préambule venait la biographie du petit-fils de La Fontaine, écrite par sa sœur même et adressée, le 12 février 1758, à l'auteur de l'*Année littéraire*[2].

A la nouvelle de l'adoption d'un petit-fils de La Fontaine par Fréron, Voltaire — bassement jaloux d'un trait glorieux dont il n'avait pas eu l'initiative, — chercha de son côté à protéger quelque rejeton oublié du grand Corneille, et en 1760 (deux ans seulement après Fréron), il fit tout le bruit possible des bienfaits dont il annonçait vouloir combler une petite nièce de l'auteur du *Cid*. Au même moment, il repoussait le propre neveu de Corneille, qui trouva un noble accueil auprès des comédiens français; le 10 mars 1760, ils jouèrent *Rodogune* à son profit.

C'était encore Fréron qui s'était chargé de produire ce descendant de Corneille; sur la recommandation de Titon du Tillet, auquel son âge et ses infirmités ne permettaient pas de faire des démarches actives, il s'ingénia à imaginer quelque moyen de lui être utile.

« Il me vint dans l'esprit de solliciter pour lui une représentation d'une des pièces de son oncle; j'en parlai d'abord à deux ou trois comédiens qui goûtèrent ma proposition; je menai M. *Corneille* chez des personnes du premier rang et les plus

---

1. L'*Année littéraire*, page 9.
2. *Ibidem*, pages 10 à 17.

propres à faire réussir mon dessein... Ma demande leur parut raisonnable, et j'eus le plaisir de les voir saisir mon idée avec le zèle et le sentiment que j'avais tâché de leur inspirer. Lorsque je vis que tout était favorablement disposé, je dictai à M. *Corneille* une lettre qu'il fit tenir aux comédiens assemblés, le lundi 3 de ce mois (mars 1760) [1]. »

Furieux de voir Fréron ainsi le devancer dans l'accomplissement de deux beaux traits dont il s'indignait de n'avoir pas eu la première idée qu'il eût si habilement exploitée au profit de sa gloire, — Voltaire, à bout de diatribes et d'injures, réunit un dernier effort et lança sur Paris cette informe et ignoble comédie de l'*Écossaise*, où le nom et la personne de Fréron, à peine déguisés, sont salis de sa bave envenimée. L'auteur de l'*Année littéraire*, sous le nom de *Frélon*, y joue le rôle infâme d'espion et de dénonciateur politique; il y est traité de *fripon*, de *crapaud*, de *lézard*, de *couleuvre*, d'*araignée*, de *langue de vipère*, d'*esprit de travers*, de *cœur de boue*, de *méchant*, de *faquin*, d'*impudent*, de *lâche coquin*, de *dogue*..., la plume tombe des mains et se refuse à tracer la suite de telles infamies.

Était-ce là bien tout? Non... Quelques années auparavant, lors de son séjour en Allemagne, Voltaire, blessé de la critique d'un de ses ouvrages par Fréron qui n'avait pu, en toute justice, en dire du bien, tint ce propos sans nom devant des personnes qui parlaient du critique : « Ah! ce pauvre Fréron, il est condamné aux galères; il « est parti ces jours derniers avec la chaîne; on me l'a « mandé de Paris. »

Fréron, qui raconte ce trait odieux, ajoute :

1. L'*Année littéraire*, 1760, tome II, page 208, et pages 209 et 210 la Lettre dictée par Fréron au neveu de Corneille.

« On interrogea l'auteur sur les raisons qui m'avaient attiré ce malheur ; on le pria de montrer la lettre dans laquelle on lui apprenait cette étrange aventure ; il répondit qu'on ne lui avait écrit que le fait, sans lui expliquer la cause, et qu'il avait déchiré la lettre. On vit tout d'un coup que c'était une gentillesse d'esprit. Je ne pus m'empêcher d'en rire moi-même, lorsque quelques amis m'écrivirent cette heureuse saillie [1]. »

Ce trait est tellement inqualifiable, qu'au premier abord on se demande si Voltaire n'aurait pas été chargé par les amis de Fréron d'un propos de pure invention. Mais non, c'est trop vrai, et Voltaire en fait parade lui-même dans une lettre à Thiriot (22 juillet 1760) :

« Ce pauvre cher homme (Fréron) prétend, comme vous savez, qu'il a passé pour être aux galères, mais que c'est un faux bruit. Eh ! mon ami, que ce bruit soit vrai ou faux, qu'est-ce que cela peut avoir de commun avec l'*Écossaise ?* »

Ces paroles sont une aggravation d'injure.

Cependant, la vengeance de Voltaire était incomplète, tant que l'*Écossaise* ne serait pas réprésentée. C'est à quoi il travailla sans relâche. Il apprend enfin que — grâce aux intrigues des encyclopédistes, — la toile va se lever sur ce chef-d'œuvre. Vite, il se préoccupe, il se tourmente de ce que fera, de ce que dira Fréron. Il fait part de ses impatiences à tous ses correspondants ; il les gourmande,

1. L'*Année littéraire*, 1760, tome IV, pages 115 et 116.

d'Argental surtout qui était en quelque sorte son *impressario* en titre. Le 8 août, Voltaire était encore sans nouvelles : pourtant l'*Écossaise* avait été jouée le 26 du mois précédent.

Indigné du laconisme de Thiriot en lui apprenant que son œuvre a été représentée, l'irascible vieillard écrit, le même jour, à Marmontel : « Dites-moi avec quelle noble fierté l'ami Fréron reçoit le fouet et les fleurs de lys qu'on lui donne trois fois par semaine à la comédie? »

Bientôt, les renseignements lui arrivent de toutes parts ; mais ils ne sont pas, en ce qui touche Fréron, tels qu'il s'était complu à les prévoir, à les espérer. Fréron avait assisté stoïquement au spectacle de son propre déshonneur et s'était vu, sans sourciller, attaché à cet infâme pilori, tandis que le public — à peu près uniquement recruté parmi les amis de Voltaire et les médiocrités littéraires réduites à leur juste valeur par l'éminent critique, — applaudissait à tout rompre.

Les honnêtes gens prirent le parti de Fréron ; ils admirèrent son courage, le plaignirent et lui ouvrirent leurs maisons. Voltaire avait atteint le paroxysme de la fureur : « Est-il possible — s'écrie-t-il (15 août 1760), — qu'il y ait encore quelqu'un qui reçoive Fréron chez *lui?* Ce chien fessé dans les rues peut-il trouver d'autre asile que celui qu'il s'est bâti dans ses feuilles? »

Il n'y avait — et ce rapprochement est glorieux pour l'un comme pour l'autre, — il n'y avait qu'un Fréron ou un Socrate qui pussent se voir ainsi traiter, en plein théâtre, de vil coquin, de scélérat, sans sortir dès la première scène et aller attendre l'auteur, à l'issue de la pièce, pour le rouer de coups.

Mais après avoir fait l'analyse de la pièce avec une modération que lui eût enviée Socrate, Fréron pensa qu'il valait la peine de donner une place dans ses feuilles à l'histoire de la première représentation. Sa *Relation d'une grande bataille donnée à la Comédie-Française, à la première représentation de* l'Écossaise, semble le compte rendu anticipé et prophétique d'une des *batailles* livrées au parterre du Théâtre-Français, en 1830, lors de l'invasion brutale des partisans d'*Hernani* et de la cohue *romantique*.

« Hier samedi, 26 de ce mois (juillet), sur les cinq heures et demie du soir, il se donna au parterre de la Comédie-Française une des plus mémorables batailles dont l'histoire littéraire fasse mention. Il s'agissait du *Caffé* ou de *l'Écossaise* qu'on représentait pour la première fois. Les gens de goût voulaient que cette pièce fût sifflée ; les philosophes s'étaient engagés à la faire applaudir. L'avant-garde de ces derniers, composée de tous les rimailleurs et *prosailleurs* ridiculisés dans *l'Année littéraire*, était conduite par une espèce de *savetier* appelé *Blaise* qui faisait *le diable à quatre* [1]. Le redoutable *Dortidius* [2] était au centre de l'armée ; on l'avait élu général d'une voix unanime. Son visage était brûlant, ses regards furieux, sa tête échevelée, tous ses sens agités, comme ils le sont, lorsque dominé par son divin enthousiasme, il rend ses oracles sur le trépied philosophique [3]. Ce centre renfermait l'élite

1. Sedaine, auteur de *Blaise le savetier* et du *Diable à quatre*.
2. Nom de *Diderot* anagrammatisé avec une terminaison latine.
3. M. de Maistre qualifie de *pythique* le style de Diderot ; on sait que les oracles de la Pythonisse ne brillaient pas par la clarté. — (Voyez *Lettres et Opuscules inédits de M. J. de Maistre,* deuxième édition, in-12, 1853, tome II, pages 214 et 215.)

des troupes, c'est-à-dire tous ceux qui travaillent à ce grand dictionnaire [1] *dont la suspension fait gémir l'Europe* [2], les typographes qui l'ont imprimé, les libraires qui le vendent, et leurs garçons de boutique.

« L'aile droite était commandée par un *prophète de Boëhmischbroda* [3], le *Calchas* de l'armée, qui avait prédit le succès du combat. Il avait sous ses ordres deux régiments de clercs de procureurs et d'écrivains sous les Charniers. La gauche, formée de deux brigades d'apprentis chirurgiens et perruquiers, avait pour chef le pesant *la M...* [4], cet usurpateur du petit royaume d'*Angola*. Un bataillon d'ergoteurs irlandais, charmés d'obéir à l'abbé *Micromégam* [5] leur compatriote, faisait l'arrière-garde ; ils avaient juré d'user jusqu'au dernier lobe de

1. *L'Encyclopédie.*

2. Expressions de Voltaire. Les lettres du privilége accordées à *l'Encyclopédie* ayant été révoquées par arrêt du Conseil d'État du roi, du 8 mars 1759, Voltaire n'en parut pas très-affecté au fond, malgré les plaintes lamentables qu'il en faisait publiquement ; car il écrivait, le 23 du même mois, à M. Bertrand : « Je crois que *l'Encyclopédie* se continuera, mais probablement elle finira encore plus mal qu'elle n'a commencé, et *ce ne sera jamais qu'un gros fatras.* » La postérité n'a rien changé à ce jugement.

3. Grimm, désigné par le titre d'une de ses brochures, publiée en 1753, contre la musique française et pour la musique italienne. *Calchas* indique le ton d'oracle qu'il prenait en toute occasion.

4. La Morlière, soi-disant auteur du roman d'*Angola*.

5. L'abbé Méhégan, auteur d'un pamphlet contre Fréron, intitulé : *Lettres sur l'Année littéraire* (et en particulier sur la feuille du 11 mai 1755), 1755, in-12.

leurs poumons pour défendre la charmante *Écos-saise,* cette nouvelle *Hélène,* qui trouble la littérature et la philosophie. Il y avait jusqu'à un corps de réserve de laquais et de Savoyards en redingotes et en couteaux de chasse, qui recevaient l'ordre d'un petit prestolet que la secte elle-même méprise et qu'elle emploie [1], chassé de l'autre parti dès qu'on a connu son peu d'esprit et de talent, dévoré de la rage d'être journaliste, et ne pouvant y réussir : chose pourtant si aisée, au rapport des philosophes ses protecteurs.

« La veille et le matin de cette grande journée, on avait eu soin d'exercer tous ces nobles combattants, et de leur bien marquer les endroits où il devaient faire feu, et applaudir à toute outrance. Le sage *Tacite* [2], le prudent *Théophraste* [3], et tous les graves sénateurs de la République des philosophes ne se trouvèrent point à cette affaire ; ils ne jugèrent pas à propos d'exposer leurs augustes personnes. Ils attendaient l'événement aux Tuileries, où ils se promenaient inquiets, égarés, impatients. Ils avaient donné ordre qu'on leur envoyât un courrier à chaque acte.

1. L'abbé de La Porte, d'abord collaborateur de Fréron ; mais depuis il s'était enrôlé sous la bannière de Voltaire. Il avait fondé (en 1758) l'*Observateur littéraire* qui mourut d'inanition.

2. D'Alembert, qui avait traduit quelques portions du grand historien.

3. Duclos, auteur des *Considérations sur les mœurs de ce siècle.*

« Les gens de goût s'avancèrent tranquillement, mais en très-petit nombre, sans commandants, sans dispositions, et même sans troupes auxiliaires ; ils se reposaient sur la justice de leur cause : confiance trop aveugle !

« La toile se lève ; le signal est donné ; l'armée philosophique s'ébranle ; elle fait retentir la salle d'acclamations : le choc des mains agite l'air, et la terre tremble sous les battements de pieds. On fut quelque temps sans dépêcher le courrier, parce qu'on ne savait si le premier acte était fini ; lorsqu'on en fut certain, le général honora de cet emploi un de ses plus braves aides de camp, *Mercure* exilé de l'Olympe et privé de ses fonctions périodiques [1] ; il partit plus prompt qu'un éclair, arriva aux Tuileries, annonça ce brillant début aux sénateurs assemblés, leur dit qu'on avait applaudi à tout rompre, même avant que les acteurs ouvrissent la bouche ; que le seul nom de *Wasp* (mot anglais qui signifie *guêpe*), avait excité des transports d'admiration ; que rien n'était échappé, et qu'on avait saisi tout l'esprit, tout le sel, toute la finesse des épigrammes d'*araignée*, de *vipère*, de *coquin*, de *faquin*, de *fripon*, etc., etc., etc. LE SÉNAT, en recompense d'une si heureuse nouvelle, assura le messager qu'il relèverait toutes ses pièces tombées, qu'il for-

___

1. Marmontel, à qui l'on avait retiré le brevet du *Mercure*.

cerait le public à les trouver nobles et touchantes, ou du moins qu'il les ferait jouer devant lui. Au second, au troisième, au quatrième acte, nouveaux courriers, nouveaux avantages. Enfin, le faible détachement du goût fut écrasé par la supériorité du nombre, et les barbares se virent maîtres du champ de bataille. L'armée victorieuse fit une marche forcée pour se rendre aux Tuileries, où elle déboucha par le Pont-Royal, au bruit des trompettes et des *clairons* [1]. LE SÉNAT TRÈS-PHILOSOPHIQUE fut dans un instant entouré des vainqueurs couverts de sueur et poussière. Tous parlaient en même temps ; tous s'écriaient : *Triomphe, victoire, victoire complète.* Les anciens leur imposèrent silence, et, après avoir embrassé deux fois leur habile général, ils voulurent apprendre de lui-même les particularités de l'action. Le vaillant *Dortidius* en fit le récit d'un style sublime, mais inintelligible [2]. On eut recours au petit prestolet qui fut clair, mais plat. Ses yeux petillaient d'allégresse. Cependant sa joie était mêlée d'un peu d'amertume ; il regrettait qu'on eût mis

1. Allusion à la comédienne *Clairon*, violente ennemie de Fréron qui n'avait pas pour son talent toute l'admiration que lui donnait mademoiselle Clairon elle-même.

2. Ce trait est excellent et peint bien la manière d'écrire de Diderot, qui ne sut jamais ce que c'est que le style naturel. Comme preuve de ce que dit Fréron, lire l'Oraison funèbre de Richardson, que Diderot a mise en tête de la traduction de *Clarisse Harlowe*, par Letourneur.

Wasp à la place de *Fréron ;* il prétendait que ce dernier nom eût été bien plus plaisant ; il ne concevait pas pourquoi on l'avait supprimé ; il savait que l'auteur de l'*Année Littéraire* lui-même avait demandé qu'on le laissât [1]. LE SÉNAT fut très satisfait de tout ce qu'il venait d'entendre. Le général lui présenta la liste des guerriers qui s'étaient le plus distingués. Sur la lecture qui en fut faite à haute voix, on ordonna au petit prestolet de l'insérer en entier dans sa première *Gazette littéraire*, avec de grands éloges pour chaque héros ; ensuite les sénateurs tendirent la main à l'un, sourirent agréablement à l'autre, promirent à celui-ci un exemplaire de leurs œuvres *mêlées*, à celui-là de le louer dans le premier ouvrage qu'ils feraient, à quelques-uns des places de courtier dans l'*Encyclopédie*, à tous des billets pour aller encore à *l'Ecossaise* gratis, en leur recommandant de ne point s'endormir sur leurs lauriers, et de continuer à bien faire leur devoir ; ils leur représentèrent qu'il était à craindre que la vigilance des ennemis ne profitât de leur inaction pour leur dérober le fruit de leur victoire. Après ce discours éloquent et flatteur, LE SÉNAT les congédia, et invita à souper le général et les principaux officiers.

---

1. « Cette circonstance est très-vraie. Les comédiens sont témoins que je les ai priés de conserver le nom de *Frélon*, et même de mettre celui de *Fréron,* s'ils croyaient que cela pût contribuer au succès de la pièce. » (*Note de Fréron.*)

Avant le banquet on tira un beau feu d'artifice ; il y
eut grande chère, un excellent concert de musique
italienne, un intermède exécuté par des bouffons,
des illuminations à la façade de tous les hôtels des
philosophes. Un bal philosophique qui dura jusqu'à
huit heures du matin, termina la fête. Les sénateurs,
en se retirant, ordonnèrent qu'on eût à s'assembler
aux Tuileries sur les six heures du soir pour chanter
un TE VOLTARIUM [1]. »

Poussant la grandeur d'âme jusqu'au bout, Fréron non-
seulement s'en tint au compte rendu modéré qu'il avait
donné de l'*Écossaise*, mais encore *Tancrède* ayant été représenté le 3 septembre de la même année, il loua fort cette
tragédie. Voltaire se garda bien d'en faire la remarque
calomniateur, il fut ingrat, parce qu'il n'avait pas un
cœur propre à comprendre dans autrui l'impartialité, —
cette vertu de l'honnête homme qu'il ne connut jamais.

Quelques jours après la première représentation de
l'*Écossaise*, parut un écrit anonyme intitulé : *Anecdotes sur
Fréron, écrites par un homme de lettres à un magistrat qui
voulait être instruit des mœurs de cet homme.* Ce pamphlet
dégoûtant fut attribué tout d'une voix à Voltaire : il était
en effet de lui.

En présence de ce torrent d'injures sans nom, Fréron —
tel que le sage chanté par Horace, — resta impassible ;
c'est se salir que de toucher à la boue ! Il ne répondit au
public que par l'exposé de vingt ans de sa vie de critique
impartial, et en 1766, il écrivait avec une noble fierté ces
pages dignes d'être méditées par tout esprit sérieux :

1. L'*Année littéraire*, 1760, tome V, pages 209 à 216. Lettre IX,
27 juillet 1760.

« Il y a vingt ans que je hasardai mes premiers pas dans la carrière de la critique ; et, depuis cette époque, je vous assure, monsieur, que je ne me suis pas un instant repenti ni dégoûté d'avoir embrassé ce genre. J'en vis dès lors tous les dangers ; ils ne m'effrayèrent point ; et je soutins d'un œil ferme la perspective peu riante des tracasseries, des injustices et des libelles : non par un sentiment d'indifférence ou de vanité, mais par la persuasion que le public ne prend pas des injures pour des raisons, ni des calomnies pour des faits ; par le témoignage que j'étais sûr que mon cœur me rendrait toujours ; enfin, par la connaissance du caractère des ennemis que je me ferais infailliblement.

« De tous les êtres, qui, sur ce malheureux globe, tourmentent leur frêle existence, c'est bien (je le dis à regret) l'espèce la plus orgueilleuse et la plus ingrate. Ces gens là, monsieur, ont un amour-propre dont vous n'avez point d'idée ; c'est un amour-propre à part, qui ne peut se comparer aux amours-propres ordinaires. Ils se croient et se disent sans façon les lumières de leur siècle, l'honneur de leur patrie, les législateurs de l'humanité, les oracles de l'univers, parce qu'ils exercent le mécanisme, aujourd'hui si commun, de tracer quelques lignes de prose ou de poésie. Ils ignorent que le premier mérite de l'homme en société, quels que soient ses titres, ses talents et ses emplois, est de ne les afficher jamais,

et d'être simple, modeste et sensible. Je parle en
général, monsieur ; car il est des gens de lettres
d'un commerce aimable et sûr, qui savent allier
l'aménité des mœurs et les grâces de l'esprit. J'en
pourrais citer ici quelques-uns, si je ne craignais
que ma réticence sur les autres ne parût une satire.

« Avec cette haute opinion d'eux-mêmes, dont la
nature à doué le plus grand nombre des écrivains,
devais-je espérer, monsieur, qu'ils me laisseraient
impunément censurer leurs écrits ? La critique la
plus ménagée les irrite ; à plus forte raison une critique vive, comme celles que je me suis permises
quelquefois, moins par envie de nuire, par humeur
ou par ressentiment, que par un amour extrême pour
la vérité, par une sorte d'enthousiasme en faveur
du goût, par une révolte involontaire de mon esprit
contre la médiocrité à prétentions, à cabales et à
succès.

« Je me suis donc attendu, monsieur, et je m'attends encore à l'animosité, disons mieux, à la rage
des prosateurs et des rimeurs du siècle. Je conviens
cependant que je n'ai pas eu la sagacité de prévoir
le sublime stoïcisme de quelques gens de lettres que
j'ai nourris, que j'ai vêtus, à qui j'ai prêté de l'argent
qu'ils ne me rendront jamais, dont j'ai corrigé des
ouvrages qui leur ont donné de la célébrité, et qui
par reconnaissance ont écrit des horreurs contre
moi. Au reste, ce procédé si noble est, dit-on, dans

la nature, et particulièrement dans celle des poëtes
qui reçoivent tout ce qu'on fait pour eux comme un
hommage que l'on doit à la transcendance de leur
génie.

« Mes ennemis, ni ceux que je croyais mes amis,
n'ont pu me nuire ; mais je leur rends justice ; ils
n'ont rien épargné pour y réussir ; ils m'ont servi
avec un zèle, une activité, un feu, qui ne leur laisse
aucun reproche à se faire. Jusqu'ici j'ai détourné les
traits éclatants ou clandestins de leur haine, tantôt
déclarée, tantôt couverte ; et ma barque, toute fragile
qu'elle est, s'est sauvée du naufrage. M. *de Voltaire*
lui-même, cet aigle impérieux, qui du haut du ciel
est venu fondre sur un misérable roitelet, ne m'a
pas fait la blessure la plus légère, le plus petit tort ;
je sens avec douleur combien il doit en être piqué,
et je suis réellement fâché de ne lui avoir pas donné,
pour le moins, la satisfaction de m'être pendu de
désespoir comme *Lycambe :* apparemment que les
vers d'*Archiloque* avaient une certaine vertu *stran-
gulatoire* que n'ont pas ceux de M. *de Voltaire......*

« Je sais que je vivrais plus tranquille, si j'avais
pu prendre sur moi d'admirer sans restriction les
grands auteurs mes contemporains, à l'exemple de
quelques adroits journalistes. M. *de Voltaire* m'aurait écrit cent lettres de compliments, aussi flatteuses
que celles qu'il adresse à tous les reptiles de notre
Parnasse ; il aurait annoncé à l'Europe que l'*Année*

littéraire est le premier des journaux, comme il l'a dit du *Journal encyclopédique*[1], parce qu'il y est loué chaque mois à toute outrance. Quelque chose de plus, monsieur, vous ne vous en douteriez pas ; je serais... oui je serais au nombre des grands hommes de la nation, puisqu'il a dépendu de moi de coopérer à ce Dictionnaire merveilleux qui renferme le dépôt de toutes les connaissances humaines. Un des libraires les plus intéressés au succès de cette vaste entreprise me proposa d'y travailler ; je refusai ses offres ; j'ai manqué, comme vous voyez, ma fortune, ma gloire et mon immortalité : car vous n'ignorez pas que tous ceux qui ont prêté leurs mains à grossir la compilation de cet immense et docte répertoire, sont par là même de grands hommes. Avec ce mérite d'avance, je n'aurais eu qu'à louer l'Encyclopédie, et Dieu sait quels éloges les encyclopédistes m'auraient prodigués à leur tour. Mais ce protocole de louanges répugne à mon caractère autant qu'il ennuie le public. J'ai ma façon de penser ; elle sera du moins uniforme, et l'on ne me reprochera jamais d'avoir varié, comme tant d'autres écrivains qui, croyant s'apercevoir qu'une certaine secte prenait le dessus dans la littérature, sont devenus les lâches adulateurs de gens dont ils avaient été les critiques courageux.

1. Commencé en 1756.

« Ainsi, monsieur, malgré mon expérience continue de la justesse du proverbe, *la vérité blesse*, je suis bien résolu de la dire tant que je vivrai, au risque de me faire encore des ennemis, que je ne puis même soupçonner ; car en critiquant tel auteur, j'offense, sans le savoir, tel protecteur, telle protectrice que je ne connais pas. La littérature est, parmi nous, une affaire d'intrigue et de coterie. Pour moi, je ne tiens à aucune cabale, à aucun bureau de bel-esprit, à aucun parti, si ce n'est à celui de la religion, des mœurs et de l'honnêteté : et, malheureusement, c'en est un aujourd'hui [1]. »

Au commencement de 1766, la mort du roi Stanislas enleva à Fréron un de ses plus puissants protecteurs, au moment même où il en avait d'avantage besoin. Sensiblement affecté d'une telle perte, il écrivit alors un bel éloge funèbre de son bienfaiteur, où respire à chaque ligne l'éloquence d'une douleur vraie et profonde. Le début en est surtout heureux :

« Lorsque *Trajan* mourut, il y avait, à Rome, un écrivain sur lequel il avait jeté quelques regards de bienveillance particulière. Cet homme de lettres, inconsolable de la perte de son bienfaiteur, voulut tracer, dans quelques lignes arrosées de ses pleurs, l'amertume de ses regrets et la vivacité de sa reconnaissance. Mais son faible talent se ressentit de l'af-

---

1. L'*Année littéraire*, 1766, tome 1, pages 3 à 9.

fliction de son âme; vingt fois il prit la plume, et vingt fois elle échappa de ses mains tremblantes. Telle a été ma situation, monsieur, lorsque j'appris que le roi de Pologne, duc de Lorraine et de Bar, venait de terminer des jours auxquels tant d'autres étaient attachés. Sans la douleur dont je fus pénétré, je me serais acquitté plus tôt du tribut que je dois à sa mémoire[1].....

« Je laisse à nos orateurs sacrés et profanes le soin de faire connaître l'âme si grande, si noble et si vertueuse du feu roi de Pologne...; c'est à eux de jeter des fleurs sur son tombeau; pour moi, j'en répandrai des larmes toute ma vie. Sa mémoire me sera éternellement précieuse. Eh! comment le souvenir d'un prince qui m'a comblé de tant de bontés s'effacerait-il ou s'affaiblirait-il dans mon cœur! C'est mon plus beau titre de gloire; la protection dont il m'a honoré a répandu sur ma vie un lustre que n'effaceront jamais ni les volcans de la haine, ni les vapeurs de la calomnie, ni les fers de l'injustice[2]. »

Deux ans après, — le 24 juin 1768, — la reine de France, Marie Leczinska, la fille de Stanislas, l'auguste protectrice de Fréron, allait rejoindre dans la tombe un père tendrement chéri. Quel nouveau coup pour l'auteur de l'*Année littéraire*!...

1. L'*Année littéraire*, 1766, tome VIII, pages 313 et 314. (*Lettre* du 29 décembre 1766.)
2. *Ibid.*, pages 318 et 319.

« Cette princesse m'a toujours honoré d'une protection particulière. Arbrisseau faible et si souvent l'objet de la tempête, le Ciel veut-il donc m'ôter mes appuis les plus solides et les plus glorieux! Feus M. LE DAUPHIN, MADAME LA DAUPHINE, le roi de Pologne, STANISLAS LE BIENFAISANT, enfin la REINE, qui tous m'ont donné, de leur bonté, les témoignages les plus flatteurs et les plus enviés de mes ennemis, me sont enlevés coup sur coup, et laissent ma fragile existence en butte aux orages de la haine et de la persécution[1]. »

C'est surtout depuis l'époque de la mort du roi Stanislas, que l'on peut signaler une recrudescence de fureur de la part de Voltaire et des encyclopédistes contre Fréron ; ils poussèrent à des extrémités incroyables leurs machinations, pour faire tomber l'*Année littéraire* ; toute arme leur parut bonne pour détruire leur adversaire. A Fréron de nous dévoiler, pièces en mains, ce complot vraiment infernal dans son organisation et dans ses résultats ; il écrivait, en 1772 :

« Je me rappelle cette phrase de l'*Avertissement* que je mis à la tête de mon numéro 11,770 : *Si l'on s'est aperçu de quelque négligence dans les années dernières, le public et les gens de lettres sauront un jour qu'elle ne doit pas être imputée à l'auteur.* Vous n'entendîtes pas alors, sans doute, ce que je

---

1. L'*Année littéraire*, 1769, tome IV, pages 145 et 146.

voulais dire ; je vais, aujourd'hui, vous donner le mot de l'énigme ; il est de mon intérêt, peut-être même il n'est pas indifférent pour l'histoire littéraire, que ce secret soit mis au jour.

« Les philosophes, M. *de Voltaire* à leur tête, crient sans cesse à la persécution, et ce sont eux-mêmes qui m'ont persécuté de toute leur fureur et de toute leur adresse. Je ne vous parle pas des libelles abominables qu'ils ont publiés contre moi, de leur acharnement à décrier ces malheureuses feuilles…, de leurs efforts pour me rendre odieux au gouvernement, de leur satisfaction lorsqu'ils ont pu réussir à faire interdire mon travail, et quelquefois même à me ravir la liberté de ma personne. Malheureusement pour eux, ces nuages, assemblés sur ma tête par le souffle de leur haine, se dissipaient bientôt, et, dans le moment qu'ils se flattaient d'être délivrés d'un Aristarque incommode, je reparaissais sur l'arène, avec l'ardeur d'un athlète, dont quelques blessures, que des lâches lui ont faites en trahison, raniment le courage au lieu de l'abattre.

« Ce n'était pas là le succès que mes ennemis attendaient de leurs savantes manœuvres. Le grand but qu'ils se proposaient était l'extinction d'un journal où je respecte aussi peu leur doctrine détestable que leur style emphatique, où, faible roseau, j'ai l'insolence de ne pas plier devant ces cèdres majestueux. Enfin, désespérés de ne pouvoir faire supprimer ces

11.

feuilles, ils formèrent le projet de les faire tomber ; et vous conviendrez, monsieur, quand vous en serez instruit, qu'ils s'y prirent très-habilement pour couronner ce dessein d'une heureuse exécution.

« Le détail de cette anecdote ne vous ennuiera pas.

« Je n'ai jamais fait imprimer une ligne sans l'aveu de l'administration. Je n'ai point quitté la France, pour aller me livrer à la coupable manie d'écrire impunément des horreurs absurdes contre la religion, contre l'honnêteté publique, contre le pays qui m'a vu naître, contre mes compatriotes. Je n'ai point cherché un asile aux extrémités du royaume, afin d'être toujours à portée de prévenir, par une prompte fuite dans une région étrangère, les justes châtiments dus au vil calomniateur, à l'écrivain obscène, au satyrique effronté. Si ma vie s'étend au delà des bornes ordinaires, je ne souillerai point de fiel et d'opprobre les bords de mon tombeau ; je n'abuserai point de l'indulgence qu'on accorde au nombre des années, pour me permettre des infamies dont on n'aurait pas fait grâce à ma jeunesse ; je ne donnerai point au monde le spectacle d'un vieillard mécontent, chagrin, jaloux et colère ; je ne finirai point mes jours dans les tortures de l'envie et dans le désespoir du bannissement. C'est au sein de ma patrie, au milieu de la capitale et de mes concitoyens. sous les yeux des dépositaires des lois de la littéra-

ture, que j'ai pris, que je tiens et que je quitterai la
plume, quand ma main tremblante ne pourra plus la
conduire[1].

« Un censeur, nommé par le chef de la justice, a
toujours mis à mes ouvrages le sceau de son approbation. Feu M. l'abbé *Trublet* fut chargé, pendant longtemps, de les examiner. Mais, fatigué des plaintes
importunes des auteurs qui, sans cesse, lui faisaient
des reproches de mes critiques, il m'annonça que son
repos ne lui en permettait plus la révision. Je deman-
dai un autre censeur, et, pour le mettre à couvert des
criailleries de la tourbe des écrivailleurs, je priais le
magistrat qui présidait alors à la librairie, de m'en
donner un qui gardât l'anonyme. Le magistrat goûta
cet expédient; mais il ajouta qu'il ne fallait pas que
je susse moi-même le nom du censeur, afin que, lorsqu'il se croirait obligé de me rayer quelques traits,
il fût inaccessible à mes instances pour les lui faire
passer. On régla donc que ce censeur ne serait connu
que du magistrat et d'une autre personne que je
connaîtrais, à qui je remettrais mes articles, qui
serait chargée de les donner au censeur, et de les
retirer de ses mains, lorsqu'il les aurait approuvés.

« Je n'eus lieu que de m'applaudir, pendant plusieurs années, de cet arrangement. Mais l'officieux

---

1. Dans cette esquisse éloquente et rapide, Fréron fait de
Voltaire, sans le nommer, un portrait plein de vie et de ressemblance.

médiateur s'étant démis de cet emploi, un autre, que
je connaissais encore, prit sa place. J'ignorais qu'il
fût l'ami de mes ennemis ; ils lui firent part d'un
moyen neuf et admirable, qu'ils avaient imaginé pour
dégoûter le public de mon ouvrage : c'était de me
renvoyer tous les articles un peu saillants, sans les
faire voir au censeur, en me marquant que ce dernier
leur refusait son approbation. Cette heureuse idée fut
merveilleusement remplie. Toutes les fois que, dans
mes extraits, je m'avisais de m'égayer aux dépens
de quelque grand ou petit philosophe, le nouveau
facteur me les rendait, et ne manquait pas de me
dire, d'un air touché, que le censeur ne voulait pas
en entendre parler. Je crus qu'on l'avait changé, et
que son successeur était dévoué aux philosophes, et
peut-être philosophe lui-même.

« Ce tyran invisible (car je m'en prenais à lui
seul de ce genre inouï de persécution) n'admettait
que les articles qui n'avaient aucun sel. Ceux qu'il
rejetait, il fallait les remplacer par d'autres que
j'étais obligé de faire à la hâte, et vous jugez bien,
monsieur, que mon travail se ressentait de cette
précipitation. . . . .

« Ce cruel manége a duré près de quatre ans.
Enfin, j'y soupçonnai quelque mystère. Il ne me
paraissait pas naturel qu'il y eût, en France, un
censeur assez déraisonnable pour condamner des
critiques, quelquefois un peu vives à la vérité, mais

toujours renfermées dans les bornes prescrites. Je confiai ma pensée au magistrat, sage, honnête, intègre autant qu'éclairé, qui, sous les ordres de M. le chancelier, veille aujourd'hui sur le département de la librairie. Il daigna m'écouter avec intérêt, et promit de me rendre justice. Je lui laissai tous les articles qu'on avait impitoyablement proscrits. Il les fit passer à mon censeur, accompagnés d'une lettre par laquelle il lui demandait pourquoi il ne les avait pas approuvés.

« Le lendemain le censeur rapporta ces articles au magistrat, en lui protestant que jamais on ne les lui avait envoyés, que c'était pour la première fois qu'il les avait lus, et qu'il n'y trouvait rien qui lui parût devoir en empêcher l'impression. Je saisis cette circonstance pour solliciter que l'on me permît de connaître mon approbateur et de lui adresser moi-même mes ouvrages : ce qui me fut accordé.

« Il y a deux ans, monsieur, que mes entraves sont brisées, et vous avez pu vous apercevoir que, depuis cette époque, ces feuilles sont faites avec plus de soin ; car je ne vous dissimule pas que je les négligeais, dégoûté par tant de traverses. Mon censeur actuel est un homme de mérite, instruit, juste, impartial, qui ne tient à aucune secte, à aucune cabale, à aucune coterie. Cet éloge serait en pure perte pour son amour-propre, s'il en était susceptible, puisque le public ignore son nom, et qu'il n'est su

que du magistrat et de moi. Ainsi l'on ne me soup-
çonnera pas de vouloir le séduire ; il connaît, d'ailleurs, ma façon de penser ; il sait que, s'il pouvait
m'échapper quelque trait de satyre odieuse et personnelle, je serais le premier à lui rendre les plus
vives actions de grâce de l'avoir effacé. Aidé de ses
conseils et plein de confiance dans son équité, je suis
bien déterminé, dussé-je essuyer de nouveaux
orages, à continuer mon travail avec l'honnête
liberté que j'ai recouvrée. Tant que le Gouvernement
jugera convenable de tolérer mes efforts, ils seront
employés à venger la raison, la vérité, le goût, des
atteintes que leur portent le faux bel esprit et la
fausse philosophie du jour[1]. »

Furieux de voir leurs complots déjoués, les ennemis de
Fréron eurent recours à un autre moyen de ruiner son
Année littéraire, en faisant courir, au commencement de
l'année 1773, le bruit de la mort de son auteur. Peut-être
s'imagine-t-on que la haine de Voltaire va se trouver
satisfaite après cette perfide invention ; on se trompe, et
voici de quelles injures le patriarche de Ferney accueille
cette nouvelle :

« On nous annonce que Fréron vient de mourir ; c'est
une terrible perte pour les belles-lettres et la probité. On
dit que tous les écrivains des charniers, Clément à la tête,
se disputent cette belle place. Elle n'en était point une,
elle l'est devenue. La méchanceté l'a rendue très-lucrative.
J'imagine qu'il ne serait pas mal qu'on prévînt M. le Chan-

1. L'*Année littéraire*, 1772, tome I, pages 3 à 11.

celier ; il ne voudra pas déshonorer à ce point la littérature[1]. »

Clément avait publié des *Lettres à Voltaire*[2], sur les
principaux ouvrages poétiques de ce despote de la littérature ; le philosophe, indépendamment du torrent d'injures qu'il répandit sur son censeur, lui donna le surnom
d'*Inclément*. Voltaire redoutait de voir Clément succéder à
Fréron au privilége de l'*Année littéraire* ; il en fut quitte
pour la peur. Mais Fréron, dans quelques pages très-
remarquables d'accent et de vues, fit, à la même époque,
le tableau le plus vrai de la littérature d'alors, en dévoi-
lant les menées et les intrigues des sophistes, en même
temps que leurs complots contre l'ordre religieux et moral.
Ce tableau semble achevé d'hier, tant il nous retrace la
tactique de la bohème actuelle, — digne fille et naturelle
héritière des traditions de sa mère, la philosophie du dix-
huitième siècle.

> Nul n'aura de l'esprit hors nous et nos amis,

Voilà le mot d'ordre de cette dangereuse et immense
franc-maçonnerie dont Voltaire était le chef, et dont nous
voyons découler les excès et les périls de la littérature de
notre temps. Ces pages sont donc du plus haut intérêt :
ces révélations n'ont jamais été faites avec autant d'énergie que par Fréron, qui jugeait les ennemis de la religion,
des lois et de tout frein social avec une sagacité merveil-
leuse que jamais rien ne put mettre en défaut, — ni les
menaces, ni la prison, ni les avances flatteuses de Voltaire,
armes si perfides pour tous les esprits qui en subirent
l'atteinte empoisonnée.

Le correspondant auquel il s'adresse n'est qu'un être de
raison, comme nous l'avons déjà dit ; c'est aux hommes

---

1. Lettre de Voltaire à d'Alembert, 12 février 1773.
2. En tout neuf lettres. Paris, 1773 à 1776.

d'ordre et de goût qu'il parle ici un langage digne de toute leur attention, et dont l'écho, venu jusqu'à nous, mérite nos plus sérieuses méditations. Le péril est aussi grand aujourd'hui pour les saines doctrines littéraires qu'il l'était il y a cent ans tout à l'heure, — s'il n'est plus vrai de dire qu'il est plus redoutable encore, parce qu'il semble moins imminent à la masse du public. C'est Fréron qui parle :

« Vous n'êtes d'aucune secte, monsieur, et votre raison calme et lumineuse vous fait juger notre littérature actuelle aussi sainement que l'apprécieront nos neveux. Je ne crains point de réclamer, en reprenant mon travail, cette impartialité qui vous est chère. Prononcez vous-même sur l'esquisse rapide que je vais tracer du triste état des Lettres en France. Je la crois fidèle ; mais j'attends votre suffrage pour me le persuader.

« Depuis une vingtaine d'années, il s'est formé parmi nous, vous le savez, une confédération de soi-disant philosophes et beaux-esprits, qui, très-faibles par eux-mêmes, sont devenus très-forts par le nœud qui les lie..... Qu'on détache du faisceau philosophique tous les roseaux débiles qui le composent et qui lèvent avec confiance leur petite cime orgueilleuse, il n'en est pas un seul qu'un souffle ne renversât. Parlons sans figures, monsieur, nous n'avons aujourd'hui que six hommes de lettres d'un mérite incontestable, MM. *de Voltaire, de Pompignan, Piron, de Buffon, Gresset* et *Rousseau de Genève.* Je ne compte pas quelques jeunes gens qui s'annoncent avec éclat, et qui peut-être remplaceront un jour ceux que je viens de nommer. Retranchez les uns et les autres de la liste de nos littérateurs, que nous restera-t-il? Une tourbe insolente d'incurables médiocres, qui n'ont ni génie, ni âme, ni style, et dont les ouvrages, en vers ou en prose, quelque célébrité qu'on ait voulu leur donner, n'auront pas, dans trente ou quarante ans d'ici, plus de lecteurs que n'en ont à présent les œuvres sublimes de *Bardin, Porchères, Faret, Colomby, Baudoin, Montereul, Serizay, Baro, Laugier, Colletet, Boissat, Silhon, Hay, Giry, Priézac, Basin, Salomon, Ballesdens, Esprit, Doujat, Cassagnes, Charpentier, Tallemant, le Clerc, de Lavau, Bergeret, Boyer, Perrault, Testu, Malet, Abeille, Scudéry, Cotin, Chapelain, la Chapelle* [1]*, Adam, Saint-Amant, Roquette, Rose, la Loubère*, etc., etc., etc. : tous de l'Académie française, tous grands hommes, qui, dans leur temps, ont eu des enthousiastes qui les prônaient, des coteries qui les regardaient comme des aigles, des femmes qui se pâmaient devant leu mérite.

« Du nombre des écrivains du premier ordre qui, dans ce moment, nous font honneur, un seul (*M. de Voltaire*) qui pouvait se soutenir par lui-même, a

---

1. « Il ne faut pas le confondre avec *Chapelle*, cet auteur charmant d'un *Voyage* immortel. » (*Note de Fréron.*)

daigné s'étayer de l'appui des philosophes, et leur donner, en les recherchant, une sorte de consistance. Cette association doit vous paraître d'autant plus étrange, monsieur, qu'il les connaît mieux que personne, qu'il ne croit ni à leurs talents ni aux éloges qu'il leur prodigue, qu'il les méprise au fond de l'âme, et qu'il ne les loue que pour en être loué......

« Un apprenti philosophe parlait un jour avec beaucoup de légèreté de *Racine* et de *Boileau* en présence de cet auteur célèbre : *Doucement, jeune homme*, répondit-il, *Jean et Nicolas*[1] *sont nos maîtres ; respectez-les, et tâchez de les imiter.* Le candidat insiste et s'autorise de la façon de penser d'un académicien que le chantre de *Henri IV* a beaucoup vanté lui-même, de M. *Marmontel,* qui fait très-peu de cas de ces deux grands poëtes du dernier siècle : *Aussi*, répliqua le judicieux vieillard avec une naïveté charmante, *ses vers jettent un beau coton!* Ce trait, monsieur, peut vous donner une idée de la haute estime de M. *de Voltaire* pour ceux de ses confrères et de ses amis qu'il exalte le plus.

« On l'a déjà dit mille fois ; mais on ne saurait trop le répéter, nos philosophes, ces prêcheurs intéressés de la tolérance, sont les reptiles les plus inquiets et les plus intolérants qui se soient encore agités dans la poussière de ce globe. A les entendre, il n'y a d'hommes de génie, d'hommes d'esprit,

---

1. *Jean Racine, Nicolas Boileau.*

d'hommes de goût, d'hommes savants, ni même d'honnêtes gens que parmi eux. Ils ont créé une nouvelle littérature, une nouvelle morale, une nouvelle honnêteté, dont ils ont le privilége exclusif. Ils occupent toutes les avenues du Parnasse ; ils y ont posé des sentinelles vigilantes, qui, dès qu'un auteur s'y montre, ont ordre de crier *qui vive*. S'il ne répond pas à haute voix PHILOSOPHE, on l'arrête, on l'interroge, on s'informe, et, si l'on vient à découvrir qu'il ne reconnaît point leur supérieur, qu'il a même osé porter une main profane sur les lauriers qu'ils se distribuent, il est trop heureux d'en être quitte pour être jeté du haut en bas de la montagne.

« C'est un sot, un ignorant, un cuistre, un rebelle qu'on ne saurait trop punir, un insecte qu'il faut écraser, un ennemi contre lequel le mensonge est juste, la calomnie permise, la vengeance légitime. Il n'est point de trames qu'ils n'ourdissent, point de ressorts qu'ils n'inventent pour le rendre odieux. Ils font épier ses actions et ses discours qu'ils empoisonnent ; ils attaquent sa probité ; ils diffament ses mœurs. Ses ouvrages, fussent-ils excellents, ils en parlent avec le dernier mépris ; ils ne daignent pas même, disent-ils, y jeter les yeux, quoiqu'ils les lisent en cachette[1]. Ils en défendent la lecture à leurs prosélytes.

---

1. Voltaire, entre tous, comme le prouve plus d'un endroit de sa volumineuse Correspondance.

« Je sais, par exemple, que ces malheureuses feuilles sont depuis longtemps à l'*Index* de la philosophie, et que, si quelque adepte s'avisait de dire qu'il en a lu seulement une page, il serait expulsé du corps. Mais, en revanche, tous les livres composés par leurs adhérents, surtout ceux qui ont été ou qui ont mérité d'être brûlés par la main du bourreau, sont des chefs-d'œuvre; leurs auteurs des génies transcendants, des astres qui brillent dans une nuit profonde, les organes de la sagesse, les interprètes de la vérité, les bienfaiteurs du genre humain; c'est pour eux seuls que les honneurs littéraires sont réservés, que les récompenses sont instituées, que les portes de toutes les Académies doivent s'ouvrir. Après cela, monsieur, êtes-vous étonné que notre jeunesse se range en foule sous les drapeaux d'une légion si redoutable et si puissante?

« Je reçus, il y a trois ou quatre ans, la visite d'un écolier qui venait d'achever ses études; ses talents et son goût l'appelaient, me dit-il, à la culture des lettres; mais, incertain au milieu des troubles qui déchiraient cette république, il ne savait quels maîtres choisir; il me demanda conseil :

« — Voulez-vous être honnête, lui répondis-je,
« ne soyez d'aucun parti, si ce n'est de celui de la
« raison et de la vérité; voyez par vous-même, et
« décidez-vous après avoir mûrement examiné.

« Êtes-vous avide de fortune et de réputation? At-
« tachez-vous aux philosophes; vous aurez bientôt
« l'une et l'autre. Il est deux moyens infaillibles de
« gagner leur bienveillance; dites-leur beaucoup de
« bien de leurs écrits et de leurs personnes, beau-
« coup de mal de la religion chrétienne et de l'*Année*
« *littéraire*, vous réussirez à coup sûr. »

« Il ne balança pas à saisir cette dernière idée, et
tous les jours il s'en félicite. C'est un des héros nais-
sants de la philosophie; il a déjà fait un petit volume
où nous sommes, Dieu et moi, fort joliment ar-
rangés.

« Un des grands secrets de ces maîtres habiles
pour attirer à leur école des essaims de disciples, est
de leur présenter cet appât séduisant de bien-être
et de considération. En effet, rien n'égale l'activité
de leur zèle en faveur des néophytes qui se consacrent à leur culte ; quelquefois, quand ils ne peuvent
mieux faire, ils leur donnent une petite pension sur
la cassette philosophique, jusqu'à ce qu'ils leurs procurent un établissement avantageux. Ils s'informent
avec soin de tous les emplois lucratifs qui doivent
vaquer dans les bonnes maisons de la capitale et des
provinces, et viennent à bout d'en pourvoir leurs
affiliés.

« Vous ignorez sans doute, monsieur, jusqu'où
cet arbre fécond étend ses rameaux ; il couvre de
son mortel ombrage les pays les plus éloignés. La

corporation envoie, dans toutes les parties du monde, des apôtres de sa gloire et de sa doctrine. Vous croyez peut-être que je plaisante ; rien de plus sérieux, je vous assure. Il y a dans Paris, chez un philosophe très-connu, un bureau toujours ouvert, où l'on va se faire inscrire pour avoir, en Angleterre, en Allemagne, en Italie, en Dannemarck, en Suède, en Russie, etc., des places de secrétaires, de gouverneurs, de précepteurs, d'intendants, d'économistes, et même de valets de chambre ou de femmes de chambre. Lorsqu'on est sûr de la façon de penser du postulant et qu'il est nommé à l'emploi qu'on croit lui convenir, on lui expédie, à la chancellerie philosophique, un passeport ou brevet de mérite, avec lequel il est reçu comme un Dieu tutélaire dans la mission qui lui est assignée.

« Presque toute l'Europe est aujourd'hui lettrée : plusieurs de ses souverains, et même des particuliers riches, ont à Paris des correspondants littéraires. C'est encore une ressource pour les philosophes : ils se sont emparés de la plupart de ces correspondances ; et Dieu sait comme ils sont loués dans ces bulletins, comme ceux qu'ils n'aiment pas y sont dénigrés ! J'ai vu, par hasard, quelques-uns de ces pamphlets ténébreux ; ils étaient remplis, en effet, d'insolents panégyriques et de personnalités odieuses. Je connais une cour d'Allemagne, qui s'est tellement dégoûtée de ces éloges révoltants et de ces lâches satyres, qu'elle a fait remercier l'honnête gazetier de son impudence hebdomadaire.....

« Revenons à la ligue philosophique. Vous avez vu, monsieur, son plan, sa marche, ses moyens, pour tâcher de parvenir à la monarchie universelle des lettres. Voici en peu de mots les avantages qu'on a recueillis de leur usurpation : ils ont renversé toutes les idées reçues, aboli tous les principes, écarté toutes les règles ; ils ont senti le besoin qu'ils avaient qu'on les oubliât. Il n'est plus question de poésie parmi nous : de froids raisonneurs, des géomètres arides, des calculateurs barbares ont porté l'équerre et le compas dans le plus beau, le plus agréable, le plus séduisant des arts. L'éloquence a subi le même sort ; elle est devenue entre leurs mains, ou décharnée ou boursoufflée. La nature est sous leurs yeux ; ils ne la voient pas, ils ne la sentent pas, ils ne la soupçonnent même pas.

« Aucun genre n'a échappé à leur glaive destructeur. Ils ont arraché à *Thalie* son masque, son esprit, son enjoûment, et l'ont affublée du crêpe de la philosophie, ou plutôt, ils l'ont chassée, pour mettre à sa place une triste figure de catafalque. Les drames funèbres leur doivent leur naissance et leur vogue ; ils ont si bien fait, qu'il ne faut plus de talent pour composer des pièces de théâtre : des lambeaux de morale vague et pesante, et des exclamations dou-

loureuses avec des points remplis de sentiment : voilà
tout le mystère.

« La scène italienne était charmante autrefois,
par ses comédies françaises et par ses parodies.
L'ancien Opéra-Comique en vaudeville amusait tout
Paris. Ces deux asiles restaient à la gaieté française ; on les a détruits comme indignes d'une nation pensante. Le larmoyant s'est introduit jusques
dans l'Opéra bouffon. Des philosophes, eux-mêmes,
des académiciens français, n'ont pas honte de cultiver ce genre détestable, et d'y briguer des succès
déshonorants.

« Vous gémissez, monsieur, de cette révolution ;
mais j'ose vous prédire qu'elle n'aura qu'un temps,
et qu'elle est même déjà sur son déclin..... Le grand
nombre de personnes qui applaudissent aux ouvrages où les philosophes sont appréciés, prouvent combien il y a de bons esprits qui résistent au torrent et
qui tiennent aux anciennes mœurs, à l'ancienne littérature, à l'ancien goût [1]...

« Dans le préambule de mon année dernière,
j'essayai de vous faire connaître, monsieur, l'esprit,
les ressorts, les effets de la philosophie du jour, et
de vous prouver qu'un de ses produits les plus fu-
nestes est la décadence de notre littérature. Il faut
pourtant l'avouer, cette manie, quoique très-nuisible

_____

1. L'Année littéraire, 1773, tome I, pages 3 à 17.

aux lettres, n'est pas la cause unique de leur dépé-
rissement parmi nous. Il en est d'autres que je me
propose de vous développer aujourd'hui.

« La faiblesse, l'ignorance et la présomption des
jeunes aspirants aux lauriers du Parnasse me frap-
pent d'abord : à peine ont-ils secoué la poudre collé-
giale, qu'ils se lancent dans la lice ; hier ils étaient
disciples, ils se croient aujourd'hui des maîtres ; et,
sans avoir fécondé leur stérilité par l'étude approndie
des règles et des modèles, ils entreprennent les ouvrages qui demandent le plus de lumières, le plus
de jugement, le plus de connaissance de l'homme et
des hommes.

« Si, du moins, après la chute ou le succès équivoque de leurs premières tentatives, ils ne s'obstinaient
pas, amants infortunés, à poursuivre les Muses qui
les dédaignent et les fuient, on leur pardonnerait
des essais informes en faveur de la justice qu'ils se
rendraient courageusement eux-mêmes.

« Un de ces novices dans l'art d'écrire avait fait imprimer à ses frais une brochure in-8 de 157 pages, intitulée : *Histoire de deux Amants français, en vers et
en prose*. L'édition, par ses ordres, fut portée chez
Fétil, libraire à Paris, rue des Cordeliers. Il vint au
bout de six mois pour savoir quelle était la réussite de
son livre. *Fétil* lui dit qu'il n'en avait débité que trois
exemplaires. L'auteur un peu confus se retire, et
laisse passer deux ans sans donner de ses nouvelles.

Enfin, il rend une seconde visite au libraire, qui lui annonce que l'édition entière, excepté les trois exemplaires qu'il a vendus, est encore dans sa boutique. Le jeune homme garde un moment le silence, et sort sans proférer un mot. Il reparaît une demi-heure après, accompagné de quatre crocheteurs. Il aide lui-même à les charger de ce malheureux ouvrage, et leur dit de le suivre. Il les mène sur le Pont Royal, et leur fait jeter toute l'édition dans la rivière. L'aventure est arrivée vers le mois de septembre dernier. Je voudrais connaître cet auteur, dont je ne sais que le nom ; il s'appelle M. *Guibert*. Je le féliciterais avec enthousiasme sur un acte héroïque, mille fois plus glorieux pour lui que ne l'eût été le succès de sa brochure.....

« Ce trait m'en rappelle un semblable de notre *Eschyle*. On venait de donner une tragédie nouvelle de sa façon ; elle avait été mal accueillie. *Crébillon* n'est point ému de cette disgrâce ; il descend dans les foyers, demande leurs rôles aux comédiens à mesure qu'ils sortent de la scène, et, quand il a rassemblé tout son manuscrit, le jette au feu en présence d'une foule de spectateurs : *Voilà*, dit-il, *comme il faut s'exécuter quand on n'a pas le bonheur de plaire au public.*

« Ces généreux sacrifices sont bien rares, monsieur. En revanche, rien de plus commun que les *Narcisses* et les *Pygmalions* littéraires, amoureux d'eux-mêmes et de leurs écrits inanimés..... Le croiriez-vous, monsieur, un de ces grimauds que vous connaissez, s'est vanté plus d'une fois qu'il ferait une tragédie en trois semaines. Ils se regardent comme privilégiés de la nature pour enfanter sans effort des chefs-d'œuvre ; ils abandonnent aux esprits vulgaires la pratique importune des préceptes de nos législateurs : *Aristote*, *Horace*, *Longin*, *Quintilien*, *Despréaux*, *Rollin*, *Jean-Baptiste Rousseau*, etc.....

« Ce n'est pas que nos jeunes lettrés ne travaillent, et même prodigieusement : à l'exemple de M. *de Voltaire*, ils écrivent plus qu'on n'a jamais écrit ; ils embrassent tous les genres ; ils amoncèlent volumes sur volumes. Mais j'entends par travailler, mettre un long temps à perfectionner un ouvrage.....

« Je viens de nommer M. *de Voltaire*, et c'est avec douleur que je me vois forcé de lui attribuer, en partie, la dépravation du goût. Il jouit de la gloire la plus éclatante et la mieux méritée à bien des titres ; je ne crois pas qu'il soit possible d'avoir plus de talent ; il est le premier peut-être qui, à force d'esprit, ait su se passer de génie. Plusieurs de ses ouvrages lui survivront sans contredit : mais dans le littéraire comme dans le moral, un homme né avec des vices brillants est très-dangereux ; rien de plus propre à faire perdre la trace de l'honnête et du beau que l'admiration exclusive pour un mauvais modèle, et la fureur épidémique de lui ressembler.

« M. *de Voltaire* est l'idole des jeunes gens qui ne lisent que lui, qui n'aiment que lui, qui ne jurent que par lui. Je n'en suis pas étonné : il flatte leurs passions ; il brise tous leurs freins ; sa manière, qui réellement est très-piquante, les séduit et leur paraît facile à saisir, mais, comme ils n'ont ni son esprit, ni ses réminiscences, ni ses répertoires, ni la magie de son style, ils ne peuvent imiter que son audace, son irréligion, ses obscénités, ses cliquetis d'idées, ses anthithèses de mots, ses rapprochements d'objets éloignés et disparates, etc., c'est-à-dire, tous ses défauts. Les courtisans d'*Alexandre*, singes de leur maître, ne copiaient parfaitement que son cou penché.

« Les admirateurs adolescents de M. *de Voltaire* ont encore pris de lui le ton de se déchaîner contre les *Aristarques*. Ce sont, à les entendre, des *Zoïles*, des esclaves qui se tiennent derrière le char des triomphateurs pour les insulter, des reptiles veni- meux, des serpents qui mordent la lime, des ânes, des *aliborons*, etc ; on ferait des volumes de toutes les honnêtetés qu'ils reçoivent de ces messieurs et de toutes celles, en particulier, qu'ils me prodiguent avec une constance admirable depuis une trentaine d'années...

« Cette révolte contre la critique est un des plus

grands obstacles aux progrès des Arts, comme elle
est la marque la plus évidente d'un esprit étroit et
d'une vanité mal entendue. Car enfin, si l'on consultait les véritables intérêts de sa gloire et de sa fortune, ne devrait-on pas savoir gré à un censeur qui
nous montre nos fautes et nous met dans la voie de
faire mieux ou d'abandonner une route ingrate,
dont le terme est le mépris joint à la pauvreté. Une
seule fois dans ma vie, j'ai eu la satisfaction de voir
ma critique produire un heureux effet.

« Il parut en 1755 un roman anonyme plus que
médiocre ; je l'appréciai à sa juste valeur. Deux
jours après, un jeune homme qui m'était inconnu,
entre dans mon cabinet, me saute au cou et m'embrasse avec transport :

« — Je viens, monsieur, me dit-il, vous exprimer
« toute ma reconnaissance ; vous m'avez rendu un
« service que je n'oublierai jamais : c'est moi qui
« ai fait ce mauvais roman si bien ridiculisé dans
« votre dernière feuille ; vous m'avez corrigé pour
« toujours ; sans vous, sans votre critique officieuse,
« j'aurais grossi la tourbe des plats écrivailleurs
« bafoués dans cette capitale. Vous m'avez ouvert
« les yeux ; c'en est fait, je renonce à écrire, et je
« vais tourner mes pas et mes vues d'un autre côté. »

« Ce jeune homme a tenu parole. Il remplit aujourd'hui avec distinction une place honorable...

« La carrière épineuse que je cours serait une

arène émaillée de fleurs, si tous les athlètes étaient aussi raisonnables. Un de mes étonnements est qu'ils n'aient pas le bon esprit de se juger avec l'équité qui les éclaire par rapport aux autres. Ma censure tombe-t-elle sur un de leurs amis mêmes? Ils la trouvent juste, impartiale, plaisante; ils en rient en cachette avec quelques confidents discrets. Ce n'est que lorsque je m'avise d'attaquer leurs propres ouvrages que je suis un sot, un cuistre, un scélérat, un monstre, etc....

« La haine dont m'honorent ces messieurs (les académiciens) est si bien connue, que plusieurs candidats qui veulent s'étayer de leur crédit, renoncent à me connaître et sont même enchantés que je ne les épargne pas lorsque je rends compte de leur prose ou de leurs vers. C'est un titre que leur petite ambition fait valoir auprès des puissances philosophiques.

« Une dame très-aimable et de beaucoup d'esprit me demandait il n'y a pas longtemps, si je serais fâché de dîner avec M. *le Mierre*.

« — *Mon Dieu, non, au contraire, j'en serais fort aise.*

« On en fit la proposition à ce poëte, qui répondit:

« — *J'aime beaucoup Fréron; je le lis avec plaisir, mais je n'ose l'avouer tout haut. Encore moins oserais-je dîner avec lui; il pourrait me louer dans ses feuilles; ce qui me ferait un tort irréparable. Je*

*ne serais jamais de l'Académie; il est essentiel, pour
que j'y sois admis, qu'il dise encore du mal de moi
pendant quelque temps : tous ceux qu'il loue en sont
exclus; elle ouvre ses portes à tous ceux qu'il critique. »*

« Pour de l'amitié, soit : je sais que M. *le Mierre*,
par ses qualités personnelles, est capable d'inspirer
ce sentiment. Pour le louer, c'est une autre affaire;
je me serais engagé à ne lui donner jamais ce désa-
grément, à moins qu'il ne fît un chef-d'œuvre ; ce
qui l'aurait à coup sûr tranquillisé pour toute sa vie.

« La dissipation de la plupart de nos auteurs
contribue beaucoup encore à les retenir dans les
liens de la médiocrité. L'amour du plaisir, qui s'allie
difficilement avec celui de la gloire, les agréments
de la société qu'ils ne connaissaient pas autrefois, le
luxe enfin qui les avait respectés si longtemps, énervent leur âme. Si les illustres écrivains du dernier
siècle revenaient parmi nous, ils seraient frappés
d'étonnement à la vue de ceux qui croient les avoir
remplacés. Ce sont des élégants, des petits-maîtres,
des agréables, des hommes à bonnes fortunes. Ils
sont de toutes les parties, de toutes les fêtes, de tous
les soupers réputés fins. Ils ont des habits riches,
des dentelles superbes, de beaux appartements.

« Ce n'est pas ainsi que vivaient les *Corneille*,
les *Molière*, les *la Fontaine*, les *Boileau*, etc. Ce
n'est pas en soupant tous les jours en ville qu'ils

composaient ces chefs-d'œuvre qui feront éternellement leur gloire et celle de la France. Ils étaient
logés et vêtus simplement : une large calotte cou-
vrait la tête sublime du grand *Corneille*, et toute la
nation se levait par respect devant lui quand il
paraissait au spectacle...

« Voilà, monsieur, sur la décadence de notre
littérature, quelques idées qui, depuis longtemps,
étaient éparses et confuses dans mon esprit. Il me
tardait de les rassembler et de les mettre en ordre
pour vous les communiquer.

« Je finis par me justifier, si je le puis, du reproche que vous me faites tous les ans du retard de mes
feuilles. Il est vrai que vous n'avez pas à vous louer
de mon exactitude. Mais je vous prie de considérer
que de fréquentes maladies m'ont arrêté dans le
cours de mes occupations ; que je viens tout nouvel-
lement encore d'essuyer une cruelle attaque de
goutte, qui, pendant près de trois mois, a suspendu
mon travail ; que j'ai eu des censeurs difficiles, qui
souvent l'ont doublée par le refus d'approuver plusieurs de mes lettres ; que d'ailleurs, comme je crois
vous l'avoir déjà dit, ce n'est pas précisément un journal que je fais, un catalogue des ouvrages nouveaux
que je dresse ; que, s'il ne s'agissait que de copier
des titres de livres et de placer après cette annonce
un jugement vague en cinq ou six lignes, cette notice
aride ne me donnerait pas une grande peine ; que ce

sont mes remarques, ou plutôt, celles des connaisseurs sur les nouveautés littéraires, que je me suis
proposé de vous envoyer; que cette rédaction
demande beaucoup de soin : vous me croirez, si vous
voulez, monsieur; mais un article de douze ou quinze
pages m'occupe quelquefois des huit jours entiers.

« Je n'ai point à regretter le temps que j'y mets;
puisque, malgré mes retardements, mon ouvrage
s'est toujours soutenu, tandis que j'en ai vu tomber
une foule d'autres du même genre, qui très-ponc-
tuellement ennuyaient leurs lecteurs tous les mois ou
toutes les semaines; tels que *l'Observateur littéraire,*
par M. *Marmontel*[1], *le Censeur hebdomadaire*, par
M. *d'Aquin*[2], *la Renommée littéraire*, par le grand
poëte lyrique M. *le Brun*[3], *les Observations sur la
Littérature moderne*, par M. l'abbé de la *Porte*[4], etc..
On fit dans le temps sur ce dernier et sur moi une
épigramme que vous me pardonnerez de vous citer,
quoiqu'elle soit un peu à mon avantage.

> *Fréron* de *la Porte* diffère.
> Voici leur devise à tous deux :
> L'un fait bien, mais est paresseux;
> L'autre est diligent à mal faire.

1. OEuvre de l'extrême jeunesse de l'auteur de *Denys le Tyran*.
2. Fils du fameux organiste du même nom. Une épigramme
faisant allusion à la profession de son père, dit :

> On souffla pour le père, on siffla pour le fils.

3. Il devint depuis le Pindare de la Révolution.
4. Très-médiocre recueil.

« *Paresseux*, non ; lent, parce que je suis difficile, oui. Quoi qu'il en soit, j'avais il y a dix ou douze ans un libraire qui tous les jours me persécutait pour que je fisse paraître régulièrement mes numéros. Il ne cessait de me répéter : *Vous ne connaissez pas le public ; il n'y regarde pas de si près, tout lui est bon, pourvu qu'on soit exact ; donnez-lui des drogues plutôt que de le faire attendre.* Et moi je lui disais : *Vous vous trompez ; ayez du public une toute autre idée. Voyez si les drogues de Marmontel, de d'Aquin, de le Brun, de l'abbé de la Porte, etc., réussissent beaucoup, quoiqu'ils soient de l'exactitude la plus exemplaire...*

« L'abbé *de Pons* disait : *l'exactitude est le sublime des sots.* Je ne cite cette assertion que comme une plaisanterie. Mes bons amis les philosophes ne manqueront pas de la prendre pour une vérité, et de dire qu'il ne dépendrait que de moi d'être sublime. Mais qu'ils trouvent ou ne trouvent pas de justesse dans le mot ingénieux de l'abbé *de Pons*, si ma santé me seconde, vous n'aurez plus à vous plaindre, monsieur, de mes lenteurs involontaires [1]. »

Les dernières années de Fréron furent assombries par des luttes de plus en plus pénibles, — luttes contre ses ennemis, luttes contre la maladie surtout. Dans les pre-

----

1. L'*Année littéraire*, 1774, tome I, pages 3 à 33.

miers jours de l'année 1776, les philosophes, poussés par
Voltaire, avaient enfin obtenu du garde des sceaux (Miro-
mesnil) la suspension du privilége de l'*Année littéraire*.
Fréron avait une attaque de goutte au moment où on lui
annonça cette nouvelle : la goutte remonta et l'étouffa, le
10 mars 1776[1]. On rapporte qu'il dit en mourant : « Ma
mort est un malheur particulier qui ne doit détourner
personne de la défense de la monarchie ; le salut de tous
est attaché au sien. »

Paroles qui résument tout Fréron et la raison de ses
luttes incessantes de critique ; paroles prophétiques dont
quatorze ans plus tard la réalisation trouvait, à l'honneur
de sa mémoire, l'*Année littéraire* debout et toujours fidèle
aux principes immuables que son fondateur avait si vaillamment défendus pendant près de quarante ans.

Au bas du portrait de Fréron, dessiné par le célèbre
Ch. Cochin en 1770 et gravé par Hubert, on lit ces quatre
vers qui peignent bien le caractère du critique et rappel-
lent dignement les services qu'il a rendus au goût et aux
saines doctrines :

> Du mauvais goût censeur inexorable,
> De l'ignorance[2] il dédaigne les cris :
> Sa plume, aux Écrivains, l'a rendu redoutable,
> Et son cœur, cher à ses amis.

Un contemporain de Voltaire et de Fréron a tracé ce
tableau assez vif et toujours vrai de la lutte engagée entre
le critique et le sophiste :

« Comme chez certains peuples de l'Orient, il y avait un

---

1. Fréron avait alors cinquante-huit ans.
2. Ce quatrain, signé *M. D. L. S.* dans l'*Almanach des Muses*,
1773, page 117, porte, au lieu de : *l'ignorance* (correction proposée
par Fréron), de *l'orgueil littéraire*, auquel l'auteur avait substitué
l'imposture; les trois choses sont également vraies. — Voyez
l'*Année littéraire*, 1773, tome VII, page 228).

officier chargé d'avertir tous les jours les rois, à leur réveil, qu'au milieu de leur vaine gloire et de leurs flatteurs, ils n'étaient que des hommes, M. Fréron n'a pas craint de prendre sur lui cet emploi à l'égard du héros de la littérature.

« Il n'est donc pas étonnant que M. de Voltaire, plus despote dans le monde littéraire que ces monarques orientaux,

> Qui, de l'Asie esclave oppresseurs arbitraires,
> Pensent ne bien régner qu'en étranglant leurs frères,

se soit déchaîné avec tant de fureur contre Fréron. Possédé de tout temps de la manie de dominer, d'établir des lois, de prescrire des règles, de réformer le goût, de subjuguer les talents, de dégrader les mérites, d'assigner les rangs, de renverser les dogmes, d'assujétir les esprits, d'exclure les suffrages, de devenir, en un mot, l'Alexandre du monde littéraire, il a trouvé dans le journaliste un Callisthène qui lui a dit constamment : *Non, vous n'êtes pas un dieu.* Le héros s'est fâché ; Jupiter a tonné. Mais, en riant de ses foudres, on lui a dit comme Lucien : *Jupiter, tu te fâches ? donc tu as tort.* Non-seulement on a dit à ce Jupiter : « Tu as tort, » mais on l'a prouvé ; et, s'il eût été sage, il n'aurait pas fourni de quoi le prouver encore.

« M. de Voltaire a voulu passer pour inventeur, et M. Fréron a fait connaître ses plagiats.

« M. de Voltaire a voulu passer pour critique, et M. Fréron a démontré ses bévues.

« M. de Voltaire a voulu passer pour le premier de nos poëtes et de nos orateurs, dans un ouvrage qu'il avait publié sous le nom d'autrui, et M. Fréron, après l'avoir démasqué, l'a remis à sa véritable place.

« M. de Voltaire a voulu passer pour bon poëte épique, et M. Fréron a fait voir que de beaux vers ne suffisaient pas pour mériter ce titre.

« M. de Voltaire a voulu passer pour le plus grand de

nos tragiques, et M. Fréron a fait voir qu'il était bien au-dessous de Corneille et de Racine.

« M. de Voltaire a voulu passer pour bon comique, et M. Fréron, appelé par lui tant de fois *bâtard* de Desfontaines, l'a fait reconnaître plus évidemment pour *bâtard* de Thalie.

« M. de Voltaire s'est vanté d'avoir porté le flambeau de la vérité dans l'histoire, et M. Fréron a fait voir qu'il n'y avait porté qu'une lanterne et même une lanterne sourde.

« M. de Voltaire s'est érigé en réformateur, et M. Fréron l'a réformé lui-même.

« M. de Voltaire a voulu être théologien, et M. Fréron lui a appris son catéchisme.

« M. de Voltaire a voulu enfin parler de tout, et M. Fréron, toujours intrépide, l'a suivi partout, a répliqué à tout et s'est moqué de tout[1]. »

Il n'y a rien à ajouter, rien à retrancher à ce parallèle, où Fréron est on ne peut mieux apprécié, d'un bout à l'autre.....

En dépit des menées des ennemis de l'éminent critique, sa veuve réussit à sauver de la ruine l'*Année littéraire*, dont le privilége lui fut conservé.

Stanislas Fréron, à la mort de son père, avait vingt ans; il fut le continuateur ou plutôt le prête-nom du recueil, car il n'eut ni les talents ni les principes de son père[2]. Les véritables auteurs de cet écrit périodique, après la

---

1. Sabatier de Castres, né en 1742, mort en 1817, auteur du *Tableau philosophique de l'esprit de M. de Voltaire*, 1771, in-8° et in-12; réimprimé sous le titre de *Vie polémique de Voltaire*, ou *Histoire de ses proscriptions, par G.....y*, Paris, Dentu, 1802, in-8°.

2. Insouciant et dissipé, Stanislas Fréron ne s'occupait que de ses plaisirs, et laissait le travail à Royou et à Geoffroy. C'était ainsi qu'il passait sa vie, lorsque la Révolution arriva. Ni la reconnaissance qu'il devait à la famille royale, ni les conseils, ni l'exemple de ses deux oncles, ne purent le contenir; il se jeta dans le parti révolutionnaire avec une fureur telle, qu'il devint l'émule

mort de celui-ci, furent l'abbé et l'avocat Royou, oncles
maternels du jeune Fréron, et le professeur Geoffroy,
depuis si célèbre au feuilleton du *Journal des Débats*, sous
le premier Empire. A ces noms, joignons encore ceux de
l'abbé Grosier, de Dumouchel, Hérivaux et autres hommes
de mérite qui, de 1776 à 1790, époque à laquelle ce recueil cessa de paraître, lui conservèrent la réputation que
lui avait si justement acquise son fondateur[1].

Quelques mots sur les principaux rédacteurs de l'*Année
littéraire*, après la mort de Fréron, et continuateurs de ses
doctrines, ne seront pas sans intérêt; ils compléteront
l'histoire de l'œuvre et de la vie même de l'éminent critique, auxquels est consacré cet essai autobiographique.

L'abbé Royou, né vers 1741, à Quimper, embrassa l'état
ecclésiastique, et vint à Paris, où il remplit, plus de vingt
ans, la chaire de philosophie au collége de Louis-le-Grand,
d'une manière brillante. Devenu, en 1776, l'un des rédacteurs de l'*Année littéraire*, il y publia des articles non
moins remarquables par une logique rigoureuse et pressante que par un style vif et élégant. Il s'éleva fortement
contre les principes de la Révolution, en signalant le
danger de leurs conséquences. Le courage avec lequel il
combattit les révolutionnaires, tantôt par une dialectique
pressante, tantôt par l'arme du ridicule, ne pouvait manquer de l'exposer à leur vengeance. Sans cesse en butte à
de nouvelles dénonciations, il fut frappé d'un décret d'ac-

de Marat. Il fut un des premiers à demander la mort de Louis XVI,
dont il vota l'exécution dans les vingt-quatre heures. On le
chargea de plusieurs missions dans les départements; et c'est de
cette époque surtout que date son épouvantable célébrité...
Nommé enfin sous-préfet de l'un des arrondissements de Saint-
Domingue, il dut, malgré son opposition, s'y rendre en 1802; mais,
il mourut peu de temps après son arrivée, dans un âge peu
avancé.

1. La collection complète de l'*Année littéraire* forme environ
290 volumes in-12, dont 183 sont dus à la plume de Fréron.

cusation. Déjà malade, il accepta la retraite que lui offrait un ami, et il y mourut le 8 juillet, 1792, à l'âge de cinquante ans. Homme instruit et laborieux, il avait l'âme ardente, le cœur sensible, et il aimait à rendre service.

Né aussi à Quimper, en 1746, l'avocat Royou, frère de l'abbé de ce nom, coopéra avec lui à l'*Année littéraire*; ce fut vers 1790 qu'il épousa la fille de Fréron, lequel, de son côté, avait épousé la sœur[1] de celui qui devait un jour être son gendre. Pendant tout le temps que dura la collaboration des deux frères, nul ne la soupçonna. Une conformité parfaite de style et d'opinions, une égale habileté à lancer le sarcasme, une égale persistance à combattre les doctrines nouvelles ne permirent jamais de distinguer auquel des deux frères appartenait tel ou tel article du journal.

Il mourut à Paris, en 1828.

Geoffroy, né à Rennes, en 1743, élève des Jésuites dans cette ville d'abord, puis à Paris, au collége de Louis-le-Grand, le plus célèbre de ceux qui étaient dirigés par ces illustres religieux, il fut destiné à l'enseignement chez ses premiers maîtres. L'anéantissement de cet ordre le livra à lui-même, et dès lors il se voua à la littérature.

En 1776, à la mort de Fréron, les héritiers et successeurs de ce critique fameux, cherchant un écrivain qui pût soutenir la réputation de l'*Année littéraire*, jetèrent les yeux sur Geoffroy; il ne trompa point leur espoir. Tous les articles dont il enrichit ce recueil, dans le cours de quinze années qu'il y travailla, sont solides, judicieux et remarquables par d'excellents principes de philosophie, de morale et surtout de littérature.

---

1. Voyez, ci-après, dans l'Appendice aux *Confessions de Fréron*, l'histoire du mariage du célèbre critique racontée par lui-même; ces documents ne nous étant parvenus qu'assez tard, nous n'avons pu les insérer dans le cours de notre essai autobiographique où, d'ailleurs, ils auraient peut être fait quelque longueur. Un appendice leur convenait donc mieux.

Nous ne le suivrons pas au *Journal des Débats*, où son rôle fut si brillant. Tout en se livrant au travail qu'exigeait cette feuille, il avait entrepris de ressusciter l'*Année littéraire*. Il en publia, avec l'abbé Grosier, trente-six numéros formant six volumes in-12, en l'an IX : ils n'en donnèrent que neuf numéros l'année suivante. — Geoffroy mourut en 1814.

L'abbé Grosier, habile critique, était né à Saint-Omer, en 1743, et, comme Geoffroy, il fut élevé chez les Jésuites. Il vint à Paris, et Fréron se l'associa comme collaborateur à son *Année littéraire*. Grosier se déclarait ainsi, dès son entrée dans la carrière des lettres, contre la philosophie régnante, surtout contre Voltaire, et il se rangeait parmi les défenseurs de la religion et des idées monarchiques. Toute sa vie, fidèle à ses opinions, il conserva toujours, même au milieu des plus grands désastres, l'espoir de les voir triompher. Il travailla pendant cinq ans à l'*Année littéraire*; au bout de ce temps, il cessa de coopérer à ce journal pour se livrer tout entier à la publication du grand ouvrage historique qui a illustré son nom[1]. Mais après la mort de Fréron, la famille de ce célèbre critique supplia l'abbé Grosier de vouloir bien accepter la rédaction de l'*Année littéraire*. C'est alors qu'il s'associa pour collaborateurs l'abbé Royou et Geoffroy. Sous la plume de Grosier, ce recueil qui, après la mort de Fréron, avait perdu un grand nombre de ses abonnés, acquit une nouvelle vogue. Plus de vingt ans après cette époque (en 1800), Grosier voulu ressusciter l'*Année littéraire* interrompue depuis de longues années; on a vu, plus haut, ce que devint ce projet.

L'abbé Grosier mourut en 1823.

Il y a peu d'exemples d'un recueil aussi vaillamment poursuivi pendant plus de cinquante ans, — à partir de la publication des *Lettres sur quelques écrits de ce temps*,

---

1. *Histoire générale de la Chine.*

fondées par Fréron, qui lui-même succédait à l'abbé
Desfontaines, son maître, qu'il surpassa bientôt sans
le faire oublier. Chacun d'eux eut en effet son originalité
propre, qu'il est intéressant et, mieux encore, utile de
constater en terminant cette rapide étude sur Fréron et
ses feuilles.

Au commencement du dix-huitième siècle, époque où
parut l'abbé Desfontaines, les anciens principes du goût
commençaient à s'altérer, les auteurs s'agitaient pour s'ouvrir de nouvelles routes, et cette fermentation universelle
annonçait une révolution prochaine dans l'empire littéraire.

Critique judicieux et sévère, il combattit avec les armes
de la raison et du bons sens ces larmoyantes comédies
qu'on s'éfforçait d'accréditer sur notre scène. Il fit sentir
le ridicule de ce néologisme dont quelques écrivains plus
hardis que sensés défiguraient déjà la langue française;
il dévoila les manœuvres de certains auteurs tragiques,
qui, à l'aide de quelques situations forcées, de quelques
décorations imposantes, faisaient réussir des pièces
monstrueuses, pleines d'absurdité et d'invraisemblances.

Fréron, avec autant de discernement et de sagacité, mit
dans ses critiques plus de légèreté, de sel et d'élégance.
Avec quel courage ne résista-t-il pas seul, pendant un
grand nombre d'années, aux entreprises de quelques novateurs conjurés contre le bon goût : avec quel succès ne
réfuta-t-il pas les systèmes pernicieux des Encyclopédistes.
De sanglantes persécutions furent le prix des services signalés qu'il avait rendus aux lettres. Car c'est toujours
lorsque la critique devient utile et même nécessaire qu'elle
est le plus en horreur. Il semble que l'amour-propre des
auteurs s'augmente en raison de leur médiocrité. Lorsque le plus grand nombre des gens de lettre est intéressé à
ce que le public se trompe, un critique qui veut le désabuser est regardé comme l'ennemi commun.

On n'a peut-être jamais prodigué avec moins de choix

qu'aujourd'hui les louanges les plus outrées et les plus indécentes ; jamais l'adulation et la basse flatterie n'ont été plus communes.

Où est donc la critique ? que fait-elle ? — Elle s'endort lâchement au sein des loisirs dorés mais honteux que lui font ceux qui ont intérêt à ce qu'elle garde le silence.

Ah ! Desfontaines, Fréron, Geoffroy, vous avez bien fait de mourir avant de voir le temps de déchéance où nous vivons ; le plus mince auteur critiqué par vous était un aigle au prix de nos prétendues sommités littéraires, qui ne sont grandes et acclamées par la tourbe des sots, que parce que la critique a cessé de faire entendre ses arrêts, dont vous fûtes les éloquents, — les derniers organes !

Malheur ! trois fois malheur à un siècle qui n'a pas de juges littéraires ! En proie à tous les attentats qui blessent la morale, le goût et le style, il va au gouffre où disparaissent sans retour les hommes et les choses d'un temps de décadence, — le néant.

APPENDICE

LE SECOND MARIAGE DE FRÉRON

1766

On ne sait rien de la première femme du célèbre critique, et —sur la seconde,—on serait réduit à bien peu de faits, si un Breton, un compatriote de Fréron, M. du Chatellier n'eût découvert, il y a quinze ans, d'intéressantes lettres de l'auteur de *l'Année littéraire*, qui font connaître cet épisode de sa vie, en même temps qu'elles révèlent chez le rude polémiste un cœur ouvert à tous les sentiments qui constituent l'homme de bien.

M. du Chatellier nous a communiqué ces lettres, pleines d'une charmante bonhomie et, usant largement de la permission qu'il avait consenti à nous octroyer avec un empressement exquis, nous y avons puisé à pleines mains[1].

Mais, laissons d'abord la parole à M. du Chatellier; voici en quels termes il nous initie aux circonstances qui déterminèrent Fréron à un second mariage.

« Encore jeune, doué d'une noble et belle figure portée sur des épaules un peu larges, avec une forte chevelure

---

1. Ces lettres ont paru dans le feuilleton du journal l'*Océan* (feuilletons du 27 mars au 8 mai 1861). N'ayant pas été réunies en brochure, elles ont donc presque la saveur de l'inédit; ce qui en double encore le prix, s'il est possible.

étagée et gauffrée sous la poudre[1], un peu dissipé par sa nature, ami de la bonne chère, Fréron s'était toujours montré peu soucieux des menus détails de la vie domestique. Partagé entre le travail de la critique et les habitudes et les devoirs de la commensalité la plus élevée, il ne trouvait que bien peu de temps à donner à sa maison qu'il avait cependant montée de fort bonne heure sur le plus grand pied, ayant laquais, chaise de poste et maison de campagne. Ainsi, à peine veuf d'une première femme qui lui avait laissé deux enfants en bas âge, se rappelat-il qu'il avait en Bretagne, dans la famille des Royou à laquelle il était allié par sa mère, une aimable cousine à laquelle il pourrait confier l'éducation de ses jeunes enfants, tout en trouvant une jeune et belle compagne qui pourrait jeter quelques joies nouvelles dans sa maison.

« Plusieurs lettres du célèbre critique à sa famille nous ont initié à cet acte important de la vie de Fréron et nous montrent par un côté peu connu de sa vie celui qu'ont certainement le plus défiguré ses adversaires en le présentant comme un homme sans cœur, sans sentiments, sans délicatesse.

« La jeune Anna Royou, ou *Annétic* comme il l'appelle, qu'il épousa au mois de septembre 1766, n'avait que seize ans quand il en avait lui-même quarante-huit, et vint l'enlever à sa famille pour la jeter à Paris au milieu d'un monde si différent de celui qu'elle avait pu voir et connaître dans l'asile isolé du château baronnial de Pont-l'Abbé que son père occupait comme procureur fiscal de la baronnie du même nom. »

1. Ainsi nous montre Fréron un très-joli portrait du critique, longtemps porté en médaillon par sa seconde femme, et que possède M. du Chatellier.

Paris, samedi matin, 12 juillet 1766.

A M. Kerliézec.

Je devrais être à présent au Pont l'Abbé, — écrivait-il à
M. Kerliézec, beau-frère de M. Pénanreun-Royou, père de
sa future, — et me voilà encore à Paris, dont je suis bien
fâché, mon très-cher et très-bon ami. Mais ainsi va ce bas
monde; on n'y fait jamais ce qu'on désire le plus. Dans
le temps que je me disposais à partir pour la Bretagne, il
m'est survenu d'horribles coliques d'entrailles qui m'ont
fait souffrir et par dessus tout cela des ouvrages de suré-
rogation que je n'ai pu refuser, entre autres un mémoire
important auquel s'intéresse M. le duc de Choiseul, et que
lui-même a dit qu'on m'apportât pour y mettre de l'ordre
et du style. Je suis très occupé de ce mémoire qui ne sera
fini que demain ou après demain. Il semble, mon cher
ami, que les affaires se donnent le mot pour arriver précisément au moment où on les donnerait volontiers à tous
les diables. Je ne puis vous dire assez combien j'ai été
fâché de ce contretemps de colique et d'occupations extraordinaires. Mais je suis déjà quitte de la colique, et je
le serai de mon surcroît de travail l'année prochaine. Je
refuserai tout, et je crois que quand ce serait le roi qui
me chargeât de quelque besogne, je prierais très-humble-
ment et très-instamment Sa Majesté d'attendre mon retour.

Quelque chose qui arrive, mon très cher et très bon
ami, je partirai sans faute à la fin de la semaine prochaine, à moins que je ne sois mort ou malade à ne pouvoir remuer ni pied ni pattes. Je ne vous dis pas le jour
que j'arriverai, car je n'en sais rien moi même. La reconnaissance m'oblige d'aller passer un jour avec madame la
marquise d'Agoult à son château d'Araden; je lui dois la
vie; il est bien juste que je lui en marque toute ma sensibilité. Je vous écrirai d'Araden, mon très cher ami, le jour

précis et l'heure même à laquelle j'arriverai, non à Quimper, mais au Pont l'Abbé.

Au nom de Dieu et de l'amitié que vous avez pour moi, mon très cher ami, ne vous opposez pas à mes arrangements qui sont indispensables pour mes affaires. Vous pensez bien que je ne doute nullement de votre amitié pour moi et du plaisir que vous auriez à me tenir quelque temps chez vous ; à votre tour, mon très cher et très bon ami, vous ne devez pas douter un instant de la satisfaction bien vive que j'éprouverais à demeurer chez vous ; mais cela m'est absolument impossible. Je ne veux absolument voir personne à Quimper ; si je mange chez les uns, j'offenserai les autres chez qui je ne mangerais pas. Il est de toute nécessité que je ne sois en tout que trois semaines pour aller, rester et revenir. Cela est de la plus grande conséquence pour moi, vu mon travail ordinaire et mes occupations extraordinaires qui me rapportent autant et quelquefois plus que mon travail périodique. Mon voyage de Bretagne de l'année dernière et ma maladie m'ont fait perdre plus de trois cent louis d'or. Maintenant que je vais être remarié, je dois penser encore plus à ma fortune, afin de faire un sort des plus heureux à ma chère Annétic, si je venais à lui manquer. Ainsi, encore une fois, mon très cher et très digne ami, ne me troublez pas dans mes idées. Nous nous verrons au Pont l'Abbé pendant tout le temps que j'y demeurerai. Aussi bien vous avez besoin de changer d'air et de vous délasser de vos travaux auxquels vous vous livrez trop ; vous vous tuez, mon cher ami, à force de travailler, ménagez-vous pour votre famille, pour vos amis et pour vous-même. Avec cela, vous n'êtes pas assez docile aux conseils de M. Maistral ; c'est lui-même qui me le marque. Je vous dis tout ceci par l'intérêt vif et puissant que je prends à votre santé.

Pour revenir à mon voyage, permettez moi de brûler Quimper en allant et en revenant... Je ne vois pas non plus, mon très cher ami, qu'il soit nécessaire que je sois

à Quimper pour dresser les articles du contrat de mariage ;
vous savez mes intentions ; Mahieu n'a qu'à les arranger
et à tenir le contrat prêt. Je vous envoie une espèce de
modèle que M. L'Escuyer, mon notaire à Paris a jeté par
écrit ; vous en prendrez ce qui conviendra ; en un mot,
faites tout vous même, et tout sera bien fait. Dites à
Mahieu et à sa femme que je les invite d'avance à mes
noces au Pont l'Abbé. J'apporterai à Mahieu le *Parfait
notaire*, 2 volumes in-4° reliés, quoiqu'il n'ait pas grand
besoin de ce livre, attendu que je le crois déjà *très parfait*
lui-même ; mais cela remplira un bout de tablette dans sa
bibliothèque.

Enfin, mon cher ami, je n'aime pas le grand monde ;
si j'allais à Quimper, je serais excédé de faire et de recevoir
des visites, d'entendre et de rendre des compliments. C'est
une des plus fortes raisons qui m'engagent à aller droit au
Pont l'Abbé et à n'y voir que la famille de ma femme et
la mienne. Je serai, je vous assure, au comble de mes
vœux....

Soyez bien persuadé, mon très cher ami, que je ne négligerai rien de tout ce qui vous intéresse et que je suis à
même de réussir ; dormez tranquillement sur l'une et l'autre
oreille ; ne songez qu'à votre santé. Je souhaite le plus
ardemment du monde de vous trouver bien portant à
mon arrivée au Pont l'Abbé où j'espère que vous me ferez
l'amitié de vous trouver. Je partirai dans une chaise de
poste à deux places ; je mettrai mon domestique à côté de
moi et Thérèse entre nous deux...

Voici quelques lettres, mon cher ami, que je vous prie
de faire servir à leurs adresses, entr'autres, celle que j'é-
cris à ma chère Annétic. Si elle est encore chez vous, re-
mettez la lui, et embrassez la bien fort, bien fort pour
moi ; si elle est retournée au Pont l'Abbé, envoyez lui
mon épitre.

Adieu mon très-cher et très aimable ami ; je vous embrasse mille et mille million et million de fois de tout mon

cœur ainsi que madame Kerliézec et tous vos chers enfants.

Mes compliments à M. de Silguy, à messieurs du collège, aux jésuites, à tout Quimper noble, ouvrier, laïque, ecclésiastique, etc…

Je suis inquiet de votre santé ; si vous vous portiez plus mal, ce serait un obstacle à mon bonheur. Ainsi, mon cher ami, je me décide à ne point partir que je n'aie reçu une lettre de vous ; mais je vous donne ma parole que je partirai le lendemain de la réception de cette lettre. Jugez avec quelle impatience je l'attends. Mon Dieu ! comme je serai satisfait si je vous trouve en bonne santé !… »

Cependant ce mariage si désiré par Fréron, ce départ si résolûment arrêté pour les derniers jours de juillet 1766 furent tout à coup dérangés par la mort inopinée de son cousin Kerliézec, auquel il écrivait, le 12 juillet, une longue lettre dont nous venons de donner des extraits. Ces circonstances lui fournirent l'occasion d'adresser la lettre qui suit à M. Penanreun Royou, père de la jeune Annétic qu'il allait épouser.

Paris, ce samedi matin, 9 août 1766.

Je partage bien sincèrement, mon très cher cousin, la douleur que vous ressentez de la perte de votre pauvre frère, mon bon et excellent ami que je regretterai toute ma vie. La nouvelle que vous m'avez apprise de sa mort m'a bien plus affligé qu'elle ne m'a étonné. J'étais préparé à cet événement par plusieurs lettres de Quimper, et je vous dirai même, mon très cher cousin, que je sentais une certaine répugnance à me rendre en Basse-Bretagne pendant qu'il serait aussi sérieusement malade. Vous voyez que cette répugnance était fondée. Quel spectacle de douleur, quel objet de tristesse et d'amertume n'eût-ce pas été pour moi, si j'avais vu mourir mon pauvre ami. Le ciel m'a épargné cette catastrophe, à laquelle j'aurais pu succomber moi-même.

Vous pouvez bien compter, mon très-cher cousin, que je n'oublirai pas les enfants de mon cher ami ; dès ce moment ils deviennent les miens et je ne négligerai rien pour leur avancement. Je ne les perdrai pas de vue, je vous le promets, et je regarderai toute ma vie comme un de mes devoirs les plus sacrés d'être utile à ces pauvres enfants qui ont tout perdu en perdant leur père.

Vous avez dû recevoir, mon très cher ami, deux lettres de moi contresignées par moi même *duc de Choiseul* et datées de Versailles où j'ai fait deux voyages consécutifs pour faire ma cour à la Reine et à Madame la Dauphine qui m'honorent de leurs bontés. Je ne suis arrivé de Versailles que mercredi au soir, et la lettre par laquelle vous m'apprenez la mort de votre cher frère Kerliézec était chez moi dès la veille ; je n'ai pu, à cause de mon absence, vous répondre plus tôt que ce matin.

Je vous ai marqué dans mes deux lettres précédentes que je partirai de Paris le samedi 16 de ce mois et que j'arriverai à Quimper le jeudi au soir 21. Mais la mort de mon digne ami dérange mon plan. Il me semble, mon très cher cousin, qu'il est à propos de différer de quelques jours ; il ne serait pas décent, je le crois, de se marier dans ces circonstances. Laissons un peu essuyer les premières larmes ; sauf votre avis que je me ferai un plaisir de suivre, mon idée me paraît honnête et judicieuse... Mais, à propos, mon très cher cousin, il ne m'est pas possible d'aller loger chez Madame Kerliézec ; cela me ferait trop de peine et j'aimerais mieux aller à l'auberge. Ainsi, mon projet est d'aller tout droit au Pont l'Abbé, comme j'en ai toujours eu le dessein. Ce n'était que par complaisance pour mon pauvre ami que je m'étais déterminé à descendre à Quimper chez lui....

Adieu, mon cher cousin, je vous embrasse mille et mille fois du fond de mon cœur....

J'embrasse ma très chère Annétic de tout mon cœur : je l'embrasse comme je l'aime ; en récompense elle ne m'aime guère ; il y a mille ans qu'elle ne m'a pas écrit une ligne. Grondez la bien de sa paresse....

J'embrasse tendrement tous vos chers enfants. »

Le même jour il écrivait à Madame Penanreun Royou, mère de sa fiancée, la lettre suivante :

Paris, 9 août 1766.

Je suis bien affligé, ma très chère cousine, de la mort de mon bon ami Kerliézec. Vous n'avez pas besoin de me recommander ses enfants ; ils me sont et me seront toujours bien chers ; j'en prendrai tous les soins qui dépendront de moi...

J'embrasse ma chère Annétic de tout mon cœur, de toute mon âme. Je ne sais ce qu'elle pense ; mais si elle est aussi impatiente que moi, elle doit souffrir beaucoup de tant de lenteurs. Ce n'est pas ma faute ; elle doit en être persuadée et c'est ce qui me console un peu. Je n'ai pas le temps de lui écrire. Mais j'aime mieux la voir et je la verrai, oui, je la verrai le 28...

Adieu, ma très-chère et très-aimable cousine. Personne au monde ne vous est plus attaché et ne vous aime plus tendrement que votre affectionné cousin,

FRÉRON.

Le 18 et le 20, il écrivait à M. Royou deux lettres que nous ne reproduirons pas ; elles sont peu intéressantes pour notre étude sur Fréron.

Enfin, la noce eut lieu dans les premiers jours de septembre 1766, et, cette cérémonie terminée, Fréron vivement sollicité par ses nombreux amis de Quimper, ne put se refuser à leur donner une partie des courts moments que ses occupations lui permettaient de passer éloigné de Paris et de son *Année littéraire* alors dans le plus brillant de son existence. Voici comme il raconte lui-même à Madame Penanreun Royou, sa cousine et sa belle-mère, la réception empressée qui lui fut faite à Quimper par les hommes les plus considérables du pays :

A Quimper, ce samedi 13 septembre 1766.

Ma très chère et très aimable cousine, nous nous portons à merveille, ma chère petite femme et moi. Nous sommes fêtés ici au delà de ce que je puis vous dire. Toute la ville est venue nous voir, et nous avons reçu des visites des personnes de la plus grande condition. Mercredi au soir, en arrivant, M. Gazon nous donna un grand souper, où se trouvaient Madame Gazon la jeune, Monsieur et Madame de Kérourin, Monsieur le Clerc, Monsieur le Procureur du roi, Madame de Malherbe[1], Mademoiselle sa fille et Monsieur son fils, Madame Perrin et deux autres personnages dont je ne me rappelle pas le nom. Le lendemain jeudi nous dinâmes chez M. de Silguy; il y avait au moins trente personnes; le soir nous soupâmes chez le Procureur du roi qui avait encore plus de monde; il y avait deux tables, et j'ai compté quarante trois personnes. Hier vendredi, nous allâmes dîner chez l'Évêque qui nous avait invités. Il y avait Mademoiselle de Cuillé, sa sœur, Madame Varts, Monsieur Dubot, de Carhaix, son fils l'abbé, Monsieur le Principal du collège, Monsieur Denis et plusieurs autres ecclésiastiques; nous soupâmes chez M. Gazon. Aujourd'hui samedi nous dînons chez Monsieur Basse Maison et nous soupons chez M. de Silguy. Demain dimanche dîner au collège; Monsieur l'Évêque, Mademoiselle de Cuillé et plusieurs autres dames y seront; souper chez Monsieur Le Thou....

Notre temps est bien rempli comme vous voyez, ma très chère cousine. Je suis bien fâché de ne pouvoir aller

---

1. Descendante du grand poëte à la famille duquel Fréron tenait par sa mère.

au Pont l'Abbé que mercredi au soir; mais il n'y a pas moyen de se dépétrer plus tôt de Quimper. J'aurais désobligé bien du monde, si je n'avais pas accepté toutes ces invitations. Je vous assure, ma très chère cousine, que, malgré toutes les fêtes qu'on nous donne, j'aimerais bien mieux être au Pont l'Abbé avec vous, avec mon cousin et ma chère femme. Ce qui me fait beaucoup de plaisir, c'est qu'elle réussît très-bien : qu'elle n'est point du tout embarrassée et qu'elle a le maintien le plus honnête et le plus aimable... Elle est charmante en tous points ; je l'aime de tout mon cœur ; c'est trop peu dire ; je l'adore, j'en suis fou.

Vous lui avez envoyé, ma chère cousine, des crêpes qui ne sont pas trop bonnes, on les a trouvées trop épaisses, trop grasses et pas assez sucrées. Nous vous serons bien obligés si vous voulez bien nous en envoyer vingt quatre douzaines et recommander à la crêpière qu'elles soient meilleures.

Adieu ma très chère et très aimable cousine ; je vous embrasse mille et mille fois de toute mon âme ; vous avez fait le bonheur de ma vie en me donnant Annétic, et je ne l'oublierai jamais....

Annétic vous écrirait en même temps que moi, si Clermont ne la tenait par les cheveux. »

A peu de temps de là, passant quelques jours à sa petite campagne, il écrivait les lignes suivantes à sa belle-mère :

Je crois en vérité, ma très chère et très aimable cousine, que vous perdez la tête. Il n'y a pas de raison d'envoyer des étrennes aussi considérables à des marmailles d'enfants comme les miens. Ils sont bien enchantés de vos présents, il n'y a que moi qui en suis très fâché ; vous avez une famille assez nombreuse, sans que vous répandiez vos dons sur la mienne. Nous avons reçu tout ce que vous avez envoyé : douze andouilles, sept bécasses et trois pluviers. Je vous en remercie de tout mon cœur, ma très chère cousine. Mais, au nom de Dieu, ne nous faites plus de présents si chers. Je vous envoie une pacotille de lettres pleines de tendresse et de reconnaissance. Ces sentiments vous sont dus à juste titre. Pour moi, ma très chère et aimable cousine, je vous ai voué une amitié éternelle et un attachement inviolable. Je vous embrasse un million de fois de toute mon âme.

FRÉRON.

C'est à vous, mon très cher cousin, à gronder bien fort ma chère cousine des étrennes qu'elle vient d'envoyer à nos enfants, elles sont trop considérables, et vous auriez dû les empêcher. Je n'en suis pas moins reconnaissant, je vous assure, de ses bontés et des vôtres et j'en garderai un souvenir qui me sera cher éternellement...

Et mes petites affaires, mon très cher cousin, où en sont elles? Que devient cette maison de la rue Obscure[1]? Les Desrinières ne veulent ils donc rien payer? Vous m'avez écrit que je me trompais quand je disais qu'il y avait vingt ans qu'ils n'avaient pas donné un sou ; ce qu'il y a de certain, c'est que je les défie de montrer une seule quittance de moi depuis vingt ans... Il faut pourtant empêcher qu'à la fin il n'y ait prescription...

Je vous demande mille pardons, mon cher cousin, de tous ces petits tracas ; mais je suis comptable envers mes enfants de ces misères là, et il faut que je me mette en règle...

A Fantaisie, samedi matin, 15 février 1767.

1. Cette maison est celle même où naquit Fréron.

PENSÉES DE FRÉRON

CHAPITRE PREMIER

Religion

I

Quelle vénération, quelle reconnaissance n'inspirent pas à tous les esprits solides, à tous les cœurs vertueux, à tous les bons citoyens, ces hommes apostoliques qui abandonnent leur patrie, leur famille, leurs amis, leurs études pour aller chercher aux extrémités du monde des travaux pénibles, des dangers renaissants, des persécutions violentes, souvent même une mort ignominieuse et cruelle! La religion seule est leur guide, leur soutien, leur récompense. Ils nous laissent cueillir les autres fruits de leur ministère.

En effet, l'Europe a reçu et reçoit encore tous les jours des avantages considérables et purement humains des missions fondées dans les trois autres parties du globe ; par elles, notre génie s'étend, nos arts se perfectionnent, notre commerce s'agrandit, notre empire s'accroît, nos richesses se multiplient, notre aisance augmente.

La politique, la physique, la géographie, l'histoire naturelle, celle des hommes, la poésie même, la peinture, etc., sont redevables à ces pieux établissements de découvertes, de lumières, de mœurs, de beautés et d'acquisitions nouvelles.

Des nations entières n'ont subi le joug des Européens que parce qu'elles s'étaient imposé celui de la foi, et les missionnaires, vainqueurs humains, ont peut-être conquis plus de contrées avec l'Évangile, que les soldats, destructeurs barbares, n'en ont soumises avec le glaive.

De grands hommes d'État, entre autres Colbert et Louvois, embrassant d'un coup d'œil les services que pouvaient rendre à l'État ces saints Argonautes, ont favorisé de tout leur crédit les entreprises courageuses de leur zèle héroïque ; le succès a pleinement justifié les vues de ces ministres[1].

II

Tout ce qui blesse la religion et les mœurs, quelque heureusement tourné qu'il puisse être, souille, affaiblit même la réputation de l'écrivain : la médiocrité

1. L'*Année littéraire*, 1758, tome V, pages 3 et 4.

décente est mille fois préférable à l'impudente supériorité[1].

III

C'est rappeler la poésie à sa première origine que de
lui faire célébrer la divinité. Cette grande idée fournit de riches images, de la chaleur, de l'enthousiasme,
qualités si nécessaires à toute poésie. Nous voyons que
les meilleurs poëtes dans toute les langues, lorsqu'ils se
sont tournés du côté de la religion, ont augmenté de
force et de génie. *Athalie* est assurément, pour le pathétique, pour la majesté d'expression, la première des
tragédies de l'illustre Racine. Les *Odes sacrées* de Rousseau sont supérieures à ses autres ouvrages[2].

IV

N'oublions pas que c'est aux Ordres religieux que
nous devons le défrichement de la plupart de nos terres;
n'oublions pas encore que, dans des temps de trouble
et de crime, ils ont sauvé la vie à beaucoup d'honnêtes
gens qui couraient se réfugier dans les monastères. Enfin, nous leur avons l'obligation immortelle d'avoir arraché nos meilleurs livres à la barbarie du temps qui
les dévorait; sans eux, nous croupirions peut-être encore dans une honteuse ignorance[3].

1. L'*Année littéraire*, page 46.
2. *Ibid.*, 1760, tome III, page 314.
3. *Ibid.*, tome V, page 162.

V

Nos prophètes, à les regarder même du côté de ce
qu'on peut appeler talent poétique, sont autant au-dessus d'Homère, qu'Homère est supérieur aux autres
poètes; je ne cesserai de le redire à nos jeunes gens,
voilà les sources du vrai sublime, de cette belle, de cette
grande poésie qui cache son front dans les cieux, et qui,
de ses pieds, touche les voûtes de l'enfer; de cette poésie
qui possède cet *os magna sonaturum* dont nous parle
Horace.

L'écrivain qui traite ces sortes de sujets, n'est plus
un homme ordinaire; c'est un Dieu qui dicte ses oracles; la terre écoute en silence, et le lecteur s'élève avec
le poëte dans les cieux, où il se pénètre de la grandeur
de Dieu et de la petitesse de l'homme[1].

VI

Isaïe, envisagé sous des traits profanes, est un beau
génie qui répand la flamme sur tout ce qu'il touche;
tous les pinceaux sont dans ses mains. Traite-t-il l'aimable ou le tendre? C'est la nature parée de toutes ses
grâces. S'élève-t-il dans les cieux? Il nous déploie la
magnificence d'un Dieu; il nous fait entrer dans le secret de sa grandeur. Le peint-il armé de ses vengeances? Isaïe, si l'on peut s'exprimer ainsi, descend
jusqu'à nous au milieu des éclairs et du tonnerre; nous

1. L'*Année littéraire*, tome VI, pages 124 et 125.

voyons, sous le bras d'un Dieu exterminateur les empires se heurter, se briser, s'évanouir en poussière; nous entendons le fracas de la terre qui se dissout; en un mot, ce poëte sacré nous remplit, nous pénètre de ses images : aussi le met-on à la tête des prophètes.

Regardé d'un œil chrétien, il est l'oracle interprète du Messie; il nous l'annonce distinctement[1].

Ce qui rend la lecture d'Isaïe animée de cet intérêt nécessaire à tout genre d'écrit, c'est qu'il est varié dans ses tours et dans ses images; il réunit tous les tons, au lieu que les autres prophètes sont plus monotones, plus uniformes.

Nos gens de lettres, et surtout nos jeunes versificateurs découvriront dans Isaïe les véritables beautés de cette poésie mâle à laquelle aucune langue vivante n'a pu encore atteindre; ils y apprendront que toute poésie, de quelque espèce qu'elle soit, ne consiste qu'en images.

Par cette lecture tout à la fois sublime et touchante, ils sauront se mettre en garde contre ces novateurs qui cherchent à s'établir sur notre Parnasse, ou plutôt qui voudraient en construire un autre où les hardiesses de la poésie fussent soumises à l'équerre et au compas : malheureux qui ne savent que raisonner, et à qui la nature a refusé l'heureux don, le don si rare de sentir[2].

VII

Le déiste et le matérialiste vont au fatalisme par le

---

1. L'*Année littéraire*, pages 313 et 314.
2. *Ibid.*, pages 318 et 319.

même chemin. Tous deux cherchent à s'affranchir des lois de la morale et de la subordination qu'exige tout gouvernement; tous deux rejettent la Providence, et partent du même principe d'irréligion[1].

VIII

Incapable d'avoir des vertus, l'incrédulité en a emprunté les dehors, et, si l'on en croit ses élèves, elle les a rendus des génies supérieurs, à qui la nature dévoile enfin les secrets de l'univers; des esprits lumineux qui découvrent la vérité et foudroient les erreurs de tous les siècles passés; des âmes sensibles au mérite, dans quelque religion qu'il se trouve, et compatissantes aux faiblesses de notre être; des cœurs généreux que l'amour de la patrie enflamme, et qui sont devenus les bienfaiteurs du genre humain[2].

IX

Il serait bien à désirer que tous ceux qui entreprennent de soutenir la cause de la religion par leurs écrits eussent autant de talent que les auteurs qu'ils combattent. La force et la solidité des raisons, la justesse invincible des preuves, ne sont pas des armes suffisantes pour lutter avec succès contre quelques écrivains philosophes; il faudrait que l'apologiste de la religion pos-

1. L'*Année littéraire*, tome VII, page 30.
2. *Ibid.*, pages 47 et 18.

sédât encore le grand art d'intéresser ses lecteurs, qu'il sût tempérer la sécheresse des arguments théologiques par les grâces du syle, et qu'à la science de l'école, il joignît les qualités du littérateur et de l'homme de goût[1].

1. *L'Année littéraire*, 1773, tome VI, pages 173 et 174.

CHAPITRE II

Politique

I

Il y a dans la politique deux écueils où se sont brisés presque tous ceux qui ont écrit sur les gouvernements.

Les uns établissent un cruel despotisme aux dépens
des lois naturelles et des vertus morales; ils ont formé
les maîtres qu'ils voulaient donner au monde d'après
les dieux malfaisants.

Les autres ont embrassé les idées d'une perfection
chimérique. S'ils admettent des souverains, il faut que
ces souverains cessent d'être des hommes, qu'il ne
cherchent constamment que le bonheur de leurs sujets,
qu'enfin ils n'aient des dieux que les attributs qui les
font aimer.

La République de Platon est une belle chimère, le
Prince de Machiavel un monstre exécrable.

Ces auteurs ont cela de commun, qu'en bâtissant
leurs systèmes, ils semblent avoir oublié les uns et les

autres que c'est sur les hommes et pour les hommes qu'ils écrivent. Mais les premiers nuisent toujours ; le mal qu'il font est d'autant plus grand que ce sont les sources publiques qu'ils empoisonnent. Les autres, au contraire, quoique leurs spéculations soient impraticables, ne laissent pas d'être utiles.

Il est bon de nous faire voir au delà du point où l'on veut nous conduire, afin qu'en nous efforçant d'y arriver, nous en approchions du moins le plus qu'il est possible[1].

II

L'art de régner est la science la plus nécessaire aux souverains. On doit leur en donner des leçons dès leur enfance, au lieu de remplir leur esprit de connaissances frivoles, d'enfler leur âme de l'orgueil de leur rang, d'assujettir leur corps à des exercices souvent inutiles, et surtout de leur inspirer cet amour désordonné des conquêtes si funeste à l'humanité. Ce ne sont pas les victoires seules qui font briller les héros. La postérité trouve Cyrus plus grand dans son repos que dans ses travaux militaires, tandis que plusieurs conquérants ont flétri leurs lauriers par le mauvais usage qu'ils ont fait de la paix achetée au prix du sang de leurs sujets.

Les succès des armes ne conduisent pas seuls à l'immortalité. Les guerres ne durent que peu de temps ; les monarques sages, les bons rois les abrégent ; mais ils

1. *L'Année littéraire*, 1759, tome I, pages 217 et 218.

ont toute leur vie des peuples à gouverner, à rendre heureux. Ils doivent donc étudier constamment et de bonne heure la science de la politique.

Cette science est encore nécessaire aux princes qui approchent du trône, aux ministres chargés d'en défendre les droits, à tous ceux qui entrent dans les conseils des rois, aux négociateurs, aux généraux d'armées, et à une infinité d'autres personnes qui, par leur place, par leur rang, par leurs emplois ou par leurs écrits, peuvent contribuer au bonheur du genre humain[1].

III

Notre littérature se ressent de la légèreté de notre caractère; nous ne faisons que changer d'excès; il a été un temps où l'on ne composait, on ne lisait, on n'estimait que des aventures romanesques. Un écrivain ne pouvait acquérir le brevet de bel esprit qu'il n'eût imaginé un roman: cette maladie avait gagné jusqu'au théâtre; elle se répandait même sur les genres les plus austères de l'art d'écrire.

Cette fureur (car c'en était une des plus violentes) s'est tout d'un coup ralentie pour faire place à une autre manie qui, peut-être, n'est pas moins ridicule. Tous nos gens de lettres, tous nos barbouilleurs de papiers, nos *écrivailleurs*, nos *philosophistes*, se sont mis à raisonner *politique*, *commerce*, *législation*, etc. Nos rimailleurs même ont proposé des plans de gouvernement; cette

1. L'*Année littéraire*, 1760, tome I, pages 289 et 290.

triste folie nous est venue de l'Angleterre avec d'autres vices.

Assurément je ne prétends point blâmer un écrivain éclairé, judicieux, qui aura beaucoup vu, beaucoup observé, dont le génie enfantera des préceptes utiles, des systèmes qui peuvent quelquefois offrir des lumières et faire naître des opérations avantageuses à la patrie; mais faut-il, parce que les arbres fruitiers sont nécessaires, arracher toutes les fleurs?

Ne saurait-on conserver à la fois l'utile et l'agréable [1]?

IV

L'ambition, à force d'être vaste, devient ridicule.

Qu'est-ce qu'un homme qui veut faire le bonheur de l'univers? Il n'y a qu'un fou à qui cette idée puisse venir; et l'on rit quand on lui voit emplir sa bouche de ces grands mots d'amour de l'humanité, de bienfaisance universelle. Qu'un roi se propose de rendre son peuple heureux, ce dessein est noble et beau, parce que l'exécution en est possible [2].

V

L'art de la guerre ne consiste pas seulement à livrer bataille à ses ennemis, à les attaquer avec courage, et à les poursuivre avec vigueur lorsqu'on a eu le bonheur

1. *L'Année littéraire*, tome II, pages 289 et 290.
2. *Ibid.*, 1760, tome IV, page 163.

de les vaincre. Les peuples les plus barbares, les moins
policés, sont également capables de ces exploits ; mais,
l'expérience ayant démontré qu'une victoire sanglante
est souvent plus funeste qu'un léger échec, on a reconnu que la science militaire était de se procurer les
avantages d'une guerre heureuse avec le moins de
perte, en ménageant dans toutes les occasions le sang
du soldat et sa peine [1].

VI

Il ne faut pas confondre les maladies d'un État avec
sa décadence. Ses maladies ressemblent assez au corps
humain, qui souvent éprouve des crises pour parvenir
à une santé plus vigoureuse [2].

VII

Comment entretenir la paix parmi les hommes dans
l'univers entier, quand la plus petite famille est dé-
chirée de divisions ? Que notre grand Rousseau a bien
dit :

> Otez l'intérêt de la terre,
> Vous en exilerez la guerre !

Faut-il qu'un poëte instruise des législateurs [3] ?

1. *L'Année littéraire*, page 149.
2. *Ibid.*, page 174.
3. *Ibid.*, 1760, tome V, page 147.

VIII

Le *luxe* est une matière que tous nos écrivains nous ont représentée sous vingt faces différentes, et il est arrivé ce qui suit ordinairement toutes les définitions. On n'a jamais su nous dire au juste ce qu'était le *luxe* et quels remèdes sûrs il fallait employer pour corriger ce vice dominant des États qui sont parvenus à leur degré de gloire et de puissance[1].

IX

Le peuple ne doit pas être chargé de chaînes de fer; mais, il lui faut des liens revêtus de tout ce qui peut les faire aimer et révérer à la fois. Les monarchies ressemblent à un lac qui est toujours tranquille, les républiques à ces mers où quelques beaux jours de calme sont oubliés par des orages qui se succèdent et changent à chaque instant la face de cet élément[2].

X

On nous a toujours représenté le despotisme sous les traits odieux de la tyrannie. En effet, selon les idées reçues, c'est, de tous les gouvernements, le plus contraire à la liberté.

Quand, sous le règne d'un seul, les lois cessent de se faire entendre; quand, au lieu de consulter l'utilité

1. L'*Année littéraire*, page 155.
2. *Ibid.*, tome VII, page 133.

commune, le prince ne suit dans ses actions que son intérêt propre; quand il dispose, à son gré et selon ses caprices, de nos biens et de nos vies, nous l'appelons un despote ou un tyran. Mais si nous y prenons garde, le gouvernement d'un tel prince est un abus du despotisme; car, le despotisme en lui-même n'est autre chose que le pouvoir absolu d'un seul, et tout monarque, à la rigueur, est despote : la seule différence que l'on remarque entre eux, c'est que le premier règne avec les lois, et que le second règne sans elles.

Il faut donc distinguer le despotisme de la tyrannie. Ces deux sortes de pouvoirs se touchent; voilà sans doute la raison pour laquelle on leur donne quelquefois le même nom, et que l'on attache à ce nom les mêmes idées[1].

1. L'*Année littéraire*, tome VII, pages 265 et 266.

CHAPITRE III

Des Femmes

I

On a, pour ainsi dire, condamné les femmes à une ignorance perpétuelle. Il leur est défendu d'orner leur esprit et de perfectionner leur raison. Notre orgueil a sans doute imaginé ces lois insensées. Comme les femmes nous effacent déjà par les charmes de la figure, nous avons craint qu'elles n'eussent encore sur nous la supériorité des lumières et des talents. Que nous entendons bien mal nos propres intérêts, en les livrant dès leur enfance à la mollesse, au monde et aux préjugés! Nous exigeons qu'elles soient raisonnables et vertueuses; mais le moyen qu'elles le deviennent, si de bonne heure on ne leur imprime des maximes de force et de sagesse?

Se peut-il qu'on élève si mal la plus belle moitié de l'univers? Ce sexe charmant n'est-il donc fait que pour être l'admiration passagère de nos yeux? Une pareille éducation nous prive des seuls vrais plaisirs, des plaisirs de l'esprit qu'on goûterait dans leur commerce. Leurs maisons deviendraient autant d'écoles, où les

16.

Muses seraient en liaison avec les Grâces, où l'on prendrait des leçons de délicatesse et d'urbanité.

Elles puiseraient d'ailleurs dans la lecture des bons livres des principes solides, qui préserveraient peut-être les maris des inconvénients dont ils se plaignent tous les jours. A quels dangers la vie bruyante, frivole et dissipée qu'on mène dans le monde, n'expose-t-elle pas les objets de leur jalouse tendresse?

Quand il ne s'agirait que du bonheur des femmes seules, ne devrait-on pas, par humanité, leur ménager un avenir agréable et des ressources pour un âge où il ne leur est plus permis de plaire. Rien n'est si triste que leur sort, quand elles n'ont su que se faire adorer. Comme on les a accoutumées à n'estimer que les grâces extérieures, dès qu'elles les perdent, elles tombent dans un abandon qui les désespère. Leur chagrin rejaillit sur tout ce qui les environne; l'ennui qui les dévore et l'aigreur qu'il produit en elles rend leur société insupportable.

Si dans leur jeunesse elles avaient pris le goût de la lecture, la privation des plaisirs ne leur laisserait ni vide ni besoin; elles recueilleraient le fruit de leurs études et de leurs réflexions, en se procurant des amusements d'une autre espèce, plus réels et plus durables. Les charmes de leur raison cultivée subjugueraient les esprits, comme les attraits de leur figure avaient dompté les cœurs.

Un auteur espagnol a dit que le livre de Don Quichotte avait perdu la monarchie d'Espagne, parce que, par ses plaisanteries il a diminué la valeur de cette nation. Beaucoup de Français pensent que la comédie des *Femmes savantes* a fait parmi nous le même tort par rapport à l'esprit. Ces reproches me paraissent injustes.

Cervantes n'a eu d'autre but que de se moquer des extravagances de la chevalerie errante et des fausses idées que ses compatriotes avaient de la valeur. Molière n'a prétendu que s'égayer aux dépens des bourgeoises pédantes. *Chrysale*, mari de la docte *Philaminte*, est un bourgeois qui a raison de trouver mauvais que sa femme, au lieu de se concentrer dans son domestique, s'occupe de sciences inutiles. Vivre chez elle, régler sa famille, être simple, juste et modeste; voilà les vertus réelles, quoi qu'obscures, qui sont prescrites à une femme de ce rang. Mais, celles que leur naissance ou leur fortune met en état de suivre leurs inclinations pour les sciences et les beaux-arts, ne sauraient, ce me semble, se distinguer par un goût plus raisonnable. Molière lui-même approuve que les femmes soient instruites. Voici ce qu'il fait dire à un de ses acteurs :

> Je consens qu'une femme ait des clartés de tout ;
> Mais je ne lui veux point la passion choquante
> De se rendre savante, afin d'être savante ;
> Et j'aime que souvent aux questions qu'on fait
> Elle sache ignorer les choses qu'elle sait ;
> De son étude enfin je veux qu'elle se cache,
> Et qu'elle ait du savoir, sans vouloir qu'on le sache,
> Sans citer les auteurs, sans dire de grands mots,
> Et clouer de l'esprit à ses moindres propos.

On voit, par là que ce grand écrivain ne blâme pas le

savoir dans les femmes, il en condamne seulement l'étalage; l'affectation du bel esprit est pitoyable dans un homme même.

Il serait à souhaiter que tous les pères qui sont en état de donner de l'éducation à leurs filles leur fissent du moins apprendre à bien parler leur langue, à l'écrire purement. Quel mal y aurait-il de les mettre au fait de l'Histoire et de la Géographie, et de leur faire lire les meilleurs livre de morale, de Philosophie et de Poésie. Et pourquoi ne leur pas apprendre même le latin ? C'est la clef de toutes les sciences [1].

II

Je crois les femmes plus propres en général à exceller dans les ouvrages de pur agrément que dans les sciences abstraites ou dans les grands genres de littérature, tels que l'Histoire, la Morale, la haute Poésie, etc. La délicatesse, la vivacité, les grâces qui leur sont naturelles sont faites pour des écrits agréables, et non pour des recherches profondes, pour des discussions philosophiques, pour des ouvrages difficiles [2],

1. *Lettres sur quelques écrits de ce temps*, tome 1, pages 74 à 79.
2. *L'Année littéraire*, 1754, tome III, page 15.

CHAPITRE IV

De l'Art

I

Consultez les artistes, ils vous diront qu'eux seuls sont en droit d'écrire sur leur profession. Je ne crois pas cependant avancer un paradoxe, en assurant que ce n'est point à eux qu'il appartient de juger ou d'instruire. S'ils examinent les ouvrages de leurs confrères, la rivalité et souvent la jalousie prononce l'arrêt; s'ils dictent des règles, l'amour-propre leur en suggère de favorables, pour justifier leur manière.

Ce que je dis ici est si vrai, que les meilleurs livres sur les beaux-arts ont été composés par deux auteurs indifférents, qui n'avaient aucune pratique de ces arts. Tous les jours encore ne voit-on pas des amateurs des Muses, qui n'ont peut-être jamais fait un vers, et qui parlent de poésie avec beaucoup de justesse[1]?

1. *Lettres sur quelques écrits de ce temps*, tome IV, page 332.

II

Bien des gens pensent qu'on ne peut donner une idée fixe et précise du bon goût ; qu'il varie suivant les temps et les lieux, et que, dans ses différentes révolutions, toujours estimable, il doit être adopté.

C'est comme si l'on prétendait que le bon sens est arbitraire.

Il y a certainement une raison souveraine, indépendante des préjugés, des mœurs et des usages des peuples. Elle est de tous les siècles et de tous les pays.

Il faut donc reconnaître aussi un bon goût, un vrai goût dans les ouvrages d'esprit, qui n'est autre chose que cette raison même parée avec délicatesse par les mains légères de l'imagination[1].

III

Pourquoi certaines pièces sont-elles si bien reçues au théâtre ? Ce n'est pas qu'il y ait du saillant, de l'extraordinaire ; c'est précisément parce que chacun retrouve ce qu'il a pensé, ce qu'il a senti. L'auteur n'a que le mérite de faire revivre ces idées primitives, de faire éclore ces mouvements cachés dans l'âme. Le spectateur applaudit par amour-propre ; ses applaudissements sont le cri de la nature qui se reconnaît.

1. *Lettres sur quelques écrits de ce temps*, tome V, pages 36 et 37.

C'est donc la marque d'un petit esprit que de vouloir imaginer ce que personne n'a jamais pensé[1].

IV

La véritable éloquence ne suppose pas toujours l'exercice du génie et la culture de l'esprit; et même, si quelque chose peut lui nuire, c'est l'art qu'emploie souvent un esprit trop cultivé.

On peut être véritablement éloquent sans science et sans étude : témoin ce paysan du Danube, dont parle La Fontaine, qui harangua les Romains avec tant de force et de vérité qu'ils l'élevèrent à la dignité de patrice[2].

V

Les Anglais ont eu d'abord un opéra national; poëme et musique, tout était anglais. Ils se sont trop tôt dégoûtés de leurs essais en ce genre; si, comme nous, ils avaient encouragé leurs premiers poëtes lyriques et leurs musiciens, peut-être auraient-ils maintenant un bon Opéra. Ce qu'il y a de certain c'est que, s'ils avaient continué de faire chanter dans leur propre langue, cette langue, toute rude qu'elle est, se serait adoucie, et probablement leur caractère avec elle.

La mélancolie anglaise ne viendrait-elle point en partie de cette privation de chant national? Le peuple

1. *Lettres sur quelques écrits,* etc., tome IX, page 339.
2. *Ibid.,* tome XI, pages 110 et 111.

n'ayant plus de paroles à chanter, a conservé un reste
de dureté que les charmes d'un chant facile et à sa portée auraient, je crois, corrigée peu à peu.

Il en est de même de toutes les nations qui ont préféré la langue italienne à la leur; je suis persuadé
qu'elles ont beaucoup perdu du côté de l'enjouement,
de la satisfaction, et même du bonheur réel.

L'idiome maternel seul a le droit de porter les accents de la musique jusqu'au cœur et d'y verser le sentiment du plaisir. L'Italien lui-même, ce peuple si
animé, si vif, n'est tel que parce qu'il chante dans sa
langue : s'il cessait d'en faire usage, il ne tarderait pas
à s'appesantir.

Il résulte de là qu'en bonne politique il faut donner
l'exclusion à la musique italienne; que rien n'est à négli-
ger quand il s'agit de conserver à une nation l'usage de
sa langue maternelle, parce que cette langue contribue
peut-être plus qu'on ne croit à l'attachement que l'on a
pour sa patrie.

La musique est donc un objet plus *important* que ne
le pense le réformateur génevois[1]. Les Spartiates, ses
héros, qu'il a tant vantés, donnaient *à des chansons une
importance ridicule*. Comme il a sans doute lu leurs annales, il ne peut ignorer que les premiers magistrats
de Lacédémone, de même que les ministres parmi nous,
avaient une inspection particulière sur la musique;
qu'ils blâmèrent un certain Timothée, musicien étranger, qui s'avisa de vouloir introduire une musique qui,

1. Jean-Jacques Rousseau.

sans doute, était en vogue dans quelques pays voisins ;...
que les rois eux-mêmes mirent l'affaire en délibération,
et obligèrent Timothée à se conformer au goût national[1].

VI

C'est un malheur attaché aux allégories, qu'un auteur se prête à tout ce qu'elles peuvent fournir, et qu'il
les épuise, au risque de harsarder des choses qui pè-
chent contre le bon goût, et qui ne coûtent rien à
trouver[2].

VII

Certainement la Poésie a de grands avantages ; mais,
doit-on la regarder comme le plus difficile de tous les
arts qui se proposent pour objet l'imitation de la nature ? Ne faut-il pas un esprit supérieur, une étude
profonde, des travaux soutenus, du génie enfin, pour
exceller dans la Musique et dans la Peinture ? La Poésie
ne doit point affecter la prééminence ; ce serait une
usurpation. Les autres arts ne sont point ses sujets ; ils
sont assis sur le même trône[3].

VIII

On distingue deux sortes de vrai dans l'imitation de

1. *Lettres sur quelques écrits de ce temps*, tome XII, pages 321
à 326.
2. *Ibid.*, page 352.
3. *Ibid.*, tome XIII, pages 217 et 218.

la nature : le vrai simple et le vrai idéal. Le premier
n'est que la nature elle-même représentée ; l'autre est
l'embellissement que l'art lui donne : il doit la peindre
aussi parfaite que l'esprit sait la concevoir[1].

IX

La mélodie est à la musique ce que les pensées sont
au discours[2].

L'harmonie, en elle-même, n'est rien, si elle ne con-
court à l'effet. C'est la couleur qui donne l'âme au dessin, ou qui le gâte, si elle est mal employée[3].

X

Une tragédie, une comédie n'en est sans doute que
meilleure, lorsque le dénoûment n'est pas prévu et
qu'il sort de l'action. Mais, ce n'est pas un si grand
défaut qu'il soit prévu. Car, ce n'est pas tant le dénoûment qui fait plaisir au spectateur que les moyens
qu'on emploie pour y parvenir. C'est à ces moyens qu'il
faut s'attacher ; c'est là l'essentiel et le difficile de l'art
dramatique.

Point de tragédie ni de comédie sans action.

Le dénoûment n'est que la cessation de l'action ; et
c'est peut-être par cette raison, que Molière, qui con-

1. *Lettres sur quelques écrits*, etc., page 219.
2. *L'Année littéraire*, 1751, tome VI, page 269.
3. *Ibid.*, page 270.

naissait si bien son art, a souvent négligé ses dénoûments.

Je suppose qu'une personne digne de foi me dise de
quelqu'un qui est très-éloigné de s'avancer : « Il fera
fortune dans deux ans. » La fortune de cet homme est
prévue ; j'en suis presque sûr ; je la vois faite au bout de
deux ans ; ce n'est pas là ce qui m'inquiète. Mais, je demande sur-le-champ, comment cet homme fera sa fortune ; je veux savoir par quel manége, par quel chemin,
par quels degrés il parviendra ; quels concurrents il
faudra qu'il écarte, quels ressorts il fera jouer, quelles
contradictions il aura à essuyer : voilà ce qui pique ma
curiosité. Il en est ainsi d'une pièce de théâtre.

Votre dénoûment peut donc être prévu. Mais, si vos
incidents ne le sont pas, si vous faites naître des obstacles imprévus à la fois et naturels, et que votre héros
ou votre héroïne les surmonte habilement, vous réussirez[1].

XI

Pour être poëte, il ne suffit pas de faire des vers
harmonieux, de penser ingénieusement ; il faut savoir
peindre, pour ainsi dire, ses pensées[2].

XII

Les traducteurs doivent choisir leurs originaux ; le
mérite de l'auteur qu'ils rendent dans une autre langue

1. L'*Année littéraire*, tome VII, pages 274 à 276.
2. *Ibid.*, 1755, tome I, page 215.

fait la moitié de leur gloire; l'autre moitié leur appartient; elle est le fruit de leur habileté. Il faut que les graveurs soient doués du même discernement; ce n'est qu'autant qu'ils travaillent d'après les grands maîtres, et qu'ils travaillent bien, que leurs copies sont recherchées[1].

XIII

Tous les jours, dans le monde, on parle de style, et peu de gens savent combien un style, pour être bon, demande de logique et d'enchaînement dans les idées, d'attention dans le choix des mots, de propriété dans les termes, de variété dans les tours, d'arrangement et d'harmonie dans chaque phrase et dans la totalité d'un écrit, etc., etc.

L'art d'écrire est peut-être le plus difficile de tous les arts. Le malheur est que ses difficultés ne sont ni connues, ni senties de la plupart de ceux qui composent. Voilà ce qui produit et ce qui produira dans tous les temps cette légion innombrable de mauvais auteurs, dont on se plaindra toujours[2].

XIV

Chaque peuple chérit son langage, en aime les accents, y trouve des charmes, les prend pour ceux de la nature, par la douce habitude d'exprimer par eux toutes les affections de l'âme. Le génie français forma d'abord ce

1. L'*Année littéraire*, tome VI, page 267.
2. *Ibid.*, 1756, tome I, page 103.

langage et ces accents conformes à son caractère distinctif. Le cœur de la nation, pour ainsi dire, s'est monté sur ce ton de langage; dès qu'il est une fois établi, son empire est indestructible.

Il suit de là que la musique doit être nationale, et que chaque peuple doit avoir la sienne propre, puisque chaque peuple a sa langue particulière.

La musique chantante n'est proprement qu'une modification d'une langue quelconque; ce n'est que cette langue même plus harmonieusement et plus fortement accentuée.

Que penser d'un peuple qui voudrait se défaire de sa langue naturelle pour goûter une musique étrangère, en adoptant la langue de cette musique? Pourrait-il y reconnaître son âme, son génie? Ne serait-ce pas en quelque sorte se dénaturer? Oui; je pense que le caractère de nos spectacles publics entre dans l'économie du gouvernement français; nous avons nos mœurs, notre esprit à part, que les spectacles entretiennent, parce qu'ils sont en conformité parfaite avec eux[1].

XV

Les grandes machines sont dans l'art de la peinture ce que les grands poëmes sont dans l'art de la poésie.

Cette distinction qui, dans la république des lettres, place l'épopée à la tête des compositions poétiques, vient de la multiplicité de talents et de connaissances

1. *L'Année littéraire*, tome IV, pages 220 et 221.

qu'exige un ouvrage formé d'une infinité de parties, toutes essentielles, dont la réunion et l'accord sont nécessaires à sa réussite.

L'admiration qu'obtiennent les beaux plafonds est fondée sur les mêmes raisons.

Faire agir des dieux, des héros, des rois; faire parler des sages, animer les passions, reproduire la nature, élever les âmes, toucher les cœurs, éclairer les esprits, instruire les hommes : voilà ce qu'entreprend le poëte.

Imiter ce qui n'a point de corps, — l'air et la lumière; donner du mouvement à ce qui est inanimé, — la toile et la couleur; exprimer ce qu'à peine nous concevons — la perfection des êtres célestes et les sentiments qu'excitent en eux les mystères respectables de la religion : telles sont les difficultés des grands poëmes en peinture.

Il en est d'autres qui ne sont pas communes à la poésie, infiniment plus rebutantes, moins faciles à surmonter, et que le mécanisme de la peinture multiplie à chaque instant sous les pas des artistes, pour leur faire acheter leurs succès.

Le spectateur veut avoir des figures parfaitement droites sur une surface dont le plan est une courbe irrégulière; il veut être éclairé par une lumière vive et brillante dans un endroit qu'une voûte épaisse met à l'abri des rayons du soleil; il veut voir se porter sur des nuées ou voler dans les airs des corps que leur pesanteur naturelle semble devoir faire tomber sur la terre; il prétend que la disposition de cent figures soit telle qu'elles ne s'embarrassent pas à ses yeux, et que, placées avec une attention extrême, elles semblent arrangées par un heureux hasard qui ne laisse aucune trace de contrainte. Il désire des ornements feints, sur le relief desquels il soit en droit de se tromper, après avoir considéré et réfléchi [1].

XVI

Les copies d'un tableau en consacrent le mérite, et les imitateurs travaillent moins pour leur propre gloire que pour celle de leur modèle [2].

XVII

En peinture comme en poésie, le premier, le plus essentiel des préceptes, c'est d'embellir la nature en l'imitant.

C'est ainsi que les artistes grecs s'élevèrent de l'expression du beau naturel à l'expression d'un beau idéal, qui va au delà du premier, et dont les traits, suivant un ancien interprète de Platon, sont rendus d'après des tableaux qui n'existent que dans l'esprit.

Ce qui fait le caractère distinctif des ouvrages des peintres et des sculpteurs de la Grèce, n'est donc pas seulement l'expression la plus vraie de la plus belle nature, mais l'expression d'un mieux possible, d'une nature idéale, en deçà de laquelle reste toujours la plus belle nature. Il est vrai que le beau physique est le fon-

1. L'*Année littéraire*, 1756, tome VI, pages 265 à 267.
2. *Ibid.*, tome VII, page 310.

dement, la base, la source du beau intellectuel, et que ce n'est que d'après la nature que nous pouvons créer une seconde nature, plus belle sans doute, mais analogue à la première; en un mot, le beau idéal n'est que le beau réel perfectionné.

Ce principe lumineux s'étend à tous les arts, surtout à la musique, à la poésie, etc.

Rappelez-vous le mot de Bouchardon, qui ne connaissait point Homère, et qui, après l'avoir lu, dit avec l'enthousiasme du génie à quelqu'un qui lui demandait ce qu'il en pensait : *Ah! Monsieur, toute la nature est agrandie à mes yeux; les hommes ont quinze pieds de haut.*

En effet, ce poëte *fait plus beau que la nature;* et c'est pour cela qu'il est le plus grand poëte qui ait jamais paru.

Corneille a fait les hommes tels qu'ils devraient être; c'est le mot de La Bruyère. Il ne les a donc pas faits tels qu'ils sont. Il les a donc faits plus élevés, plus vertueux, plus magnanimes que la nature ne les forme elle-même : oui, sans doute; et, c'est pour avoir exprimé cette perfection idéale qu'il est appelé par excellence *le Grand Corneille*[1] ?

XVIII.

Le détail des règles est, sans doute, nécessaire aux commençants, dans quelque genre que ce soit; mais, lorsqu'on a franchi ce premier pas, et que l'on est

1. *L'Année littéraire*, tome VI, pages 330 à 332.

arrivé à l'étude de ce qu'on appelle la finesse de l'art, c'est par l'exemple alors que l'on s'instruit, et le modèle en dit plus que tous les préceptes.

Un peintre, qui tend à la perfection, consulte sans cesse les bons originaux[1].

1. L'*Année littéraire*, 1760, tome V, page 26.

CHAPITRE V

Philosophes et Sophistes

I

Jamais siècle n'a été plus fertile que le nôtre en écrivains séditieux qui, à l'exemple du poëte Linière, n'ont d'esprit que contre Dieu. Ils se disent les apôtres de l'humanité, et ils ne voient pas que c'est être mauvais citoyen, que c'est faire un mal réel aux hommes que de leur ôter des espérances qui seules adoucissent les maux de cette vie ; que c'est bouleverser l'ordre des sociétés, irriter le pauvre contre le riche, le faible contre le puissant, armer des millions de bras qui sont arrêtés par un frein sacré autant que par les lois.

Il faut être bien dépourvu de talents pour être réduit

à se distinguer par une façon de penser qui déshonore aux yeux des vrais sages. Il n'y a pas de si mince auteur, qui, s'il voulait se permettre de pareils écarts, ne pût briller au même prix. Ce méprisable acharnement contre la religion marque d'ailleurs plus de faiblesse que de force dans l'esprit. On ne parlerait, on n'écrirait pas contre elle, si on ne la redoutait intérieurement. Les prosateurs, les poëtes qui en font l'objet de leurs satires ressemblent à ces voyageurs tremblants qui ont peur des voleurs, et qui chantent de toutes leurs forces pour cacher leur crainte[1].

II

Philosophie... Nous n'entendons retentir à nos oreilles que ce beau nom ; mais, l'effet ne passe pas jusqu'à l'esprit. Peut-être même l'affectation d'en parler sans cesse est-elle une preuve qu'elle nous manque. Personne ne parle plus de franchise qu'un charlatan[2].

III

Par quelle fatalité de bons rois sont-ils exposés à de si noirs attentats, tandis que des tyrans en sont quelquefois à l'abri ?

C'est peut-être parce qu'un bon roi n'est entouré que de princes, d'amis et de sujets qui lui ressemblent ; il

1. *Lettres sur quelques écrits de ce temps*, tome VI, pages 62 et 63.

2. L'*Année littéraire*, 1757, tome I, pages 121 et 122.

se montre, il se livre à son peuple; il permet, il aime qu'on l'approche; sa garde l'environne moins pour la sûreté que pour la dignité; sans soupçons, sans défiance peut-elle imaginer, peut-elle prévoir qu'on en veuille à la vie d'un maître si doux et si chéri? Cette sécurité, bien naturelle, laisse un libre passage à la fureur d'un scélérat.

Au contraire, un tyran est ingénieux et fertile en précautions; ses remords le rendent vigilant, il se dérobe, il se cache au peuple qu'il opprime; sa Cour, d'ailleurs, n'est composée que de méchants comme lui, tous intéressés à sa conservation. Les honnêtes, les bons, les vertueux citoyens n'habitent point son palais; ils s'éloignent, ils gémissent, et comme ils sont incapables d'actions lâches et barbares, il exerce à loisir ses injustices et ses cruautés [1].

IV

Les ennemis de la religion n'emploient jamais que les mêmes armes pour la combattre, et ils voudraient qu'on eût recours à de nouvelles raisons pour la défendre. Les génies du premier ordre ont triomphé mille fois des plus subtils adversaires qui ont tenté de la détruire, ou qui s'efforçaient d'en affaiblir l'origine et la vérité sous des tours différents; ils ont reproduit et reproduisent encore les mêmes difficultés. Les réponses si victorieuses doivent donc être les mêmes [2].

1. L'*Année littéraire*, pages 169 et 170.
2. *Ibid.*, tome II, page 331.

V

La principale utilité que l'on doit retirer de la philosophie, c'est le bon sens, c'est l'humanité, c'est la modestie, c'est la politesse des mœurs, c'est l'amour de la société. Telle est la conduite de ceux qui se piquent d'être sincèrement philosophes, de ces héros paisibles, comme les appelle Cicéron, qui connaissant la valeur réelle et précise des choses, n'embrassent point le fantôme du bonheur pour le bonheur même.

On peut donc être philosophe sans s'afficher et sans faire profession de philosophie; il ne faut pour cela que des lumières et du courage. Je crois, au fond, que c'est la bonne philosophie. Dans la science, que d'idées problématiques et litigieuses !

Pour bien vivre, il suffit d'être citoyen, et souvent on ne l'est plus à force d'être philosophe[1].

Dans un siècle où les moins philosophes sont ceux qui affectent le plus de le paraître, on peut demander en quoi consiste la véritable philosophie.

Son objet est de penser juste et de faire bien. Toute occupée de l'esprit et du cœur de l'homme, elle s'emploie à rectifier l'un et à purifier l'autre. Elle porte un flambeau qui éclaire le premier pour le préserver de l'erreur, et qui échauffe le cœur pour l'animer à la vertu[2].

1. L'*Année littéraire*, tome V, pages 156 et 157.
2. *Ibid.*, page 283.

VI

Il me paraît nécessaire de convenir de ce qu'on entend par un grand homme, et de ce qui qualifie le héros.

Un grand homme doit moins à la fortune qu'à ses réflexions. Toute sa conduite est suivie, et, ne donnant presque rien au hasard, il prend toutes les mesures possibles pour assurer le succès de ses desseins; de sorte qu'il y a plus lieu d'être surpris s'il ne réussit pas que de voir tout succéder à ses vues.

Un héros, au contraire, ardent dans ses entreprises, compte moins sur les mesures que sur son intrépidité. Brave avec excès, il se livre sans réserve aux dangers les plus évidents, sans attendre qu'il y soit obligé; il va toujours en avant, n'a point d'objet fixe, et embrasse avec vivacité toutes les occasions qui peuvent donner de l'éclat à ses actions. Presque tous les héros n'ont été jusqu'ici ou que des gens d'un tempérament chaud et bouillant ou des enthousiastes; on peut regarder tout ce qu'ils font comme ces jeux par lesquels la fortune élève ses favoris au plus haut degré de puissance, et les étonne par des succès qu'ils n'attendaient pas eux-mêmes. On voit aussi dans quels abîmes ils se précipitent lorsque cette capricieuse dispensatrice des prospérités et des revers vient à les abandonner.

Ainsi le héros est bien au-dessous du grand homme[1].

1. *L'Année littéraire*, tome VI. pages 204 et 205.

VII

Les prétendus philosophes du jour cherchent à nous en imposer plus par des mots que par des choses[1].

Un philosophe, dans la véritable signification du terme, est un homme sage, éclairé, qui n'a point mendié une réputation justement acquise, qui ne cherche point à éblouir par les météores des mots, qui n'affiche ni le ton dogmatique, ni le ton irréligieux, qui se soutenant sur son propre mérite, n'a besoin pour parvenir à la gloire, ni des brigues et des cabales de quelques fanatiques, ni de l'engouement de quelques femmes séduites par la nouveauté [2].

VIII

On nous accuse de légèreté dans nos goûts. Il est vrai que nous courons avec feu après les nouveautés agréables. Mais, nous sommes de glace pour les nouveautés utiles. Plus curieux du plaisir que du bonheur, nous saisissons ce qui peut varier l'un, nous négligeons ce qui peut procurer l'autre [3].

IX

Tout pays est égal aux prétendus philosophes, toute vertu leur est indifférente ; il leur importerait peu d'ê-

1. L'*Année littéraire*, tome VII, page 74.
2. *Ibid.*, pages 261 et 262.
3. *Ibid.*, tome VIII, pages 299 et 300.

tre nés en France, en Turquie, dans l'Abyssinie, au Japon, etc. Ils n'ont donc point de patrie, à moins qu'on ne dise que le monde entier est leur patrie ; mais alors ce n'est point avoir de patrie.

Avoir une patrie, c'est aimer le pays où l'on est né, c'est s'applaudir d'y avoir reçu le jour, c'est respecter ses lois, ses maximes, ses usages, c'est préférer ses vertus à toutes les vertus topographiques des autres contrées, c'est consacrer ses veilles, ses travaux, ses talents, sa vie même, s'il en est besoin, au service de l'État, c'est désirer et procurer de tout son pouvoir le bonheur et la gloire de ses concitoyens, en un mot, c'est être embrasé des mêmes sentiments qui enflammaient les Grecs et les Romains pour les lieux qui les avaient vus naître[1].

X

Un bon livre de philosophie morale n'est autre chose que le développement heureux des idées et des sentiments du commun des hommes. Il faut qu'à chaque trait un lecteur qui pense, ou qui du moins est en état de penser, puisse dire : « Cela est vrai ; c'est ce qui se passe dans moi ; c'est ce que j'ai remarqué dans les autres. »

Pourquoi Montaigne, la Bruyère, la Rochefoucault, sont-ils depuis si longtemps en possession comme en droit de nous plaire ? Parce qu'ils nous découvrent ha-

----

1. L'*Année littéraire*, 1758, tome II. pages 37 et 38.

bilement ce que nous nous cachions à nous-mêmes ; nos ridicules, nos travers, nos opinions, nos préjugés, nos vices, nos défauts, les motifs clandestins de nos démarches, les ruses de notre amour-propre, son influence imperceptible sur nos paroles et nos actions les plus indifférentes en apparence ; en un mot, un ouvrage de ce genre, pour être goûté, doit être le résultat de l'étude de soi-même et surtout de la connaissance de ses semblables.

Un mauvais moraliste est celui qui se consulte plus qu'il n'observe ceux qui l'environnent ; je cherche dans ses écrits l'âme universelle, en quelque sorte, qui anime cette fourmilière d'êtres appelés hommes, et je n'y trouve que son âme personnelle ; je lui demande un tableau de l'humanité, en général ; il ne me trace que le portrait d'un individu, en particulier.

Mais pour l'ordinaire, ce qui nuit le plus aux réflexions morales, est le nuage dont se couvrent la plupart des *Penseurs* modernes ; on exige un style concis ; le leur est haché ; chaque phrase doit être un corps : ils ne donnent que des membres ; ils présentent des énigmes à deviner plutôt que des maximes à méditer, des ténèbres ou tout au plus des crépuscules à la place des lumières. Leur but est de dévoiler ; ils remettent sur le cœur de l'homme le masque qu'ils voulaient ôter[1]

XI

Il n'y a pas bien longtemps que les mathématiques

1. *L'Année littéraire*, tome III, pages 3 à 5.

avaient la vogue parmi nous. Un galant homme ne pouvait pas décemment ignorer l'algèbre, et pour être bien venu de la plupart des femmes, il fallait au moins savoir raisonner sur les équations. Cette fureur n'est pas encore tout à fait passée, et l'on n'a pas de peine à remarquer le ravage qu'a déjà fait la géométrie dans notre littérature. En voulant rendre les esprits plus justes, elle les a rendus plus froids ; je n'examine pas si nous raisonnons mieux que nos pères ; ce que je vois de plus certain, c'est que nous avons le sentiment moins vif.

Ce jargon qu'on honore du nom de Philosophie est un manteau qui couvre bien des petitesses. Cependant, il faut avouer que l'esprit géométrique a produit quelque bien ; il a accoutumé les gens de lettres à réfléchir sur beaucoup d'objets qui ne paraissaient pas être de leur ressort. En augmentant les réflexions, il a multiplié les lumières ; au lieu des sujets frivoles dont on remplissait les livres, quelques écrivains judicieux en ont traité de solides ; ils ont développé dans leurs ouvrages des vérités avantageuses et des vues patriotiques qui pourront être utiles à la postérité, si elles ne le sont pas à leurs contemporains[1].

XII

On appelle notre siècle le siècle de la philosophie et de la raison : ne le qualifierait-on pas mieux en le nommant le siècle de l'audace et des raisonneurs ? Pres-

---

1. *L'Année littéraire*, 1759, tome 1, pages 174 et 175.

que tout le monde méconnaît sa sphère. On n'a aucune idée de métaphysique, et on écrit sur les matières les moins palpables; on n'a point de principes, et l'on attaque ceux qui sont établis; on est destitué de génie, et on compose des poëmes dramatiques et autres; on manque de goût, et on fait des ouvrages dans les genres qui en demandent le plus[1].

XIII

Les pensées rendues par des images en ont plus de force et de conviction; il faut, pour corriger les sens, prendre leurs couleurs et leur langage. C'était la manière des anciens, et c'est ce qui les rend si supérieurs aux écrivains modernes, qui se sont perdus dans une malheureuse métaphysique sans âme et sans figure, et conséquemment la persuasion fuit de leurs lèvres[2]

XIV

L'homme a besoin qu'on lui remette souvent sous les yeux ses devoirs, ce qui constitue les vertus, les mœurs; en un mot, on ne peut assez le rapprocher de lui-même, lui montrer ses faiblesses, ses excès, lui rappeler cette première de toutes les vertus, qui naît avec nous et que nos vices font mourir dans notre cœur; je veux parler de cette humanité sacrée qui se fait entendre à toutes les âmes, dans tous les pays, dans tou-

1. *L'Année littéraire*, tome II, pages 295 et 296.
2. *Ibid.*, 1760, tome V, page 181.

tes les religions qui est la base sur laquelle est assis
l'édifice de toute législation[1].

XV

On ne saurait trop applaudir au zèle de ces écrivains
qui s'arment, en quelque sorte, du bouclier sacré pour
combattre le fantôme de l'incrédulité, qui de nos jours
s'agrandit, se fortifie, et bientôt dominera sous le nom
spécieux de philosophie. Peut-on faire un emploi plus
noble et plus utile de ses talents que de les tourner du
côté de la défense de la vérité[2].

XVI

Combien d'efforts n'a pas tentés, dans tous les temps,
la curiosité humaine pour ravir à l'Être Suprême des
secrets qu'il nous cache?

Je vous le demande; depuis qu'on pense, qu'on raisonne, qu'on écrit, connaît-on mieux nôtre être, le mécanisme interne des différents corps, la nature des fos-
siles qui sont sous nos pieds, celle des globes lumineux
qui roulent sur nos têtes? Tout est autour de nous dans
une action perpétuelle. Nous voyons des mouvements,
des mutations, des formes, de temps en temps même,
des phénomènes qui paraissent opposés au cours ordinaire des choses; mais le ressort qui fait jouer cette
grande machine est invisible, pour nous, et le plus

1. *L'Année littéraire*, pages 181 et 182.
2. *Ibid.*, tome VII, page 25.

grand génie sur cet article n'en sait pas plus que le peuple.

J'ose le dire et rien n'est plus vrai sur la plupart des questions importantes, comme celle de la liberté, du bien et du mal moral, de la bonté de Dieu, etc., il est plus sûr d'en croire son cœur que son esprit; les oracles de celui-là ne trompent jamais.

Nous sentons, par exemple, que nous sommes libres; tenons-nous en là. La raison ne ferait que nous égarer; c'est un guide infidèle, une sirène enchanteresse qui ne cherche à nous attirer que pour nous perdre. Presque tous les hommes sont la dupe de ses promesses : de là mille ouvrages, monuments à la fois de la folie et de l'impuissance de la raison; de là encore, le délire, l'enthousiasme, les haines aveugles et furieuses, et, ce qui est plus funeste, le relâchement général de tous les devoirs; car, n'en doutons point, les sophismes de l'esprit sont presque toujours aux dépens de la bonté du cœur, et le règne du pyrrhonisme ne sera certainement jamais celui des vertus et du zèle patriotique [1].

XVII

Depuis quand le philosophe n'est-il plus patriote ?

Voilà un des abus de ce bel esprit, de cet esprit raisonneur qui s'est emparé de toutes les têtes. La postérité croira-t-elle que toute la France ait pu lire sans être soulevée d'indignation un poëme dont le but est de

1. L'*Année littéraire*, pages 154 à 156.

tourner en dérision et de déshonorer une femme à qui nous devons le bonheur de n'être pas les esclaves de nos ennemis?

Croira-t-on qu'il y a un Français assez lâche pour composer un pareil ouvrage, et que des Français, encore plus égarés, ont pu l'admirer?

Que penser d'un amas de mauvaises plaisanteries répandues sur la réputation de Jeanne d'Arc, et qui n'a d'autre mérite que d'être souvent une grossière imitation de l'Arioste? Je ne parle pas de la fange, des ordures et des blasphèmes contre la religion qui sont entassés dans ce poëme monstrueux[1].

XVIII

L'imagination nous appproche le plus de la divinité, car c'est par la connaissance du possible qu'on s'élève à Dieu.

La connaissance du présent fait le peuple, celle du passé fait le savant, celle de l'avenir fait le grand homme; le peuple sent où il est, le savant sait d'où il vient, l'homme supérieur prévoit où il doit aller. A peine un seul homme, en un siècle, a-t-il un vrai soupçon de l'avenir.

L'imagination de la plupart de ceux qui s'abusent n'est qu'une pure mémoire; les trois quarts des auteurs ne sont que des copistes; le nouveau, lors même qu'il paraît, est un monstre pour eux.

1. L'*Année littéraire*, pages 338 et 339.

Les vraiment bons esprits qui ont cet élancement vif et étendu qu'on nomme imagination, combinent ce qu'ils voient et ce qu'ils ont vu; car on n'imagine que d'après nature; mais, ils se servent du présent et du passé connu comme de degrés pour atteindre à l'avenir inconnu; il n'y a que de la mémoire à rappeler ce qu'on a vu ou entendu[1].

XIX

A force de vouloir analyser les passions, on en affaiblit la force; elles s'évanouissent dans les mains de ces *raisonneurs*, comme la rose dans les doigts d'un maladroit qui l'effeuillerait pour la respirer, ou pour admirer ses couleurs[2].

XX

Le matérialisme, tant de fois terrassé, semble se relever avec plus de force; sans parler des livres qui lui sont entièrement consacrés, et dont le nombre n'est que trop considérable, il y en a beaucoup d'autres peut-être plus dangereux dans lesquels on insinue adroitement ce poison. Dictionnaires, voyages, livres de morale, romans, histoires mêmes : voilà les voiles qu'on emprunte pour cacher plus sûrement la doctrine qu'on veut accréditer[3].

1. L'*Année littéraire*, tome VIII, pages 68 et 69.
2. *Ibid.*, 1761, tome I, page 107.
3. *Ibid.*, tome II, page 249.

XXI

Il est un axiome universel qui paraît également applicable au physique et au moral ; c'est que tous nos mouvements, toutes nos actions sont naturellement déterminés par la crainte de la douleur et l'amour du bien-être ou du plaisir.

Tous les hommes, par des routes différentes, cherchent le bonheur qui les fuit, parce que, s'en étant fait des idées peu justes, ils emploient des idées peu propres pour l'obtenir ; il faut donc leur montrer la véritable route de ce bonheur qui se laisse saisir par si peu de mains.

Être heureux, c'est avoir le sentiment le plus complet et le plus favorable de son existence.

Pour éprouver des sensations, il faut jouir ou désirer. On ne peut pas toujours jouir ; on est donc réduit la plus grande partie de la vie à désirer ; ce sont les désirs qu'il faut régler[1].

S'il y a une preuve physique en faveur de l'âme immortelle, c'est ce désir sans cesse renaissant qui nous consume, qui nous dévore, qui n'est jamais rassasié ; nous parcourrions l'univers, nous le remplirions de tous nos sens, que nous étendrions encore nos mains dans l'espace, si je puis parler ainsi[2].

XXII

La plupart des hommes prennent souvent le masque

1. *L'Année littéraire*, tome VI, page 115.
2. *Ibid.*, pages 291 et 292.

de l'amitié pour elle ; c'est un rôle à jouer que celui d'ami tendre, même jusqu'à l'excès. Peu de cœurs savent s'interroger. Que l'on détache de l'amitié tous les motifs qui lui sont étrangers, tels que le besoin, l'habitude, la reconnaissance, l'amour-propre, la vanité, les liaisons d'intérêts de toute espèce, elle se réduira à un sentiment bien faible.

XXIII

Les bienséances procurent des avantages particuliers à ceux qui les remplissent, et le *vrai philosophe* se fait un devoir de s'y soumettre.

Il fallait, pour le bien de la société, entretenir l'harmonie dans le corps politique, engager les hommes à avoir les uns pour les autres des manières agréables et polies, leur interdire des dehors capables de faire connaître des passions humiliantes qui les auraient rendus les objets d'un mépris réciproque. C'est ce qui a produit les bienséances ; elles soutiennent la vertu, elles limitent, si l'on peut le dire, l'insolence et la prospérité du vice.

Ce n'est point en invectivant contre les hommes qu'on peut les rappeler à la sagesse ; c'est en mettant en usage une indulgence adroite ; car, l'adresse est nécessaire partout.

Le respect humain sert les bonnes mœurs[1].

XXIV

La voix de nos désirs est celle de nos besoins. Le

1. L'*Année littéraire*, tome VII, page 275.

besoin d'être, celui d'aimer, celui de plaire, c'est-à-dire notre attachement à la vie, notre attachement à la société, notre attachement à la réputation, sont autant de besoins supposés en nous par le désir de ne mourir jamais dans la mémoire de nos semblables.

L'attachement à la vie est le premier sentiment que le Créateur nous a imprimé avec la vie elle-même ; il y a des hommes cependant en qui l'on chercherait en vain le désir de l'immortalité ; c'est là le trait caractéristique qui distingue l'homme pensant de l'homme animal. La nature en a mis, il est vrai, le germe dans l'âme du second ; mais, elle n'a pu l'y développer. Les mouvements d'un sauvage sont dirigés à conserver, à défendre sa vie, jamais à l'agrandir, jamais à la perpétuer. Tout le monde sait le trait de ce sauvage qui vendit le matin son lit qu'il vint redemander le soir.

L'homme en qui l'éducation et la société ont cultivé et fortifié le sentiment et la nature, existe encore plus par son âme que par ses sens. Le champ de l'avenir s'offre à ses yeux ; il dévore, si l'on peut le dire, l'avenir de ses regards ; il trouve partout des issues, et nulle part des bornes [1].

XXV

Il y a longtemps que nous avons besoin en philosophie qu'on ne cherche pas à nous faire illusion ; mais la manie du singulier a gagné tous les esprits, et là-dessus le physicien a autant de reproche à se faire que le poëte.

1. L'*Année littéraire*, 1762, tome I, pages 126 et 127.

Le vil intérêt, l'amour de la considération, la manie d'exciter un bruit qu'on prend pour la gloire : telles sont les sources empoisonnées d'où découlent tant de sottises dans les sciences, comme dans la littérature la plus légère[1].

XXVI

Lorsqu'on s'élève contre la philosophie, on l'envisage alors du côté des abus ; il est certain qu'ils n'ont jamais été plus évidents ni plus multipliés que dans ce moment-ci.

Mais la philosophie est-elle liée à la morale la plus sage, à cette morale qui fait la base de la législation ; est-elle, en un mot, la source des vertus? nous lui devons des respects, nous la regardons comme la plus estimable des connaissances humaines[2].

1. L'*Année littéraire*, tome VIII, page 276.
2. *Ibid.*, 1763, tome II, pages 189 et 190.

CHAPITRE VI

Critique littéraire

I

Les critiques, quelque fondées qu'elles soient, sont toujours soupçonnées d'injustice, dès que la passion s'y laisse apercevoir. Le palais des lecteurs les rebute, si les épices y dominent. Il y a même de la maladresse à décocher des dards trempés dans le fiel. Le rival qu'on veut blesser n'en est seulement pas effleuré. Les flambeaux de la haine et de l'envie éclairent son triomphe.

Mais, lorsqu'on dit modérément son avis sur un ouvrage, qu'on en relève les défauts sans aigreur et sans partialité, le poëte, le romancier ou l'historien que vous censurez n'en ressent que plus vivement les coups que vous lui portez. Il aimerait bien mieux que vous l'attaquassiez avec les armes de l'animosité. Vos égards sont cruels : vous lui ôtez inhumainement tout sujet de se plaindre. S'il entend assez peu ses intérêts pour se piquer, le public se range de votre côté, le ridicule du sien[1].

II

Vous avez souvent entendu dire dans la conversation : *Ce siècle critique !* comme on dit dans la chaire : *Ce siècle pervers !*

---

1. *Lettres sur quelques écrits de ce temps*, tome I, pages 184 et 185.

Si vous aimez l'antithèse, je pourrais vous offrir ici un parallèle assez juste des orateurs sacrés et des censeurs littéraires. Ce qu'il y de certain, c'est que les uns et les autres sont assez utiles dans un temps où le goût est aussi dépravé que les mœurs. Mais un prédicateur est borné à des déclamations vagues; aucun de ses auditeurs ne peut devenir l'objet particulier de ses remontrances; un critique est obligé de nommer l'auteur dont il relève les défauts.

Voilà précisément la raison pour laquelle le premier est souffert des vicieux qu'il foudroie; tandis que le second a l'honneur d'être haï des médiocres qu'il dévoile. Mais il me semble qu'il ne devrait pas être plus permis d'ennuyer le public, que de le scandaliser. Un homme qui afficherait de mauvaises mœurs serait bientôt cité au tribunal qui préside aujourd'hui avec autant de lumières que d'équité au maintien de l'ordre et de la décence. Un écrivain sera-t-il en droit d'afficher impunément un mauvais livre; et le lecteur assassiné ne pourra-t-il obtenir la vengeance légère qu'il en veut tirer? Il ne condamne qu'au ridicule[1].

III

Nous avons trois moyens de juger des ouvrages d'esprit : le sentiment, la comparaison et la discussion.

1. *Lettres sur quelques écrits de ce temps*, tome II, pages 3 et 4.

Le sentiment est presque toujours aveugle; il approuve ou il blâme, selon le plaisir ou l'ennui.

La comparaison est ordinairement injuste; chaque lecteur a son écrivain favori, pour lequel il penche plus que pour tout autre.

La discussion est la seule règle sûre, mais la moins suivie.

Pour bien développer les beautés et les défauts d'un livre, il faudrait avoir étudié les préceptes des législateurs, les avoir combinés ensemble, et s'être fait à soi-même, d'après les principes généraux, une rhétorique particulière. Ces connaissances coûtent trop à acquérir. Il est bien plus commode et plus simple d'apprécier un objet par l'effet subit qu'il produit sur nous. Les auteurs y trouvent leur compte, aussi bien que la multitude.

Combien de mauvaises causes gagnées au Parnasse par l'ignorance des juges !

Un homme qui ne décide que sur la première impression se laisse infailliblement prévenir. Pourvu qu'il y ait dans une tragédie, par exemple, quelque coup de théâtre inusité, quelque incident bizarre, quelque catastrophe inattendue, quelques traits sentencieux, l'imagination du vulgaire en est ébranlée; les têtes s'échauffent, et la pièce est applaudie. Les gens de goût ont, pendant quelque temps, l'humanité de ne pas désabuser le public : c'est le fou d'Athènes qu'on laisse jouir de ses richesses imaginaires. Quelquefois même l'intérêt des auteurs entre dans les ménagements que l'on s'impose; surtout s'ils sont jeunes, et si, par leurs essais, ils donnent des espérances. On les applaudit moins pour ce qu'ils ont fait que pour ce qu'on les croit en état de faire[1].

IV

La ressource des écrivains qui ne peuvent apporter de bonnes raisons pour justifier leurs fautes est de dire : *Avant de critiquer faites mieux.* C'est ce qui ne serait pas, je crois, fort difficile. Mais, quand on n'aurait pas le talent de composer de mauvaises pièces de théâtre, on peut avoir assez de bon sens et de lumières pour en juger.

D'ailleurs, il faudrait dire aussi à ceux qui applaudissent : *Vous êtes bien hardi de battre des mains à ma tragédie ; faites mieux avant que de la trouver bonne.*

La loi qu'on voudrait imposer avant que de condamner, doit être établie avant que d'approuver ; c'est précisément la même chose, puisqu'il faut des lumières égales pour discerner le bon ainsi que le mauvais. Mais les poëtes se donnent bien de garde de demander à leurs admirateurs ce qu'ils exigent de leurs critiques[2].

V

Ce n'est pas de nos jours que le plagiat s'est introduit sur le Parnasse. Il y a longtemps qu'on en a reconnu la commodité. On nous accable de généalogies de

1. *Lettres sur quelques écrits de ce temps*, pages 22 et 23.
2. *Ibid.*, pages 354 et 355.

maisons. Que ne nous donne-t-on celle de nos beaux esprits ?

Plus d'un roturier est devenu gentilhomme, pour s'être emparé des titres vermoulus d'une noblesse ancienne et ruinée.

Plus d'un écrivain s'est fait un nom pour s'être approprié des pièces charmantes ensevelies dans de vieux bouquins ignorés.

Un ouvrage où l'on découvrirait ces larcins grossiers ou déguisés, ne serait point un ouvrage inutile. Il serait bien agréable de voir la filiation des idées, et de remonter jusqu'à la source des choses que nous admirons le plus, et dont notre ignorance fait honneur à nos auteurs modernes. Vous en connaissez plusieurs qui, si on les dépouillait, seraient précisément dans le cas du geai de la fable. Il est surtout un poëte[1], regardé par les fanatiques, comme l'aigle de notre âge : je parierais bien qu'un homme qui aurait beaucoup lu ne trouverait rien de neuf dans ses œuvres, si ce n'est quelquefois le coloris, la partie la moins essentielle de l'art, et malheureusement aujourd'hui la plus recherchée[2].

VI

Le génie abandonné à lui-même répond assez à l'idée qu'on avait autrefois des comètes. C'est un météore lumineux, mais irrégulier dans son cours, plus capable

1. Voltaire dont Fréron signala, plus d'une fois, les plagiats dans *l'Année littéraire*.
2. *L'Année littéraire*, tome VI, pages 66 et 67.

d'éblouir que d'éclairer, d'étonner que d'instruire. Qui saurait fixer cet astre vagabond, et lui prescrire des lois de mouvement, le rendrait plus utile, sans doute, sans lui rien ôter de son éclat ni de sa chaleur. C'est à quoi devraient s'attacher ceux qui transmettent à notre nation les richesses littéraires des Anglais. On ne peut nier qu'il n'y ait dans leurs ouvrages beaucoup de génie, d'imagination et de feu. Mais ces qualités brillantes sont toujours surchargées d'idées étrangères, répandues avec profusion.

En Angleterre, un trait neuf et hardi est toujours bien reçu, quelque part qu'il se trouve.

En France, le beau même ne plaît qu'autant qu'il est à sa place.

Serait-ce que le génie anglais serait trop libre ou le génie français trop gêné? Pour en bien juger, on n'a qu'à comparer les écrits de nos voisins et les nôtres avec les chef-d'œuvres de l'antiquité. Si nous approchons plus que les Anglais de la perfection de ces deux grands modèles; c'est à nous à rester comme nous sommes ; à nos rivaux à se corriger[1].

VII

Vous êtes dans un cercle; un homme conte une histoire : si, au lieu de narrer avec une élégante simplicité, il s'avise de semer de prolixes réflexions; s'il s'arrête sur un mot pour avoir occasion de disserter; s'il

1. L'*Année littéraire*, pages 145 et 146.

s'appesantit sur des points de morale ou de politique ;
s'il hérisse son récit d'antithèses pour faire le bel
esprit ; ou s'il l'égaye par de mauvaises pointes et par
une basse familiarité, pour paraître plaisant, enfin, si,
au sujet de l'histoire qu'il a promise, il en raconte mille
autres qui n'y tiennent point : n'est-il pas vrai que vous
serez excédé de cet ennuyeux verbiage, et que, vous
rappelant le docte et soporifique plaidoyer de l'*Intimé*,
vous ferez peut-être au narrateur l'affront de vous endormir comme *Dandin?*

Ce que je viens de dire convient à plus d'un écrivain
français ; l'application aux romanciers d'Angleterre est
encore plus juste et plus générale[1].

VIII

Nous aimons naturellement à comparer, parce que
nous aimons à juger.

La comparaison est un jugement rapide qui coûte
peu à la paresse, et qui flatte beaucoup l'amour-propre.
Nous sommes, d'ailleurs, si bornés, que, ne voyant
rien au delà de l'idée de perfection que nous avons attachée à tel peuple ou à tel personnage, nous rapprochons
de ce que nous sommes en possession d'admirer tout
ce qui se fait sous nos yeux de grand et d'héroïque.
Les écrivains, surtout les poëtes, accréditent nos préjugés. S'ils chantent un guerrier, ils en font d'abord un
Hercule, un Achille, un Alexandre. S'ils célèbrent une

---

1. L'*Année littéraire*, tome V, pages 37 et 38.

femme, c'est une Vénus, une Hélène, une Cléopâtre. S'ils louent un de leurs confrères (ce qui arrive très-rarement), c'est un Homère, un Virgile, un Corneille.

Mais, si un philosophe, à l'exemple de Plutarque, étudiait avec attention deux héros ou deux événements ; s'il en saisissait toutes les nuances avec sagacité ; s'il renonçait à la manie de les trouver les mêmes en tout point ; s'il ne donnait pas des rapports éloignés pour des traits de conformité parfaite ; en un mot, s'il fixait le véritable degré d'affinité que deux objets auraient entre eux, il est certain que ce travail répandrait un grand jour sur les ténèbres de l'histoire.

Il en résulterait encore une connaissance plus détaillée des ressorts qui font mouvoir les passions. Souvent même, à l'aide de cette analyse, on découvrirait une différence réelle entre les choses qui paraissent se ressembler le plus[1].

IX

De tous les genres de littérature, le romanesque est celui qu'on cultive le plus en France. Presque tous les jeunes gens qui se croient destinés à tenir un rang sur le Parnasse débutent par des romans. La facilité d'en faire et de s'en défaire est apparemment ce qui les détermine.

En effet, une histoire, un poëme, une pièce de théâtre demandent un soin et une explication, dont leur paresse et leur vivacité ne s'accommodent pas.

1. L'*Année littéraire*, pages 231 à 233.

Le genre romanesque a néanmoins ses règles et ses difficultés, bien capables de les rebuter, pour peu qu'ils les connussent. Mais, ils n'y regardent pas de si près. Après tout, nous ne sommes pas en droit de nous en plaindre. Tout le tort est de notre côté, puisque c'est nous qui, par la bonté que nous avons de les lire, les encourageons à mettre au jour les informes productions de leur bizarre cerveau. Je dis informes; et ce nom me paraît encore bien doux [1].

X

Les traités sur la poésie et sur l'éloquence ne feront jamais ni de grands ni de petits orateurs. C'est le génie qui les produit. Mais, qu'est-ce que le génie sans guides, sans frein, livré à ses fougues, n'écoutant que ses caprices? Il me semble voir un jeune homme, né avec des passions vives, qu'on abandonne à lui-même, privé d'un gouverneur qui réprime sa bouillante ivresse. Où ne l'emportera pas le délire de son âge? Quels écarts, quels excès ne fera-t-il pas? Contre quels écueils n'ira-t-il point se briser? Les Aristotes, les Horaces, les Quintiliens, les Longins, les Boileaux, les Rollins, etc., sont les Mentors du génie. Leurs sages leçons lui apprennent à consulter dans sa marche la raison et le goût. On ne saurait donc trop rappeler les règles dictées par ces fameux législateurs [2].

1. *Opuscules de Fréron*, tome II, pages 115 et 116.
2. *Lettres sur quelques écrits de ce temps*, tome X, page 32.

XI

Le moyen le plus sûr de former le goût des jeunes gens, en leur apprenant la langue latine, est de leur faire beaucoup traduire les bons auteurs anciens.

Sous prétexte de faciliter les commencements, on a fabriqué du latin sur notre langue; on a composé des livres exprès, et l'on présente aux enfants des ouvrages qui ne sont ni latins, ni français; ce sont des gallicismes perpétuels aussi éloignés du vrai tour de la langue latine que notre siècle l'est de celui d'Auguste.

L'idiome des Romains est en dépôt dans les écrits qu'ils nous ont laissés. C'est dans ces seuls écrits qu'il faut chercher la pureté de leur langue, et non dans des compositions françaises en latin[1].

XII

La différence entre un bon et un méchant écrivain consiste en ce que celui-ci adopte avec complaisance tout ce qui coule de sa plume, et que l'autre rejette les trois quarts des idées qui se présentent à lui.

C'est donc bien gratuitement qu'on accorde quelquefois de l'imagination à certains auteurs, qui n'ont d'autre peine que de confier rapidement au papier toutes les pauvretés qui leur passent par la tête. Ces mêmes misères viennent, ou du moins paraissent venir

---

1. *Lettres sur quelques écrits de ce temps*, tome XI, page 39.

à tout le monde ; mais, tout le monde n'est pas assez dépourvu de jugement et de goût pour s'y arrêter.

C'est par cette raison qu'aux yeux des ignorants les mauvais auteurs paraissent avoir bien plus d'invention que les écrivains raisonnables, tandis que réellement ils en ont beaucoup moins. Rien ne prouve mieux en effet la trivialité de l'esprit et la stérilité de l'âme que de s'accrocher à tous ces petits atômes qui voltigent dans un cerveau vide [1].

XIII

L'imagination s'égare, si le frein du bon sens ne la retient.

Il ne suffit pas pour composer un bon roman d'écrire avec chaleur ; le romancier, comme le poëte dramatique, doit se soumettre aux lois de la vraisemblance : des façons de penser singulières, des sentiments hors de la nature, des événements extraordinaires, imprévus, mal amenés, surprennent et ne touchent pas ; point d'intérêt sans illusion, et point d'illusion sans vraisemblance.

Si l'art et les cordages qui font aller la machine sont à découvert, elle perd tout son prix : la vraisemblance est non-seulement le principe qui doit faire jouer tous les ressorts, elle est encore la toile qui doit les dérober aux yeux du spectateur.

Voilà pourquoi la vérité même, sans vraisemblance,

1. *Lettres sur quelques écrits de ce temps*, tome XII, pages 206 et 207.

est un défaut au théâtre, ainsi que dans le roman, parce
l'illusion s'évanouit avec ce qui ne paraît pas possible,
parce que la fiction n'a de mérite qu'autant qu'elle a l'air
de la vérité, et que la vérité perd son éclat lorsqu'elle
n'a que l'air de la fiction.

En un mot, le romancier et le poëte ne sont pas moins
blâmables d'offrir la vérité sans vraisemblance, que le
serait l'historien de donner de la vraisemblance sans
vérité.

Combien, à plus forte raison, ne sont-ils pas répré-
hensibles s'ils ne suivent ni vérité, ni vraisemblance [1] ?

XIV

Je ne me lasse point d'admirer les dispositions, les
talents singuliers, l'heureuse facilité que la nature prodigue à nos jeunes écrivains.

Avant que de se mêler d'écrire, on travaillait longtemps autrefois, on se formait le goût, on étudiait les
bons modèles, on apprenait sa langue, on consultait
les sources, on approfondissait l'art et ses principes.

Dans ce siècle, des écoliers, à peine sortis de leurs
classes, enfantent des merveilles. Ils sont doués du
même privilége que les gens de qualité dans LE
BOURGEOIS GENTILHOMME, — *de savoir tout sans avoir rien
appris.*

Ils se demandent avec complaisance tous les matins
en se levant :

1. *L'Année littéraire*, 1754, tome III, pages 16 et 17.

— Quel chef-d'œuvre produirai-je aujourd'hui ? Ferai-je une tragédie, une comédie, une histoire, un roman ? Ma tragédie n'a pas été mal reçue ; ma comédie aura du succès ; mon histoire est sous presse ; amusons-nous à un roman.

On prend la plume, on cherche d'abord un titre ; ensuite on écrit un chapitre qui est bientôt rempli, sans penser à ce qu'on mettra dans les suivants, sans se mettre en peine s'ils répondront les uns aux autres, et si le tout répondra au titre.

De là tant de brillantes imaginations, tant de force et de vérité dans les caractères, tant de suite dans les raisonnements, tant d'esprit dans les détails, tant de nerf et d'agrément dans le style, tant de pureté dans le langage.

O siècle fortuné, où l'adolescence a toutes les qualités de l'âge mûr, où les disciples sont en état d'enseigner, où les novices sont profès ! Temps heureux qui rappelle les charmantes Saturnales de l'ancienne Rome, où les esclaves étaient les maîtres [1] !

X V

La fureur de l'épigramme absorbe tout dans ce siècle : c'est le règne des détails et des tirades. Il faut qu'une pièce de théâtre soit un feu d'artifice continuel. A peine veut-on souffrir l'exposition. Les acteurs, dès le début, doivent faire assaut d'esprit. Par ce moyen, les événe-

---

1. L'*Année littéraire*, 1751, tome IV, pages 70 à 72.

ments ne sont point préparés; les situations n'intéressent plus.

La pièce est brillante, mais non théâtrale; on y trouve beaucoup de coloris, et point de dessin.

Si un auteur s'avisait aujourd'hui de travailler d'après un plan bien combiné, plein de justesse et dans le goût du dernier siècle, on dirait qu'il connait le théâtre, mais qu'il ne connaît pas le monde. L'ouvrage serait estimé, et ne serait pas couru; on le traiterait comme une belle femme sans rouge, mise simplement, qui est toujours écrasée par un visage de fantaisie.

Il est certain que rien ne nuit tant à l'éclat des détails qu'un plan de comédie bien régulier. On sait qu'il consiste dans un enchaînement de scènes où l'embarras augmente par degrés; jusqu'à ce qu'il se développe aussi naturellement qu'il paraît avoir été formé, et qu'enfin il se termine par un dénouement qui ne soit ni forcé ni prévu.

Voila le grand art du théâtre : y réussir, c'est la difficulté[1].

XVI

Ce n'est pas assez que de connaître le monde : il faut connaître les hommes. En connaissant le monde on ne fait que des vers; en connaissant les hommes on peint des caractères; et c'est avec des caractères qu'on fait de bonnes pièces. Il ne s'agit alors que de les mettre en jeu, en ménageant des incidents.

1. L'*Année littéraire*, pages 218 et 219.

La comédie n'est autre chose qu'une aventure principale traversée par des événements contraires et vraisemblables; c'est la diversité et l'opposition de ces événements qui sert à faire sortir les caractères et à répandre du plaisant dans la pièce.

Mais, pour parvenir à mettre les caractères en jeu, il faut plus que de l'esprit.

Ce n'est pas en cousant tant bien que mal des paquets de vers faits en différents temps que l'on forme un ensemble. Ce n'est point en copiant servilement les expressions passagères du jour que l'on fait un ouvrage solide et durable[1].

XVII

A qui doit-on avoir le plus d'obligation, ou à un auteur superficiel qui nous donne souvent ses rêveries et celles des autres sous le titre d'*Histoires*, de *Mémoires*, d'*Anecdotes*, etc, ou à un traducteur fidèle et intelligent qui enrichit notre langue des morceaux les plus précieux en ce genre, publiés chez les étrangers?

Sans résoudre cette question, que je vous laisse à décider, j'observerai seulement qu'il n'est pas toujours plus mal aisé de faire un livre dans le goût de ceux d'aujourd'hui, que de bien traduire un ouvrage instructif et intéressant.

Est-ce en effet une chose si difficile que de transcrire tout ce qu'on trouve dans des livres connus ou dans

1. L'*Année littéraire*, pages 220 et 221.

des bouquins redevenus nouveaux à force d'avoir été oubliés, de faire des contes de la vieille Cour, et de citer toujours un témoin illustre (qui par malheur est enterré), d'entrelacer dans ce tissu des réflexions sententieuses mille fois retournées, et des traits hardis mille fois reforgés, de piquer le tout d'anthitèses, et par-dessus cela, de se tromper à chaque page?

Tels sont cependant les caractères auxquels tout lecteur judicieux reconnaîtra la plupart des productions historiques[1] qui font gémir la presse depuis quelques années.

Mais, pour faire dans ce même genre une bonne traduction, il ne suffit pas de rendre servilement et aveuglément son texte. Il faut posséder le sujet, saisir le génie et le caractère de l'auteur, de sa nation, de ses principaux personnages, apercevoir les ressorts les plus délicats d'une administration, et remonter aux principes les plus cachés d'un système dont le vulgaire ne voit que le mécanisme extérieur, être instruit de la forme et du fond du Gouvernement, indiquer les rapports, développer les allusions, et suppléer aux réticences.

Faute de remplir toute ces conditions, on traduit littéralement un livre sans l'entendre. Mme de La Fayette, en parlant d'ouvrages d'agrément ou d'imagination, comparait un traducteur à un valet grossier qu'une maîtresse aimable et spirituelle aurait chargé d'un compliment bien tourné, et qui le rendrait tout de travers et de mauvaise grâce.

1. Fréron visé ici, avec raison et tout particulièrement, les compilations historiques de Voltaire.

Dans tous les genres où il s'agit de faits et de raisonnements, on pourrait comparer un traducteur exact, mais peu instruit de son sujet, à un messager qui rend mot pour mot une commission dont il ne saurait ni comprendre l'objet, ni par conséquent l'expliquer aux autres[1].

XVIII

Les ouvrages de littérature, de quelque genre qu'ils soient, demandent une juste proportion, une certaine plénitude. Les éclairs passent vite, et ne font qu'éblouir. L'astre du jour nous éclaire; il parcourt les différents points du ciel, et demeure quelque temps sur notre horizon. La durée de sa course ajoute à la force de ses rayons; elle en augmente et multiplie la splendeur.

C'est ainsi que je me représente tout écrit, soit en prose, soit en vers, soit court, soit de longue haleine : il doit avoir, pour ainsi dire, son lever, son midi, son couchant[2].

XIX

Pourquoi être obscur quand on peut être clair? L'obscurité dit-elle davantage que la clarté? Non sans doute; au contraire, elle dit bien moins, ou plutôt elle ne dit rien du tout; mais elle affiche plus de profondeur; elle fait supposer une idée si longue et qui tient

1. L'*Année littéraire*, tome V, pages 124 et 126.
2. *Ibid.*, tome VI, pages 228 et 229.

à tant d'autres qu'elle n'a pu être conduite jusqu'au développement.

Le grand sens de la chose fait souvent pardonner à Tacite son obscurité. Mais que doit-on penser lorsque cette obscurité naît de l'esprit de celui à qui on la reproche, et que l'idée présentée obscurément est de l'ordre de celles qui viennent à tout le monde[1]?

XX

Dans un Éloge, ainsi que dans un poëme ou dans un roman, tout épisode est vicieux, quand il n'est point amené par le sujet, ou qu'il n'y amène pas lui-même quelque chose. La raison en est simple; c'est que l'on ne doit jamais quitter ce qu'on a à dire pour parler de choses dont on n'a point à parler. Je consens que l'on me tire de mon sujet, mais je veux que l'on m'y fasse rentrer [2].

XXI

L'antithèse, figure antique et puérile, est la ressource des faibles écrivains, que je comparerais volontiers à ces hommes ignorants et trompeurs, qui, ne pouvant être d'habiles médecins, se font de ridicules charlatans[3].

XXII

L'apostrophe, figure véhémente par elle-même, ôte

1. L'*Année littéraire*, 1756, tome I, page 109.
2. *Ibid.*, page 114.
3. *Ibid.*, tome III, page 92.

au discours moral un certain air naturel, insinuant et
facile qu'il doit avoir, surtout quand elle est trop ré-
pétée : on ne persuade pas des cœurs tranquilles avec
l'emportement; l'apostrophe a toujours l'air d'enthousiasme.

On convient qu'il faut mettre de la chaleur dans un
ouvrage; mais il ne faut pas y mettre de l'incendie : le
lecteur demande un feu modéré qui l'échauffe et le pénètre, et non une flamme brûlante qui le dévore et le
consume [1].

XXIII

Quelques épigrammes de Boileau ont rendu du Chapelain ridicule. Il paraît cependant qu'une épigramme ne
devrait prouver, tout au plus, que l'esprit de son auteur; il est peu de nations qu'un bon mot affecte aussi
vivement que la nôtre. Les événements les plus sérieux
sont quelquefois parmi nous le sujet d'un vaudeville [2].

XXIV

Il me semble que nous faisons trop d'honneur aux
Anglais de traduire jusqu'à leurs moindres ouvrages.
Leur littérature se trouve en défaut presque autant que
leur politique; l'une n'est pas plus sûre que l'autre, et
souvent leurs productions d'esprit ne méritent pas plus
de succès que leurs entreprises d'État.

1. L'*Année littéraire*, page 105.
2. *Ibid.*, tome V, page 349.

On pourrait se convaincre, en prenant la balance de l'impartialité, que tous leurs écrits sont marqués au coin du désordre et de l'imperfection; vous y trouverez du génie sans doute, mais peu de goût, presque point de grâce et de délicatesse[1].

XXV

Rien n'est plus commun que de voir des amateurs, même éclairés, des lettres et des arts, adopter pour modèle unique dans un genre quelconque, la production qui s'y est montrée avec le plus d'éclat, et se faire, en conséquence, une espèce de loi de mépriser tous les ouvrages qui ne sont point formés sur ce modèle.

Cette admiration exclusive est un des plus grands obstacles aux progrès de l'esprit humain, et rien ne se perfectionnerait si l'on s'en tenait dans chaque partie au premier auteur qui paraîtrait y avoir excellé.

Chacune de ces parties est un arbre immense qui a une infinité de branches et de rameaux chargés de fruits, ou, si l'on veut, c'est un champ vaste et fertile; la main d'un seul homme ne saurait suffire à de si abondantes récoltes.

Mille chemins différents et même contraires conduisent au sommet du Parnasse; et, comme dans la guerre, on voit atteindre au même degré de gloire des héros qui ne se ressemblent point, on voit aussi dans les arts, des hommes d'un caractère d'esprit presqu'entière-

1. *L'Année littéraire*, tome VI, pages 241 et 212.

ment opposé, occuper le même rang. Les deux plus grands capitaines et les deux plus grands poëtes tragiques du règne de Louis XIV, avec des qualités différentes, partageront l'encens de tous les siècles. Turenne sera toujours mis en parallèle avec Condé, et Racine avec Corneille.

Homère, Virgile, la Tasse et Milton ont fourni avec honneur la même carrière sans suivre la même route. Bossuet, Fléchier, Bourdaloue et Massillon sont arrivés à la perfection dans le même genre en prenant des sentiers divers.

Que d'ouvrages seraient perdus pour la scène, si Molière n'eût osé travailler après Térence, et, après Molière, Regnard, Dufresny, le Sage, Destouches, et tant d'autres comiques agréables qui n'ont rien de commun que le genre dans lequel ils se sont exercés, et dont les écrits sont marqués à un coin particulier de génie et de mérite!

Les plus grands musiciens, les plus grands peintres, les plus grands sculpteurs, les plus grands architectes ont eu des successeurs habiles. Rameau, pour le moins, est assis à côté de Lulli. Si les motets de la Lande enlèvent, ceux de Mondonville enchantent. Pierre, Vanloo, Boucher, etc., seront cités avec les le Sueur, les le Brun et les Poussin. Les Bouchardon, les le Moine et les Pigalle ont remplacé les Puget et les Girardon. Soufflot marche à pas de géant sur les traces des Mansard et des Perrault.

La célébrité des grands hommes qui, par leurs talents sublimes se sont élevés avant nous et même de notre temps au comble de la gloire, ne doit donc pas plus être un motif de découragement pour nous que ne l'a été pour eux la réputation dont jouissaient quelques-uns de leurs prédécesseurs, que l'on croyait ne pouvoir jamais être égalés.

D'ailleurs, est-on assez sûr de ses lumières, et même de celles de son siècle pour oser affirmer que tel auteur qui est admiré de nos jours, le sera dans tous les temps? Quels éloges n'a-t-on pas prodigués aux Ronsard, aux Balzac, aux Voiture, etc., etc., etc.? A peine les lit-on à présent. Le mépris où ils sont tombés doit nous apprendre à secouer le joug de cette espèce de fanatisme qui nous attache aveuglément à tel ou tel écrivain.

Patru n'était pas d'avis que la Fontaine fît des fables. Ceux qui voudraient détourner des auteurs modernes d'en faire après la Fontaine pourraient se tromper aussi bien que Patru. Il est vrai que tous ceux qui jusqu'à présent ont tenté le même travail n'ont point eu le même succès; mais, il ne s'en suit pas qu'on ne puisse y parvenir; il y a même de très-jolies fables et de fort bons contes dans des écrivains postérieurs et inférieurs, en général, à la Fontaine, tels que Vergier, Richer, Grécourt et même la Mothe, pour ne parler que des morts.

XXVI

Il est dans les lettres et dans les arts deux écueils également dangereux qu'il faut éviter; l'un est de suivre trop scrupuleusement les écrivains célèbres;

l'autre est de s'en écarter trop hardiment. Toute imitation servile est choquante, et le parti de s'y renfermer est le germe de la médiocrité. On pourrait appuyer ce qu'on avance ici de mille exemples anciens et nouveaux. D'un autre côté, pour ne pas ressembler à des auteurs avoués du public, on donne souvent dans le bizarre, dans l'extraordinaire.

La Fontaine est naïf; la Mothe veut être fin; il n'est que subtil, pénible, embarrassé. Le rire de la Fontaine est franc et naturel; le rire de la Mothe est contraint et forcé.

Il y a donc un milieu à tenir entre l'humble timidité qui copie les excellents originaux et l'audacieuse témérité qui s'en éloigne.

Chaque genre a ses règles auxquelles il faut se soumettre.

La fable demande une naïveté piquante dans le récit, une gaieté philosophique dans la morale, un choix exquis dans les images, une délicatesse singulière dans les réflexions; et ce sont là les qualités heureuses qui ont fait réussir l'apologue dans les mains de la Fontaine. Mais, ces dons heureux de la nature sont variés à l'infini; ils ont mille et mille nuances différentes, et l'on peut être naïf, enjoué, moral, fleuri, délicat, sans ressembler à la Fontaine.

Ne rencontrons-nous pas tous les jours dans le monde des gens aimables et naïfs, et dont les agréments et la naïveté n'ont pas à beaucoup près le même caractère? Un homme qui se mettrait dans la tête d'être naïf précisément de la même manière qu'ils le sont, serait à nos yeux un singe méprisable. Il en est ainsi des écrivains. Plusieurs peuvent être naïfs sans avoir la même naïveté, et un auteur qui composerait des fables et qui se proposerait d'être naïf de la même façon que l'est la Fontaine, se rendrait aussi ridicule qu'un homme qui voudrait, en chantant, copier parfaitement le son de voix de quelque chanteur estimé.

Il faut obéir à la nature et suivre l'impulsion de son génie; il faut avoir la noble ambition de devenir original; il faut conduire soi-même le char de Phœbus et ne point tomber avec Phaéton[1].

XXVII

C'est dans la grandeur des images et dans la vivacité des sentiments que règne la véritable poésie ; voilà le caractère de l'Écriture, et, s'il n'est fidèlement imité par le traducteur, la traduction la déshonore[2].

En général, les Cantiques et les Psaumes, indépendamment du caractère d'inspiration qui leur est particulier, et malgré l'obscurité de plusieurs passages, seront toujours regardés par les bons juges, non seulement comme les ouvrages les plus propres à élever le cœur vers Dieu et à nourrir la piété, mais comme des morceaux précieux de la grande éloquence, qui est essentiellement l'éloquence des choses, l'éloquence de la pensée et du sentiment[3].

1. *L'Année littéraire*, tome VIII, pages 305 à 310.
2. *Ibid.*, 1757, tome I, page 93.
3. *Ibid.*, page 98.

XXVIII

Si le goût est nécessaire, c'est principalement dans les éditions des poëtes : charger leurs pièces de commentaires, c'est associer le pas tardif et lourd du quadrupède qui mugit au vol rapide et léger de l'oiseau qui chante ; c'est mêler les eaux pures d'un clair ruisau limon croupissant d'un marais bourbeux[1].

XXIX

Demandez à un peintre pourquoi ces petits coups de pinceau dans de grands sujets ? à un musicien, pourquoi ces petites grâces dans des images terribles ? Ils vous répondront :

— C'est le goût.

Ce qui veut dire proprement la mode, et la mode se prend pour le goût, tant on a peu d'idées de ce dernier[2].

XXX

On traite volontiers de méchant tout faiseur d'épigrammes.

Des épigrammes personnelles, où l'on attaque la probité, les mœurs d'un citoyen, sont très-condamnables sans doute, et doivent donner une idée odieuse du caractère de celui qui se les permet. Mais, des épi-

1. L'*Année littéraire*, tome II, page 49.
2. *Ibid.*, pages 67 et 68.

2'.

grammes purement littéraires annoncent plutôt, je crois, la gaieté de l'esprit que la méchanceté du cœur[1].

XXXI

Quand on traduit en vers, c'est plus la force du coloris que l'on cherche que la ressemblance parfaite de l'image; la copie ne rend guère que le feu de l'original. Les grâces, et souvent la vérité restent là. C'est sans doute le suprême inconvénient dans la prose ; mais, la fidélité y trouve moins d'obstacles[2].

XXXII

Je suis bien éloigné de penser que les *Variantes*, c'est-à-dire les différents degrés de perfection qu'un auteur donne à son ouvrage, sont des objets précieux ; qu'il faut recueillir avec une sorte de respect et de vénération tous les divers changements que font les écrivains célèbres, pour les comparer ensemble, et que l'étude de cette laborieuse confrontation doit former de grands hommes.

Je crois, au contraire, qu'il faut d'abord envisager le beau, le parfait, parce qu'il frappe bien davantage au premier coup d'œil, toujours suivi de la surprise et de l'admiration, que quand on le voit arriver, pour ainsi dire à pas lents et par succession d'idées.

1. L'*Année littéraire*, pages 143 et 144.
2. *Ibid.*, pages 211 et 212.

Que produit pour l'ordinaire tout ce fatras d'observations? L'ouvrage manque son effet; on voit les cordes et tous les ressorts de la machine; il n'y a plus d'illusion[1].

Ce n'est point dans ces travaux minutieux qu'il faut observer le développement de l'esprit humain, et suivre la marche de quelques génies privilégiés, mais plutôt dans leurs ouvrages mêmes, en comparant ensemble ceux de la jeunesse et ceux de la maturité du goût. C'est dans cette étude vraiment utile qu'on peut puiser des secours certains et des règles sûres pour les imiter, ou du moins pour les admirer avec connaissance de cause[2].

XXXIII

On sait aujourd'hui mieux que jamais, qu'en littérature comme en gouvernement l'Anglais porte tout à l'extrême; il connaît aussi peu les justes bornes du théâtre que celles de la guerre. Outré dans l'un et dans l'autre, il prend pour vertu son excès même.

Par quelle espèce de vertige empruntons-nous donc de lui des sujets dont l'imitation même peut devenir contagieuse et funeste à notre scène? Pourquoi se familiariser avec des écrivains dont le mérite est dans l'exagération et souvent dans l'extravagance? On a beau corriger leurs pièces, il y reste toujours un mau-

1. Ceci est encore à l'adresse de Voltaire qui usait largement et abusait des *Variantes*, dans ses œuvres poétiques.
2. L'*Année littéraire*, pages 219 et 220.

vais levain, et ce levain corrompt (passez-moi cette expression) la meilleure pâte dramatique.

Chez l'Anglais, beaucoup d'auteurs comiques font paraître du génie ; pas un seul ne montre du goût.

C'est toujours quelque chose, me dira-t-on, que de perfectionner ; j'en conviens, pourvu qu'on choisisse des sujets propres à cette perfection. Ce n'est pas dans le sol anglais que naissent ces plantes heureuses, et pour le Comique, l'Espagne vaut beaucoup mieux. Mais, sans mettre l'étranger à contribution, que ne profitons-nous de nos richesses ? Molière, Molière, voilà le grand maître et le vrai modèle[1].

XXXIV

Le genre poissard dont Vadé est créateur et dans lequel il a excellé n'est point un genre méprisable, et il y aurait certainement beaucoup d'injustice à le confondre avec le burlesque, cette platitude extravagante et facile du dernier siècle, qui ne pouvait subsister longtemps parmi nous.

Le burlesque ne peint rien ; le poissard peint la nature, basse si l'on veut, aux regards dédaigneux d'une certaine dignité philosophique, mais très-agréable à voir, quoiqu'en disent nos délicats.

Un tableau qui me représente avec vérité une guinguette, des gens du peuple dansants, des soldats buvant et fumant, n'a-t-il pas droit de me plaire ?

Vadé est le Teniers de la littérature, et Teniers

____

1. L'*Année littéraire*, tome III, pages 64 et 65.

est compté parmi les plus grands artistes, quoiqu'il n'ait peint que des fêtes flamandes. Il n'y a point de connaisseur qui ne soit enchanté de ses tableaux, comme il n'y a point d'homme de lettres ni d'amateur qui n'ait vu jouer et qui ne lise même avec plaisir les œuvres de Vadé. Il faut bien qu'elles aient une sorte de mérite réel. Quel est donc ce mérite ? C'est que la nature y est rendue avec ces traits et ce coloris qui la font d'abord reconnaître.

Tous ces écrits sublimes, tous ces beaux et grands dictionnaires[1] que certaines gens admirent en bâillant, sont à peine lus une seule fois et ne seront jamais réimprimés.

Le bel esprit et la philosophie sont des modes, la nature est de tous les temps et de tous les pays[2].

XXXV

La belle poésie, comme la bonne musique, demande de la variation.

Les vers inégaux paraissent aisés au premier coup d'œil ; mais, les maîtres de l'art conviennent qu'ils sont le fruit d'une étude consommée et d'un goût sûr. Il est peu d'oreilles assez délicates pour sentir les nuances du rhythme qui peut se varier à l'infini. Il est si difficile de juger même de la versification, que nous voyons tous les jours notre public se tromper surtout au théâtre sur le mérite des vers[3].

1. L'Encyclopédie, entre autres.
2. L'*Année littéraire*, tome IV, pages 352 et 353.
3. *Ibid.*, tome V, page 183.

XXXVI

Le plus grand mérite d'un traducteur consiste sans doute à bien rendre les tours et les pensées de l'original. Il ne doit point avoir de style ni de manière à lui; c'est le goût de son auteur, c'est son coloris qu'il doit suivre : grâces, figures, images, il faut qu'il exprime tout d'après son modèle, avec la même précision, la même chaleur, le même génie; en un mot, il doit sortir, pour ainsi dire, de lui-même, et passer dans l'âme de celui qu'il traduit; de sorte que c'est l'original qu'on croit entendre et qu'on croit lire, mais parlant une autre langue; la seule différence sensible doit être dans le langage pris uniquement comme idiôme. Voilà, ce me semble, le point de perfection. Les difficultés sont extrêmes; aussi les vrais traducteurs sont-ils rares : à peine en peut-on citer en France[1].

XXXVII

Je ne sais ce que sont devenues l'éloquence et la poésie. Mais, supposé que la curiosité vous prenne de découvrir leur asile, n'allez pas les chercher dans les immenses recueils de prix académiques, ou, si elles y sont cachées, certainement elles s'y cachent très-bien; il n'y eut jamais de travestissement plus parfait, et je défie l'homme le plus fin de les reconnaître sous le masque.

Les morceaux de prose couronnés sont des disserta-

1. L'*Année littéraire*, pages 264 et 265.

tions et non des discours, les vers des rimes et non de la poésie. Pour ne parler que de ce dernier genre, et pour vous le représenter tel qu'il devrait être, et tel qu'il est, distinguez avec moi le poëme véritablement poëme et le poëme académique.

Qu'est-ce qu'un poëme dans toute l'étendue du terme? C'est un ouvrage de poésie plein de chaleur et de fécondité pour l'invention, de justesse et d'économie pour l'ordonnance, de force et de hardiesse pour l'exécution. Les images y tiennent le premier rang, les sentiments, le second; en un mot, des fictions heureuses, de beaux vers, bien harmonieux, bien cadencés, bien périodiques, un style noble, naturel, élégant : voilà le point de perfection.

Le poëme académique devrait être, en petit, ce me semble, ce que le poëme, en général, est en grand. Plus il réunirait toutes les beautés possibles de la haute poésie, plus je pense qu'il remplirait l'idée qu'on s'en forme naturellement. Un beau sujet, un plan, des images, des mouvements, des caractères; tout cela soutenu de l'enthousiasme, et vivifié, pour ainsi dire, par le souffle du génie, formerait un vrai poëme. Je voudrais que le poëme académique se traitât comme l'ode, qu'on y mît beaucoup de chaleur et de fougue; la carrière n'est pas longue; pourquoi ne pas la courir de toute sa force?

Mais, qu'est-ce qu'un poëme académique, comme on le fait aujourd'hui? C'est un discours où, dans l'espace d'une centaine de lignes rimées, on disserte méthodiquement avec plus de finesse que de solidité, avec plus

de précision que de force, avec plus de grâce que de
feu, avec plus d'idées que d'images, enfin, avec esprit,
et sans le moindre génie : j'entends le génie poétique,
le génie créateur et ce génie-là n'est point fait pour des
discussions métaphysiques, morales ou politiques.

Ces sortes de poëmes sont tout d'une pièce, sans proportion, sans parties, sans action et sans intérêt ; on
n'y rencontre point de poésie, et si l'on excepte quelques vers qui tranchent un peu plus que les autres,
tout le reste n'est qu'une enfilade de petites phrases qui
redeviennent de la prose, dès qu'on les dépouille de la
rime qu'elles ne devraient point avoir [1].

Je ne sais par quelle fatalité certains esprits font, au
mépris des règles de la nature et du goût, de la prose
plus que poétique, et de la poésie plus que prosaïque ;
en vers, en prose, ils sont tout le contraire de ce qu'ils
devraient être, poëtes et prosateurs à contre-temps.
Eh ! dirait un connaisseur en colère : « Faites de la
prose en faisant de la prose, et des vers en faisant des
vers ; ne dénaturez point les styles quand vous écrivez,
ou ne vous mêlez point d'écrire [2]. »

XXXVIII

Au premier coup d'œil il paraît téméraire de composer pour le théâtre une *École des femmes* après celle
que le divin Molière nous a laissée. Mais, toute idée de
présomption s'évanouit, en observant que les passions

1. L'*Année littéraire*, tome VI, pages 171 à 174.
2. *Ibid.*, tome VII, page 132.

de l'humanité, les mêmes quant au fond, se présentent sous une forme particulière dans chaque individu, et que les mœurs de la société changent dans chaque siècle et sous chaque règne.

Les plus grands maîtres ne peuvent saisir toutes les couleurs, ou, si l'on veut, toutes les nuances des passions, ni toutes les révolutions des mœurs. Les bornes de leur esprit, quelque étendu qu'il soit, de leur vie, quelque longue qu'on la suppose, de leurs connaissances, à quelque degré qu'elles soient parvenues, ne leur permettent pas de tout voir et de tout peindre.

C'est donc une erreur de penser que les sujets dramatiques soient épuisés. J'en citerais un grand nombre, auxquels on n'a pas encore touché, et ceux-mêmes qui sont déjà bien traités pourraient l'être de nouveau avec succès. Par exemple, je ne serais point étonné qu'on fît des comédies excellentes du *Misanthrope*, de l'*Avare*, du *Joueur*, du *Distrait*, etc., autres que celles de Molière et de Regnard, parce que ces caractères varient à l'infini, et qu'il serait difficile de trouver seulement deux hommes qui fussent misanthropes, avares, joueurs ou distraits de la même façon.

Il en est ainsi de la morale qui embrasse tant d'objets, et l'on pourrait nous donner vingt *Écoles des femmes*, toutes bonnes, quoique différentes, parce que les femmes ont plusieurs devoirs à remplir [1].

XXXIX

Grâces aux lumières du siècle, il faut aujourd'hui,

1. L'*Année littéraire*, 1758, tome VI, pages 263 et 264.

avant que de se produire dans le monde, avoir acquis les principes de toutes les connaissances. Dans une conversation ordinaire, même chez les personnes du grand monde, après avoir parlé de rubans, de dentelles, de robes, d'équipages, après avoir médit de tous les gens qu'on connaît et de ceux qu'on ne connaît pas, on agite gravement une question de métaphysique, de physique, de philosophie, de goût ou de littérature, qu'on discute légèrement, et qu'on décide de même.

Cet abus d'universalité dans les études rend le commun des hommes moins étrangers aux sciences et les savants plus rares. On sait de tout, et l'on ne sait rien.

Pour se conformer au goût dominant, les auteurs ont multiplié les dictionnaires, les abrégés[1].

X L

Je crois qu'on ne peut écrire supérieurement en prose qu'on ne se soit exercé à faire des vers. En effet. l'habitude qu'on a prise à chercher des tours heureux, des cadences sonores, des expressions nobles et relevées, à se rendre compte de chaque mot, de chaque idée, de chaque phrase, à rejeter les termes bas, à substituer une expression à une autre, à chercher des idées, de belles images, à peindre, à exprimer les passions, etc., répand une grande harmonie dans le style, et est seule capable de le rendre noble, sublime, hardi et varié[2].

1. L'*Année littéraire*, tome VII, pages 37 et 38.
2. *Ibid.*, 1759, tome I, pages 318 et 319.

XLI

La promptitude ou la facilité du travail et le mérite intrinsèque d'un ouvrage ne peuvent se compenser mutuellement. Le génie se mesure à ses productions et non au plus ou au moins de temps qu'on y met.

Il est vrai que la facilité d'écrire est elle-même un talent, et qu'à des productions égales celui qui remplit sa tâche en peu de mois, a l'avantage sur celui qui y consumerait des années.

Un écrivain chez qui l'imagination domine, travaillera avec rapidité; il aura du brillant, de belles images, de grands traits, jamais de ces beautés exquises qui demandent de la réflexion et du choix; un autre qui aura plus de goût, de jugement, de délicatesse, que de fertilité, de feu, d'invention, de vigueur d'esprit, composera des ouvrages qui auront peu de défauts, mais point de traits éclatants.

Ni l'un ni l'autre ne produiront des chefs d'œuvre. C'est le concours heureux de ces différentes qualités qui forme les hommes de génie.

C'est donc par les ouvrages eux-mêmes qu'il faut juger du degré de génie qui les produit, et non par la rapidité de l'exécution. Chaque esprit a des limites au-delà desquelles il ne peut atteindre. Si Pradon eût travaillé dix ans de plus à sa *Phèdre*, jamais elle n'aurait égalé celle de Racine, et Corneille ne se serait jamais élevé au-dessus de *Polyeucte* et de *Cinna*[1].

1. *L'Année littéraire*, pages 322 à 324.

L'exercice de la composition étend les idées, et fournit plus d'occasions de penser, et c'est le plus ou moins de faculté de penser qui distingue un homme d'un autre homme[1].

Dans certains auteurs la facilité d'écrire est un défaut, dans d'autres une preuve de génie. Corneille, Molière, la Fontaine, écrivaient facilement; Boileau et Racine difficilement; l'Arioste composait avec plus de rapidité que le Tasse, et tous deux sont de grands poëtes[2].

XLII

La poésie française ne saurait être trop exacte, trop élégante, trop correcte. C'est peut-être un de ses défauts que cette correction scrupuleuse; mais, combien de beautés ne lui doit-elle pas?

Il ne faut pas confondre les ornements qui embellissent les Grâces avec ces parures surchargées qui sont des excès monstrueux de l'art.

Notre poésie tire souvent de l'agrément de ce que les étrangers appellent ses fers[3].

XLIII

L'*Editiomanie* est une des maladies affligeantes de nos gens de lettres; ils s'imaginent que c'est par le nombre des éditions que la postérité calculera leurs

---

1. L'*Année littéraire*, 1760, tome II, pages 25 et 26.
2. *Ibid.*, pages 31 et 32.
3. *Ibid.*, tome IV, page 300.

succès, et ils ne demandent pas mieux que de lui en imposer. Mais, sera-t-elle leur dupe[1] ?

XLIV

La correction est la première qualité qu'exigent les vers didactiques. Après *l'Art poétique* de Boileau, on doit trembler d'écrire dans ce genre; c'est un modèle à la fois digne d'être imité et difficile à imiter[2].

Notre poésie ne souffre pas la moindre tache, et on ne fait point grâce à l'expression en faveur de l'image[3].

XLV

L'Odyssée est le chef-d'œuvre du touchant, de l'intéressant, du beau simple, comme l'*Iliade* est, si je puis parler ainsi, la gloire de l'imagination, le feu même du génie[4].

XLVI

Malheur à qui ne sait pas céder au sentiment! Vous remarquerez que les Anglais et les Allemands après eux, possèdent cette énergie de cœur, l'apanage du vrai génie; le bel esprit chez nous a tué le naturel, pardonnez-moi cette expression, et je croirais que l'abus de l'amour de la société, si je puis le dire, a énervé les talents, et leur a donné ce *léché*, ce raide, ce sec, ce

1. *L'Année littéraire*, page 351.
2. *Ibid.*, pages 351 et 352.
3. *Ibid.*, tome V, page 11.
4. *Ibid.*, page 13.

monotone qui défigurent aujourd'hui la plupart de nos tableaux[1].

XLVII

Un défaut ordinaire aux romanciers anglais, c'est qu'ils ne savent jamais se renfermer dans leurs sujets, qu'ils veulent tout peindre, qu'ils se promènent dans toutes les différentes conditions de la vie pour en tracer les ridicules, et qu'ils violent trop souvent les règles de la vraisemblance[2].

XLVIII

Un éditeur doit, non seulement être doué d'un esprit juste, mais encore avoir l'esprit de l'auteur, pour l'entendre et pour ne le point défigurer[3].

XLIX

La véritable éloquence n'est pas un assemblage ambitieux ou ingénieux de mots vides de sens; c'est une âme pénétrée qui se développe, et qui se rend la maitresse des autres âmes[4].

L

Il est fâcheux que la plupart de nos auteurs d'odes veulent absolument habiller des couleurs de la poésie

---

1 L'*Année littéraire*, pages 15 et 16.
2. *Ibid.*, page 123.
3. *Ibid.*, tome VI, page 70.
4. *Ibid.*, page 80.

des idées métaphysiques; il faut, en vers, que la pensée nécessairement se fonde et s'incorpore, si je puis parler ainsi, dans l'image : sans cela point de poésie, mais des vers ; point de strophes d'odes, mais des stances.

Je ne cesserai de le répéter ; ô vous qui voulez nous donner des odes, lisez les prophètes, et avec ménagement les odes de nos voisins les Anglais; pénétrez-vous d'un feu qui embrase tout l'ensemble de l'ouvrage[1].

LI

Nous avons d'excellentes comédies en prose. Pourquoi ne ferait-on pas des tragédies dans ce langage? Parmi nos comédies en prose, j'en pourrais même citer qui sont presque tragiques. Ainsi, la Mothe avait raison ; son tort fut de donner pour modèle *Œdipe* en prose, c'est-à-dire de choisir le sujet le plus connu et le mieux exécuté par les anciens et par les modernes. S'il avait eu l'adresse de traiter en prose un sujet peu connu et intéressant, son *Inès*, par exemple, je suis persuadé qu'il aurait enlevé tous les suffrages.

L'essentiel de la tragédie est la terreur et la pitié, et on peut exciter l'une et l'autre en prose comme en vers, en vers rimés comme en vers non rimés. Mais, je dis en même temps qu'admettre ces licences serait le plus grand malheur pour notre théâtre et pour notre poésie.

Le relâchement des anciennes règles est toujours l'avant-coureur de la décadence ; plus on facilitera

---

1. *L'Année littéraire*, tome VI, pages 142 et 143.

l'art, plus on s'éloignera de la perfection, et moins il y aura de mérite à réussir.

Quelque touchantes que pussent être des tragédies en prose, elles seraient toujours très-inférieures aux tragédies écrites en vers aussi beaux, aussi élégants, aussi parfaits que ceux de Racine. *Le Tartuffe, le Misanthrope, les Femmes savantes,* qui sont en vers, sont fort au-dessus des plus belles comédies de Molière en prose [1].

LII

Les beautés de sentiment sont partout les mêmes; examinons dans cette partie les Grecs et les Français, et voyons qui possède le plus de ces beautés universelles; alors nous jugerons.

Le génie doit vaincre, subjuguer nos *mœurs*, nos *préjugés*, nos *caprices*. Je ne tiens nul compte à Racine de nous avoir créé dans son *Iphigénie* le personnage d'Ériphile; je n'ai aucune obligation à un homme qui prendra beaucoup de peine à creuser mille petits canaux, parce qu'il n'a pas eu la force d'élargir le lit d'un fleuve fécond; ce qu'on appelle subtilité et adresse est une pure perte pour les hommes, lorsqu'il n'en sort pas des beautés réelles.

Qu'il naisse un Corneille, un Crébillon, ils se rendront également les maîtres de la scène et des âmes françaises; et s'ils nous transportent, s'ils nous élèvent, s'ils nous arrachent des larmes, des sanglots,

1. L'*Année littéraire*, pages 278 et 279.

tous ces *préjugés* s'effaceront, et leurs défauts mêmes prendront l'autorité des règles [1].

LIII

On prétend que le champ de l'histoire qui semble offrir à nos yeux tragiques une moisson plus abondante que celle des Grecs, n'est qu'un champ vaste et stérile, que les mêmes faits reparaissent sous des noms changés. Ce n'est pas la faute du genre, c'est celle de nos poëtes.

Que de mœurs encore nous restent à peindre ! Qu'on nous représente réellement les Chinois, non pas comme dans la médiocre tragédie de l'*Orphelin de la Chine*, drame sans coloris, sans caractères ; qu'on nous fasse voir le Japonais qui, pour un seul mot qui l'offense, meurt de rage et de douleur ; que les usages, les coutumes de chaque nation soient employés avec adresse ; qu'en un mot, un tragique nous transporte sur le lieu même de l'action, qu'il ne perde jamais la nature de vue, et nous aurons non-seulement des tragédies nouvelles, mais des tragédies neuves ; au lieu que les Grecs étant renfermés dans un cercle étroit, la famille seule des Tyndarides leur a fourni plusieurs pièces [2].

LIV

Quelle est la tragédie française qui nous déchire le

1. L'*Année littéraire*, tome VII, pages 172 et 173.
2. *Ibid.*, pages 173 et 174.

cœur, ou nous émeut, ou nous touche? Quelques larmes viennent sur la paupière, et le sentiment ne va pas plus avant. Mais, toutes ces prétendues difficultés dont on accuse notre théâtre, ne viennent-elles pas plutôt de la faiblesse de nos poëtes dramatiques?

Ce qui a produit tant de drames monotones, médiocres, c'est cette régle à laquelle les auteurs se sont astreints; ils nous disent, parce qu'ils l'ont entendu dire, qu'il faut que le vice soit puni et la vertu récompensée, que le théâtre doit purger les passions; ce beau mot les a précipités dans le froid, dans le contraint, dans l'invraisemblable.

Quel est l'art et le but de la scène tragique? Plaire en touchant, en faisant entrer les passions que l'on joue dans le cœur du spectateur; c'est là le secret de Melpomène.

D'ailleurs, qu'est-ce que le malheur pour la vertu? Une source de gloire quand elle sait le soutenir et le braver. L'adversité lui donne un éclat qu'elle ne peut recevoir de la bonne fortune; malheureuse, elle est plus elle-même; elle se développe davantage, et paraît dans toute sa sublimité[1].

LV

Pourquoi le beau génie de Corneille se tourna-t-il du côté de la politique, et se fit-il admirer?

Nous sortions des guerres civiles, et nous y rentrions; on était dans ces temps de trouble et de divi-

----

1. L'*Année littéraire*, tome VII, pages 176 et 177.

sion, où tout bourgeois croyait être un Romain parce qu'il criait au *Mazarin*. Il y avait dans le sang français un levain séditieux ; le cardinal de Retz avait donné le ton républicain. La nation vint-elle à se calmer, à rentrer dans son devoir ; elle s'adoucit, l'esprit de société s'attacha à la galanterie. Racine parut qui fit valoir cette heureuse faiblesse ; il parla avec grâce, avec élégance ; il prêta tous les charmes de sa plume à l'amour ; il n'est donc pas étonnant qu'il semblât surpasser Corneille.

Les jeunes gens élevés dans une mollesse que n'avaient pas connue leurs pères, goûtèrent davantage le premier ; l'autre les effarouchant avec sa rudesse romaine ; une Sophonisbe, une Pulchérie ne parlaient pas tendresse comme Monime, Athalie, etc. L'amour enfin devint la passion favorite des Français, et elle sera toujours bien reçue sur nos théâtres quand Melpomène l'armera de son poignard[1].

LVI

L'étude de la langue nationale occupait d'abord la jeunesse chez les Grecs et chez les Romains ; il est bien singulier que le peuple qui les imite avec le plus de succès dans les sciences, dans les lettres et dans les arts, que les Français négligent cette partie fondamentale d'une éducation soignée. N'est-il pas surprenant que dans une ville comme Paris, où il y a des chaires

1. L'*Année littéraire*, pages 182 et 183.

de professeurs pour le cophte et l'arabe, il n'y en ait
point pour la langue française[1].

LVII

La fiction est un voile dont les sages de tous les
temps ont enveloppé des matières importantes. La
crainte de la persécution les a souvent engagés à déguiser ainsi leurs pensées. Plus souvent, leur dessein
a été d'irriter la curiosité du lecteur et d'exercer utile-
ment son esprit. On a vu quelquefois aussi des écrivains n'employer la fiction que pour donner un air
neuf à des choses communes[2].

LVIII

Nous sommes très-délicats sur le choix des allusions.
C'est peut-être un des grands défauts de l'esprit de
notre langue, et ce défaut, nous le devons à l'abus de
la société[3].

LIX

Je ne blâme pas qu'on mette sous nos yeux le tableau
des misères humaines ; tout ce qui peut contribuer à
nous attendrir, à nous rendre à cette nature dont tout
nous éloigne, tout cela, dis-je, doit être intéressant et
cher à tout esprit raisonnable, à tout cœur sensible.

---

1. L'*Année littéraire*, tome VII, pages 333 et 334.
2. *Ibid.*, tome VIII, page 3.
3. *Ibid.*, 1761, tome II, page 212.

Mais, on peut jeter de l'ennoblissement sur les images les plus familières du malheur; c'est là le grand secret de l'art dramatique; il faut nous montrer la nature, mais avec des adoucissements qui cependant ne lui dérobent rien de ce qui peut nous toucher. Il faut que l'honneur et le sentiment soient satisfaits à la fois; si l'on perd de vue ce double objet, bientôt on nous exposera dans nos drames un criminel conduit dans un vil tombereau à cette place publique destinée aux exécutions [1].

LX

Rien de plus commode que les romans par lettres. Pour peu qu'on ait d'esprit et de talent, la plume coule avec rapidité; un écueil est à craindre, c'est que ce genre d'écrire entraîne ordinairement le lâche et le diffus [2].

LXI

Le genre de *Comique larmoyant* ou de *Tragédies bourgeoises*, comme on voudra l'appeler, sera toujours fort au-dessous de la bonne et vraie Comédie, de la Comédie d'Aristophane, de Plaute et de Molière, parce que l'impression qu'il produit sur les spectateurs est nécessairement faible, quand même il emprunterait toute la force, toute l'énergie, toute la violence du Tragique dont il est émané.

1. *L'Année littéraire*, page 287.
2. *Ibid.*, 1761, tome II, page 306.

Cette différence vient, si je ne me trompe, de la qualité des malheurs et des personnages.

Quelle est la source de l'intérêt que nous prenons aux héros dans les tragédies? C'est la supériorité de leur rang et la grandeur de leurs dangers. Il s'agit de la perte de la liberté, d'une couronne, de la vie, etc. Ces malheurs sont d'une autre espèce que ceux du commun des hommes. Des particuliers ne sont point exposés à de pareilles infortunes[1].

LXII

La connaissance de la Fable est nécessaire dans le monde, parce qu'elle répand un grand jour sur tous les ouvrages des poëtes anciens et modernes, qui sont remplis de traits liés avec la Mythologie. Sans elle une infinité de beautés nous échapperaient; on ne pourrait entendre les fictions qui sont les fondements de la plupart des grands poëmes. Les sujets mêmes de nos propres amusements seraient pour nous des énigmes. Il en serait ainsi de tous les ouvrages de sculpture et de peinture que l'on voit, surtout dans les maisons royales et dans tous les lieux où les souverains ont fait éclater leur magnificence et leur goût pour les beaux arts : monuments précieux sur lesquels le peuple et tout ce qui lui ressemble ne porte que des regards stupides[2].

1. *L'Année littéraire*, tome III, pages 316 et 317.
2. *Ibid.*, tome IV, page 241.

LXIII

Tout est épuisé, me dira-t-on; il faut être singulier pour paraître neuf. Je trouve un autre expédient. Que les auteurs dramatiques se rapprochent de la nature, qu'ils ne la perdent jamais de vue, qu'ils approfondissent le cœur humain comme Racine, qu'ils étonnent l'esprit, qu'ils élèvent l'âme comme Corneille, qu'ils n'énervent point le sentiment par le faste des mots; je leur promets que cela paraîtra très-neuf, et qu'on ne leur reprochera point d'imiter leurs contemporains[1].

LXIV

Les jeunes gens se persuaderont-ils jamais qu'ils doivent user avec beaucoup de tempérance de l'antithèse, cette figure commune de rhétorique; qu'on veut bien la souffrir de temps en temps; mais qu'à la longue elle devient froide et mesquine; que de plus il n'y a rien de si aisé que de trouver ces oppositions enfantines de pensées et de mots; que ce sont des espèces de bouts-rimés que l'esprit le plus médiocre peut remplir[2].

LXV

Pour qu'un roman réussisse, il faut qu'il paraisse avoir le mérite de l'histoire la plus fidèle et la plus

1. *L'Année littéraire*, tome VI, page 161.
2. *Ibid.*, page 241.

vraie : sans cette qualité, il sera bientôt rejeté comme un
ouvrage de l'art, et ce n'est point l'art qui arrache des
larmes et qui excite les grands mouvements de l'âme;
c'est la nature, la seule nature envisagée et rendue avec
force; c'est ce qu'on appelle le génie [1].

LXVI

On ne peut guère fixer de principes ni donner de
modèles pour le style épistolaire; le mérite de ce genre
dépend du plus ou du moins d'esprit de celui qui
écrit; les imitations ne valent rien, et madame de Sévi-
gné a produit beaucoup de misérables copies qui sont
tombées dans le plus profond oubli [2].

LXVII

Un homme de lettres, sans quitter le genre qu'il a
embrassé, peut et doit même jeter un coup d'œil sur
tous les arts en général. Si Milton, le Tasse, le Camoëns,
n'avaient lu que des vers, leurs poésies auraient moins
intéressé [3].

LXVIII

On ne saurait être trop simple dans des ouvrages
consacrés à la douleur; les anciens nous étaient bien
supérieurs dans cette partie; ils ne s'attachaient qu'à

1. L'*Année littéraire*, tome VIII, pages 139 et 140.
2. *Ibid.*, 1762, tome I, pages 276 et 277.
3. *Ibid.*, 1762, tome I, page 317.

nous montrer la nature, et aujourd'hui nous la rendons méconnaissable en l'étouffant sous la parure de l'art[1].

LXIX

Corneille est peut-être le peintre le plus fidèle qui nous ait présenté des tableaux de l'esprit et du caractère romain. On voit que ce grand homme a changé de pinceaux avec les âges de la puissance romaine ; assurément il ne peint point Auguste sous les couleurs d'Othon ou de Sertorius[2].

LXX

C'est le privilége de la grande poésie d'animer les objets les plus matériels. Les prophètes, les premiers de tous les poëtes, personnifient les portes de Sion, les chemins de Jérusalem ; ils leur prêtent des sentiments de douleur, de joie, de vengeance.

Un grand poëte est un dieu qui secoue le flambeau de la vie sur tout ce qui l'environne ; il est ennemi du repos et de la matière ; il lance partout le mouvement, l'âme, ce feu moteur, le principe de l'existence[3].

LXXI

Dégoûtés depuis quelque temps de notre littérature, nous nous rejetons avec avidité sur les productions

1. L'*Année littéraire*, tome II, page 193.
2. *Ibid.*, tome III, pages 9 et 10.
3. *Ibid.*, tome VII, pages 12 et 13.

étrangères que nous élevons jusqu'au ciel. Cet enthousiasme n'est-il pas souvent déplacé et capable même de décourager nos auteurs qui servent, pour ainsi dire, de victimes aux idoles que notre nation va chercher hors de son sein? Je ne connais rien qui étouffe plus l'émulation que ces transports exclusifs, que cette convention de suffrages accordés à tel ou tel peuple, au préjudice de tous les autres[1].

LXXII

Il y a longtemps que l'on a disserté sur le genre de la Comédie larmoyante, qui se rapproche de l'idée que nous avons de la Tragédie bourgeoise. Je n'ai jamais pensé qu'on dût la proscrire, par plusieurs raisons; entre autres, parce que les malheurs des hautes conditions sont peut-être moins faits pour attacher les regards de la multitude qui trouve toujours dans la grandeur des dédommagements qu'elle n'aperçoit pas dans la médiocrité.

Je vais plus loin. Si nous apprenons le désastre d'un homme élevé au-dessus de nous, notre premier mouvement est de le plaindre; l'*homme* et le *grand* sont confondus dans cette première émotion, mais elle n'est que passagère; il s'y mêle un plaisir secret et naturel de se voir vengé par la fortune. Si, au contraire, elle s'appesantit sur quelqu'un de notre état, notre sensibilité est nécessairement plus vraie et plus profonde; la

1. L'*Année littéraire*, tome VII, pages 268 et 269.

crainte du même sort nous y entretient; l'homme malheureux se découvre à nous tout entier sans cet appareil de titres, de dignités, sans cette pompe d'infortune, si je puis le dire, qui le dérobe à la pitié de ses inférieurs.

Ainsi, la Tragédie bourgeoise nous rapproche plus de la nature que l'héroïque; je voudrais seulement que nos auteurs ne s'obstinassent pas à donner à cette espèce de Drame le titre de Comédie[1].

LXXIII

L'application d'un Apologue est juste lorsque l'action d'où on l'a tirée est naturelle aux acteurs qu'on vient d'introduire sur la scène, et que, sans l'être aux hommes qu'on veut introduire, elle a pourtant une ressemblance non équivoque avec ceux de leurs défauts qu'on veut corriger.

Ainsi l'action du loup qui croit avoir droit de manger l'agneau, et le mange sans autre forme de procès, quoique différente de celle du fort, qui, parmi nous autres animaux raisonnables, opprime quelquefois l'innocent, lui ressemble cependant par l'injustice, la violence et la cruauté qui sont égales des deux côtés; et comme cette ressemblance est aisément aperçue des esprits les plus simples et les moins pénétrants, elle ne peut manquer de faire trouver de la justesse dans la moralité de l'Apologue, ce qui procure au lecteur le

1. L'*Année littéraire*, tome VII, pages 336 et 337.

double avantage d'être amusé par l'illusion et d'être éclairé par la vérité.

Mais, si dans le corps de la Fable vous attribuez aux bêtes des défauts qui soient naturels aux hommes que vous voulez corriger, l'illusion disparaîtra, et votre moralité ne sera plus qu'une réflexion fastidieuse, ajoutée à la vérité qui s'est démontrée tout entière dans le corps de votre Fable.

C'est donc alors une fausseté de dire qu'il y a de la justesse dans la moralité; car, cette justesse ne peut consister que dans un rapport de ressemblance, et ce rapport est nul quand l'action est parfaitement la même de part et d'autre[1].

LXXIV

Les gens de lettres ont plus perdu à se répandre dans les sociétés qu'à vivre entre eux comme ils faisaient autrefois; ils ont à la vérité de la fortune, des emplois, des plaisirs; mais, ils dénaturent leurs talents, les énervent, les avilissent en se mettant au ton des autres; ils se défont, si l'on peut parler ainsi, du caractère original que la nature leur avait donné[2].

LXXV

Jamais on n'a vu tant de vers et si peu de poésie. Ce genre serait-il épuisé, ou ne posséderait-on point le

1. L'*Année littéraire*, 1763, tome II, pages 38 et 39.
2. *Ibid.*, tome III, page 349.

talent que demande cette riche partie de la littérature ?
Il se peut faire qu'on prenne pour de l'enthousiasme
des étincelles de confiance et de vanité. On confond
sans cesse l'art de la versification avec l'art poétique[1].

On devrait bien se corriger de la manie de répéter
toujours en vers ce que nos devanciers ont peut-être
mieux dit que nous; cette stérilité d'idées vient du peu
d'études qu'on fait et de la malheureuse facilité qui
nous emporte à coudre des rimes. On s'imagine avoir
fait des vers quand on a rassemblé une vingtaine
d'images triviales et parasites; comme beaucoup de
petits *écrivailleurs* modernes rêvent qu'ils sont philosophes, parce qu'ils ont balbutié le mot *d'être*, ou frondé
grossièrement ce qu'il y a de plus respectable dans les
mœurs et dans la religion[2].

LXXVI

C'est là le talent du grand auteur comique, ce talent
de l'immortel Molière, de cacher le pathétique du sentiment sous le masque de la gaieté[3].

LXXVII

J'ai toujours regardé la multiplicité des romans
comme une preuve de la difficulté d'en faire de bons.

1. *L'Année littéraire*, tome IV, page 181.
2. *Ibid.*, tome V, page 259.
3. *Ibid.*, tome VII, page 30.

Ce genre de littérature demande du génie comme tous les autres genres, et c'est le génie qui manque à nos romanciers. Ils se traînent pesamment sur les pas les uns des autres! Ils ne font que reproduire de fades amourettes, des aventures triviales, des intrigues sans intérêt, des dénoûments qui ne surprennent plus. Partout c'est le même fonds, la même marche, la même conduite, la même exécution. Rien de si fastidieux que cette uniformité : ce sont des enfants qui se ressemblent tous; on en voit un, on a vu tous les autres[1].

LXXVIII

Rien de plus utile que les traductions des ouvrages étrangers, surtout des ouvrages de théâtre. L'esprit humain s'agrandit en sortant du cercle étroit tracé autour de lui par l'éducation et les préjugés. Un homme qui n'a jamais vu d'autre pays que celui de sa naissance, s'il vient à voyager, est frappé de tout ce qui se présente à ses yeux; de nouveaux objets font naître en lui de nouvelles idées et de nouveaux sentiments, et, s'il est capable de réflexion, son âme se multiplie, pour ainsi dire, et s'enrichit de tout ce qu'il rencontre d'excellent chez les peuples qu'il ne connaissait pas.

Les traductions sont des espèces de voyages que l'on nous fait faire dans les différentes contrées du monde littéraire[2].

1. L'*Année littéraire*, 1771, tome IV, pages 313 et 314
2. *Ibid.*, tome VII, pages 3 et 4.

LXXIX

Les préfaces qui ne contiennent pas des choses essentielles à l'intelligence des livres qu'elles précèdent, sont des hors-d'œuvre absolument inutiles et déplacés. Mais, si un écrivain ne met une préface à la tête de son ouvrage que comme un cadre isolé, afin de pouvoir le remplir de réflexions et de sentences à perte de vue, s'il ne cherche qu'à se ménager l'occasion de répandre sa philosophie au dehors, et de prouver qu'il sait *penser*, dans ce cas une préface de quarante pages est le comble de la déraison et du mauvais goût[1].

LXXX

Pour faire de bonnes fables, il ne suffit pas d'avoir de l'esprit ; l'esprit même y nuit très-souvent, comme il est arrivé à la Motte, celui de tous nos fabulistes qui certainement en montre davantage.

Ce genre demande, je ne dis pas de la naïveté, c'est une qualité propre au divin la Fontaine, et sans laquelle Ésope et Phèdre ont réussi, mais de la simplicité, de l'aisance, du naturel et le talent de narrer ; il faut que l'auteur ne paraisse jamais vouloir briller, qu'il prenne les mœurs et le langage des animaux, qu'il ait l'air d'être entraîné par son sujet, et non de faire un ouvrage.

De toutes les espèces de Poésie il n'en est aucune où le travail supplée le moins au talent, où la prétention,

1. L'*Année littéraire*, tome VIII, pages 167 et 168.

et le mauvais goût soient le plus intolérables. Mais, un
écueil terrible pour tous les fabulistes, est cette déses-
pérante comparaison qu'on fait toujours de leurs apo-
logues avec ceux de la Fontaine[1].

1. *L'Année littéraire*, 1773, tome III, pages 289 et 290.

CHAPITRE VII

Portraits

I. Voltaire. — II. Les Anglais.

I

Après avoir observé cet astre avec le télescope de la critique, me sera-t-il permis de décrire son diamètre et ses mouvements.

Il est d'une grandeur prodigieuse; il attire tout dans son tourbillon. Il est entouré d'un nombre infini de satellites. On y découvre des taches énormes, dont quelques-unes ressemblent à des plaines vides et désertes, quelques autres à des landes hérissées de pointes. Sa révolution autour du mont Parnasse est irrégulière. Dans le temps qu'on le croit arrêté vis-à-vis le canton délicieux de la poésie, on le voit se transporter tout à coup aux sables arides de la géométrie, et passer au même instant dans les champs de l'histoire.

Plus j'examine ce corps lumineux, et plus je trouve fondée l'hypothèse de M. de Buffon.

En effet, cet astre ne serait-il pas une partie détachée du soleil? Il a brillé sur notre horizon et a paru tout en feu tant qu'a duré sa chaleur centrale; mais, il commence à se refroidir; les vapeurs se condensent, et

24

peut-être le verrons-nous bientôt totalement changé en
planète.

Pour parler sans figure, M. de Voltaire est assurément un des plus beaux esprits de France et le versificateur dont le coloris est le plus brillant. Il a toutes les
grâces, toute la vivacité de nos femmes aimables; mais,
on lui refuse absolument la beauté romaine. C'est réellement un auteur français; c'est-à-dire, qu'il appartient
à sa nation et à son siècle, au lieu que les vrais poëtes
sont de tous les pays et de tous les temps. Souvent
esclave du goût dominant, il a préféré l'avantage d'être
connu de ses contemporains à la gloire d'être admiré
de nos derniers neveux.

Ce n'est pas que je prétende que ses écrits ne par-
viennent à la postérité; mais je doute qu'elle le place
au même rang que les beaux génies du dernier siècle.
Il sera lu comme un écrivain de beaucoup d'esprit, à
qui il manquait les parties les plus essentielles. L'invention et le jugement font les grandes poëtes [1].

II

Que sur ces bords heureux, où le goût tient son empire, il se trouve des esprits rebelles à ses leçons, c'est
de quoi vous ne vous êtes jamais étonné : chez les peuples les plus policés on rencontre quelques barbares.
Mais, qu'une nation entière, qui depuis longtemps
cultive les Lettres, qui se voit enrichie des trésors

1. *Lettres sur quelques écrits de ce temps*, tome III, pages 15
à 17.

d'Athènes, de Rome et de Paris, ne soit pas encore parvenue à produire un ouvrage digne d'être avoué par ses maîtres : comment expliquer un pareil phénomène ?

Les Anglais, si jaloux de leur indépendance, veulent-ils donc l'étendre jusques sur leur manière d'écrire ? Regardent-ils les Aristote, les Horace, les Quintilien et les Despréaux, ces sages législateurs, comme des tyrans qui attentent à leur liberté ?

La forme de leurs livres (me pardonnerez-vous ce parallèle) ressemble à celle de leur Gouvernement, et retrace, par ainsi dire, les trois Pouvoirs qui se réunissent à Westminster.

La Majesté Royale est, en quelque sorte, représentée par les traits vraiment sublimes qui leur échappent quelquefois; la Chambre des Pairs, par les sentiments nobles qu'ils expriment, et celle des Communes (la plus nombreuse) par les petits objets qu'ils s'amusent à peindre, par les idées triviales qu'ils ne savent point rebuter, par la bassesse des originaux qu'ils nous présentent.

Enfin, leur mont Parnasse est un autre mont Etna, qui vomit des flammes, de la cendre et de la fumée[1].

1. *Lettres sur quelques écrits de ce temps*, tome V, pages 3 et 4.

CHAPITRE VIII

Histoire

I

Les beautés neuves et originales font le prix et le succès des ouvrages de poésie et d'éloquence. Il n'en est pas ainsi de l'histoire. Elle n'obtient nos suffrages, que lorsqu'elle nous présente des faits exacts et curieux, avec des dates sûres. Les grâces du style et tout l'art de l'historien ne sont que des ornements accessoires.

Peu d'auteurs sont en état de manier un sujet historique, de fondre habilement tous les faits, de les enchaîner avec un art imperceptible, et de leur donner ce tissu, ces ligaments, si je puis m'exprimer ainsi, qui forment un corps, dont tous les membres se rapportent. La nature et le goût observent les mêmes règles. C'est la justesse et la proportion qui produisent les beautés physiques, morales et littéraires.

Doit-on regarder comme un historien un écrivain dont le bel esprit secoue le joug importun des préceptes; qui nous donne de faibles esquisses pour des portraits achevés, des maximes d'écran pour de profondes réflexions, des transitions cavalières pour le nerf et la vivacité du pinceau.

Il est encore bien difficile de tenir un juste milieu par rapport à la manière de raconter. L'un a le style maigre et décharné; l'autre le surcharge de trop d'embonpoint.

Les poëtes songent à s'immortaliser eux-mêmes, plutôt que les héros qu'ils chantent. C'est Homère, Virgile et Voltaire que nous admirons, beaucoup plus qu'Achille, Énée ou Henri IV. Le contraire doit arriver dans une histoire bien faite. Il faut que le lecteur soit occupé des actions et des personnages, sans penser à l'historien [1].

II

Un auteur qui donne au public l'histoire générale d'un pays, justifie ordinairement dans sa préface ces énormes compilations de grands et de petits faits, dont il a formé son ouvrage. Son intérêt est de persuader qu'on ne peut bien savoir l'histoire d'un royaume, sans entrer dans les plus petits détails, sans rapporter les actions les plus communes des personnages qu'il introduit. Il trouve de la sécheresse dans tous les abrégés, et il pré-

1. *Lettres sur quelques écrits de ce temps*, tome I. pages 20 et 21.

tend qu'ils n'ont été imaginés par les écrivains que pour favoriser leur paresse et pour fomenter celle des lecteurs.

D'un autre côté, consultez les avertissements des faiseurs d'abrégés historiques, vous les verrez se déchaîner contre les grands corps d'histoire, qu'ils relèguent impitoyablement au fond d'une bibliothèque monastique. Ils sont toujours indignés contre ces prolixes érudits, qui, non contents de faire l'histoire immense d'un empire, font celle des provinces; ils craignent que bientôt chaque ville et peut-être chaque bourgade n'ait son historien.

Ces déclamations sont outrées de part et d'autre. Les abrégés ont leurs avantages, et il est bien agréable pour les personnes que des occupations importantes empêchent de se livrer à une étude longue et pénible, d'acquérir une connaissance suffisante d'une nation, sans être obligé de lire une vingtaine de volumes in-folio ou in-quarto.

Mais je ne pense pas pour cela qu'il faille proscrire les grandes histoires. J'avouerai même que je ne serais pas fâché que l'on fît celle de chaque ville et de chaque bourgade. Il y a toujours à profiter dans ces sortes de collections; ce n'est même qu'avec le secours de toutes ces histoires particulières qu'on vient à bout de composer une bonne histoire générale d'un royaume; comme ce n'est qu'à la faveur des cartes multipliées que la géographie peut se perfectionner.

On a donc des obligations réelles à ces écrivains laborieux qui se consacrent par goût ou par état à rassembler les événements d'une province, d'une ville, d'une église, d'une abbaye, etc.

Il n'y a qu'un bel esprit superficiel qui puisse jeter du ridicule sur ces occupations utiles à la patrie, avantageuses aux beaux esprits eux-mêmes, qui souvent puisent dans ces doctes archives la matière de quelques morceaux historiques, qui les font briller dans le monde [1].

III

Pourquoi voyons-nous presque tous les jeunes gens débuter dans la littérature par des romans?

C'est que c'est le travail qui flatte le plus leur paresse et leur vanité. Pour produire de pareils ouvrages il ne faut que donner l'essor à son imagination, et laisser couler librement de sa plume tout ce qui s'offre à l'esprit. On s'épargne des études épineuses, des recherches ingrates, des réflexions laborieuses : en un mot on est dispensé de lire; et il est aussi difficile de bien lire que de bien écrire; en sorte que l'on peut assurer dans un sens qu'il y a très-peu de Français qui sachent lire et écrire,

Quelques faiseurs d'histoires ont adopté le genre commode des romanciers. Ils se contentent d'assembler quelques faits généraux, sans ordre et sans discernement, qu'ils surchargent de prétendues maximes d'Etat, de leçons de politique, profondes en apparence,

---

1. *Lettres sur quelques écrits de ce temps*, tome IV, pages 277 à 279.

puériles en effet, et de portraits de fantaisie, tracés avec autant de justesse et de vérité à peu près, que le sont les traits du visage dans les estampes des empereurs romains et de nos anciens rois[1].

IV

Un historien qui raisonne sans cesse a certainement le ton dogmatique, et ce ton ne convient point à l'histoire. Ce sont les faits et non l'écrivain qui doivent instruire le lecteur[2].

V

Un esprit froid est ordinairement plus judicieux qu'un génie plein de chaleur. Il combine, il examine, il discute avec plus de patience et de solidité ; les études les plus épineuses ne le rebutent pas ; il est plus occupé de chercher et de trouver la vérité (c'est là l'essentiel dans l'histoire) que de la charger d'ornements ; il met aussi plus d'ordre, de liaison et de clarté dans la distribution des faits[3].

VI

Les mémoires particuliers répandent un grand jour sur l'histoire ; ils nous dévoilent les raisons des plus grands événements, et nous sommes souvent bien

1. *Lettres sur quelques écrits de ce temps*, tome I, pages 319 et 350.
2. *L'Année littéraire*, 1755, tome V, page 185.
3. *Ibid.*, 1755, tome IV, page 191.

étonnés de voir combien sont petites les causes qui les ont produits.

L'historien politique qui se tourmente pour combiner les circonstances, et le chercheur d'anecdotes qui s'égare dans des routes écartées, prennent donc une peine inutile, et il y a de quoi rire de les voir s'épuiser en raisonnements et en conjectures : ils font en histoire ce qu'on fait en philosophie ; ils bâtissent des systèmes, au lieu d'attendre que le temps perce les nuages obscurs qui couvrent la vérité.

C'est une folie que de prétendre bien savoir l'histoire d'un monarque régnant ; on ne voit que les faits principaux et extérieurs ; les ressorts qui font mouvoir la grande machine d'un État se dérobent aux yeux des contemporains.

Nous sommes bien mieux instruits que ne l'étaient nos pères des motifs et des actions publiques et privées de Louis XIV ; et nos neveux, à leur tour, auront une connaissance plus étendue et plus parfaite que nous-mêmes du règne de Louis XV. On écrit encore plus aujourd'hui qu'on ne le faisait du temps de Louis XIV, et il y a peut-être mille gens au fait de ce qui se passe, occupés à écrire des mémoires domestiques qui ne verront le jour que longtemps après que nous l'aurons perdu[1].

VII

On se plaint avec raison de l'usage qui s'est établi

1. L'*Année littéraire*, tome VIII, pages 275 à 277.

dans notre siècle de ne traiter l'histoire que par abrégés. A l'exception de l'ouvrage excellent de M. le président Hénault et de quelques autres formés sur ce modèle, je regarde ce genre de littérature comme un effet du mauvais goût. Ces compilations indigestes, qui coûtent peu à former, contribuent moins à étendre les connaissances qu'elles ne nuisent aux bonnes études. Sous le prétexte d'analyser et de réduire, nous devenons mesquins; nous étranglons les sujets; nous les rendons presqu'imperceptibles, et bientôt, si nous n'y prenons garde, nous serons si petits qu'on nous perdra de vue.

La meilleure manière d'écrire l'histoire et la plus instructive, tant pour l'exposition des faits que pour les maximes de morale et de politique qui en résultent, est celle de M. Rollin et de plusieurs auteurs très-connus et fort estimés. On y prend des idées justes sur la géographie respective, sur les événements, sur les grands hommes, sur les mœurs, sur le génie des peuples, sur le commerce, sur les sciences, sur les arts et sur les productions naturelles de chaque climat.

C'est ce que les Anglais appellent *histoires rédigées*. Moins diffuses que les histoires générales, moins arides que les abrégés, elles joignent le mérite de la précision à celui des développements[1].

VIII

Tous ceux qui écrivent des histoires, soit générales, soit particulières, doivent bien se mettre dans l'esprit

1. *L'Année littéraire*, pages 252 à 254.

qu'ils ne sont que des témoins, et que leur déposition ne demande que de la simplicité, de la clarté et de l'élégance. Un conteur dans la société serait insupportable si ses narrations étaient conçues en phrases ampoulées, obscures et précieuses[1].

IX

L'histoire, dont le principal attribut est de porter les hommes à la vertu et de les détourner du vice, doit, pour remplir cet objet, renfermer non-seulement les actes qui ont trait à la partie militaire et civile du gouvernement, mais encore mettre au grand jour les passions des hommes, et rapporter les différents effets qu'en ont ressenti ceux qui s'en sont laissé abuser[2].

X

Les lettres des particuliers célèbres intéressent toujours le public, lors même qu'elles ne portent que sur des objets frivoles ou indifférents, parce qu'elles servent à développer leurs mœurs, leur caractère, la tournure de leur esprit; mais, elles sont d'une toute autre importance quand de grands hommes y traitent des matières relatives au rang qu'ils ont occupé dans le monde de la politique ou de la guerre. Ces écrits deviennent alors précieux et pour l'histoire et pour l'instruction de ceux qui doivent leur succéder dans leurs emplois[3].

1. L'*Année littéraire*, 1759, tome VI, page 353.
2. *Ibid.*, tome VI, page 3.
3. *Ibid.*, 1760, tome III, page 168.

XI

L'Angleterre est un théâtre fécond en actions et en crimes. Après l'histoire bysantine, je n'en connais point qui soit plus dégoûtante de sang, si l'on peut parler de la sorte, plus souillée de forfaits, de grands attentats, que celle d'Angleterre[1].

XII

L'histoire de Rome est tellement liée avec celle de tous les pays et de tous les peuples, que tout ce qui la concerne a droit d'intéresser l'homme de lettres et d'entrer dans la sphère de ses connaissances. Ignorer l'histoire de cette ville fameuse, c'est être presque neuf, non-seulement dans l'histoire du monde, mais en tout genre de littérature[2].

XIII

Ce serait un travail digne d'un bon esprit et d'une âme honnête que d'entreprendre de réhabiliter les mémoires injustement flétries, de rendre à la probité l'éclat que la calomnie, l'ignorance, la prévention lui auraient élevé et de faire retomber sur le vice l'opprobre dont il réussit quelquefois à couvrir la vertu.

L'histoire est pleine de faussetés, le mot est trop doux, disons d'atrocités en ce genre. Souvent les hommes les moins coupables y sont travestis en scélé-

1. L'*Année littéraire*, 1760, tome VII, page 163.
2. *Ibid.*, 1762, tome I, pages 351.

rats et les personnages les plus odieux représentés sous des traits qui les font aimer.

Cette distribution cruelle de réputations non méritées vient originairement des auteurs contemporains, maîtrisés par leurs passions, ou, ce qui est plus vil encore, esclaves de celles des autres. Les écrivains postérieurs copient fidèlement les premiers, sans considérer avec quel soin et quelle exactitude un historien est obligé de vérifier les anecdotes, surtout quand elles sont de nature à blesser l'honneur des familles et des nations mêmes[1].

Il en est aujourd'hui de l'histoire comme de certains tableaux, dont la force, le coloris, le sujet même ont disparu sous des couches de vernis appliquées successivement par des peintres ignorants. Il s'agit de lever ce vernis et de découvrir les véritables traits[2].

XIV

Les Dépêches des Ministres et des Ambassadeurs sont les véritables sources où l'on doit puiser la connaissance de l'Histoire. Toutes les autres sont suspectes ou altérées. Les historiens même contemporains ne nous débitent souvent que ce qui se disait de leur temps. Ils ne sont que les organes et les interprètes de cette renommée, qui publie le faux et le vrai avec le même éclat; quand ils veulent remonter à la cause des

1. *L'Année littéraire*, 1762, tome III, pages 217 et 218.
2. *Ibid.*, tome VI, page 75.

événements, ils ne s'appuient que sur des conjectures chimériques ou incertaines. La contrariété de leurs opinions sur des points essentiels laisse presque toujours dans l'esprit plus d'obscurité que de lumière; et leurs témoignages opposés ne servent qu'à fonder un pyrrhonisme que la raison avoue.

La vérité, au contraire, se montre à découvert dans les pièces originales, écrites par ceux-mêmes qui ont traité les grandes affaires. Ce sont des témoins sûrs et fidèles qui ne rapportent que ce qu'ils ont vu et entendu. Le pyrrhonisme disparaît à la vue de ces monuments authentiques; les vrais principes des événements se développent; les mystères sont dévoilés; les ténèbres se dissipent; on supplée à toutes les omissions des historiens; on corrige toutes leurs erreurs[1].

XV

Scaliger prétendait que toute histoire est bonne à lire, *omnis historia est bona*[2], parce qu'il n'en est aucune où l'on ne rencontre quelque fait, quelque date, quelque circonstance que l'on ignore, ou dont on est bien aise de se rappeler le souvenir.

Chaque historien envisage son sujet sous un jour différent; ce que l'un aura omis, faute d'attention et de recherches, ou ce qu'il aura rejeté, faute de discernement, un autre le rapporte, et ce n'est qu'à force de lire et de comparer les divers morceaux d'une même his-

1. L'*Année littéraire*, 1763, tome IV, pages 76-78.

toire maniés par différentes mains que l'on en peut
acquérir une connaissance entière et parfaite[1].

XVI

Les parallèles, en général, sentent trop l'étude et
l'art; ce sont des efforts d'esprit, et l'éloquence ne doit
rien avoir de pénible. D'ailleurs, il n'y a jamais une
justesse exacte dans les rapports qu'on saisit entre
deux hommes qui ne sont nés ni avec la même trempe
de génie, ni dans les mêmes circonstances, ni avec les
mêmes qualités morales, et qui ont vécu sous des rois
d'un caractère différent.

Il faut donc entasser antithèses sur antithèses, oppositions sur oppositions, contrastes sur contrastes, et je
ne connais rien de plus fatiguant que ce genre d'écrire
autrefois si à la mode[2].

XVII

On peut dire que l'histoire, ainsi que les autres objets
de nos études, est d'une étendue immense. On y fait
tous les jours de nouvelles découvertes, qui servent à
faire connaître les lois, les usages, les mœurs et le
génie des siècles passés.

Les histoires particulières des villes et des provinces
nous apprennent souvent des faits qui tiennent à l'histoire générale, et l'on ne saurait trop applaudir au

1. L'*Année littéraire*, 1763, tome V, page 101.
2. *Ibid.*, tome V, page 241.

travail de ceux qui, par une étude pénible des anciens monuments, se mettent en état d'augmenter le trésor des connaissances historiques ; ce n'est qu'en recueillant et en réunissant les fruits de leurs savantes recherches que l'on pourra donner à un cours d'histoire toute la perfection qui serait à désirer [1].

1. L'*Année littéraire*, 1763, tome VIII, pages 145 et 146.

CHAPITRE IX

Pensées diverses

On se défie des poëtes qui trop fréquemment font briller les *éclairs* et partir la *foudre :* on peut les comparer à ces ennemis inférieurs en forces, qui placent de fausses lumières et font beaucoup de bruit, pour faire croire qu'ils sont moins faibles et plus nombreux qu'ils ne sont réellement [1].

* * *

Comme il est injuste d'appeler imitation servile la moindre ressemblance, il n'est pas juste non plus que la moindre variété de nuances reçoive les éloges dûs à l'invention [2].

* * *

Nous sommes intérieurement moins vertueux que nos pères, et par conséquent plus réservés sur les dehors. Plus on a de vices à cacher, plus le voile de la décence doit s'étendre [3].

1. *Lettres sur quelques écrits de ce temps*, tome I, page 57.
2. *Ibid.*, page 125.
3. *Ibid.*, page 153.

*
* *

Je crois qu'en général le plus grand défaut des jeunes gens est de ne pas sentir leur faiblesse, quelquefois même de méconnaître leurs forces. Il en est d'eux comme des terres, où il y a une mine d'or, sans que le propriétaire l'y soupçonne [1].

*
* *

La vapeur des éloges produit la fatuité. On devient amoureux de ses œuvres, comme Pygmalion de sa statue; mais celle-ci fut animée [2].

*
* *

Le caprice fait souvent les succès; c'est ce qui invite tant de gens à s'essayer. La multitude ne saurait se défendre du charme de la nouveauté. Elle élève d'abord au premier rang un jeune auteur, qui souvent ne donne que de faibles espérances d'y monter. Elle décourage par là le talent auquel elle est accoutumée [3].

*
* *

Quand un vrai génie paraît dans le monde, on le distingue à cette marque : tous les sots se soulèvent contre lui [4].

1. *Lettres sur quelques écrits de ce temps*, tome I, page 192.
2. *Ibid.*, page 193.
3. *Ibid.*, page 193.
4. *Ibid.*, page 193.

*
* *

L'habileté des médiocres et la bêtise des esprits supérieurs peuvent détourner un homme sensé de la profession des lettres. On a beau dire, le plat écrivain se rend intérieurement justice : le remords de la médiocrité le déchire. Il la déguise par l'adresse de se faire valoir, qui donne plus sûrement la réputation que ce qu'on vaut. L'homme de génie est peu propre pour l'intrigue; il fait bien ses ouvrages, et mal sa cour[1].

*
* *

Rien, selon moi, ne nous fait plus d'honneur que le respect que nous témoignons pour les gens d'un mérite supérieur. Il semble que nous ne saurions être bien pénétrés de ce qu'ils valent, que nous ne valions beaucoup nous-mêmes; et l'admiration, que nous avons pour eux, quand elle est bien marquée et bien sincère, nous fait en quelque sorte devenir leurs pareils[2].

*
* *

L'obstacle le plus puissant au progrès du goût est l'admiration opiniâtre de quelques gens pour des auteurs proscrits par les justes arrêts de la Critique. Ils s'aveuglent sur leurs imperfections; ils ne veulent pas même qu'on leur ouvre les yeux. Ils ressemblent

1. *Lettres sur quelques écrits de ce temps*, tome I, page 194.
2. *Ibid.*, page 195.

aux amants qui ne trouvent aucun défaut à leurs maî-
tresses. Le parallèle qu'ils en font avec les autres
femmes tourne toujours à l'avantage de celles qu'ils
adorent[1].

*
* *

Pour bien juger des anciens, il faut remonter jusqu'au siècle où ils ont vécu. On rapporte tout à ses
mœurs, à ses usages ; c'est la source d'une infinité de
faux jugements[2].

*
* *

Défions-nous des poëtes qui font beaucoup de bruit
pendant leur vie ; ils n'en feront pas tant après leur
mort. Un homme inconnu peut être un homme divin,
dit Marc-Aurèle. En suivant cette pensée, un poëte
célèbre peut être un homme fort ordinaire[3].

*
* *

Écrire sur le mépris de la mort lorsqu'on est en santé,
c'est écrire sur le mépris des richesses lorsqu'on est
dans l'opulence[4].

*
* *

Il est bien plus aisé de faire pleurer que de faire

1. *Lettres sur quelques écrits de ce temps*, tome II, pages 24 et 25.
2. *Ibid.*, page 130.
3. *Ibid.*, tome II, page 171.
4. *Ibid.*, tome III, page 99.

rire. Notre âme est ouverte à la tristesse plutôt qu'à la joie : telle est l'essence de notre nature[1].

* * *

La finesse ne va guère sans la fausseté ; et cela est aussi vrai, par rapport aux ouvrages d'esprit que par rapport au commerce du monde. En effet, la plupart des pensées fines et délicates, quand on les approfondit, n'offrent que des idées fausses[2].

* * *

La maxime de lire pour s'amuser, qui tous les jours acquiert de nouveaux partisans, est peut-être l'avant-coureur le plus certain de la chute des Lettres parmi nous. Content du prétendu bonheur de sentir, on se refuse au travail de penser. La raison assoupie n'a pas la force d'entreprendre la lecture d'un ouvrage qui, pour être goûté, demande une certaine application. Des yeux accoutumés à un jour doux, sont blessés d'une grande lumière[3].

* * *

Comme on grossit au Théâtre les vices et les ridicules, il n'y a pas de mal d'outrer dans les livres les vertus et les belles actions. On ne saurait trop exiger des hommes.

1. *Lettres sur quelques écrits de ce temps*, tome IV, page 15.
2. *Ibid.*, tome IV, page 128.
3. *Ibid.*, tome IV, page 145.

On sait bien qu'ils resteront en deçà du point de perfection qu'on leur présente; mais les efforts qu'ils font pour y parvenir ne sont point perdus. S'ils n'arrivent pas au sommet, ils ne tombent pas non plus dans le précipice[1].

✱
✱ ✱

Louer avec feu est presque toujours une marque certaine de la médiocrité d'esprit. Chacun loue ou censure à proportion de ce qu'il croit voir et ne voit pas dans les objets; de là cette vivacité, cette chaleur, cet enthousiasme, ce délire dans certains esprits. Ils sont transportés d'admiration où d'autres se contentent d'applaudir, d'approuver et souvent de ne pas blâmer. Tout est géant aux yeux d'un nain[2].

✱
✱ ✱

Un seul précepte de goût porte bien plus de lumières dans l'esprit qu'un vaste chaos de remarques et de citations[3].

✱
✱ ✱

La correction nuit souvent à la chaleur, et des vers assez bien faits ne sont pas toujours de beaux vers[4].

---

1. *Lettres sur quelques écrits de ce temps*, tome IV, page 210.
2. *Ibid.*, pages 307 et 308.
3. *Ibid.*, etc., page 334.
4. *Opuscules de Fréron*, tome II, page 85.

*
* *

Il en est en quelque sorte des pièces de théâtre comme des familles. Les unes, après avoir eu des commencements faibles et obscurs, s'élèvent avec le temps à une fortune brillante ; tandis que les autres, qui ont paru d'abord avec éclat, tombent insensiblement dans le mépris et dans l'oubli. Que de tragédies aujourd'hui ignorées, qui ont fait l'admiration de nos ancêtres[1].

*
* *

Les libraires, qui font pendant l'été leurs provisions de manuscrits, imitent la prévoyance de la fourmi ; avec cette différence, qu'ils voudraient bien que leurs magasins ne fussent pas si pleins pendant l'hiver[2].

*
* *

Il serait à souhaiter, sans doute, que les plus belles productions de l'esprit humain fussent aussi les mieux partagées du côté de la presse. Mais le mérite d'un ouvrage est précisément la cause du peu de soin qu'on apporte à l'imprimer. On est toujours sûr de vendre un bon livre, sous quelque forme qu'il paraisse. Les plus belles femmes ne sont pas celles qui ont le plus besoin de parure[3].

---

1. *Opuscules de Fréron*, tome II, pages 94 et 95.
2. *Ibid.*, page 111.
3. *Lettres sur quelques écrits de ce temps*, tome VII, page 50

* *

Les rois ressentent les passions de la même manière que les particuliers. Il n'y a que la façon dont les uns et les autres expriment leurs sentiments qui constitue la différence entre la Comédie et la Tragédie [1].

* *

Les jeunes gens, les femmes, et en général tous ceux qui ont les passions vives, s'amusent davantage à la représentation d'une pièce tragique. Mais il faut des comédies pour les personnes dont l'esprit est mûri par la réflexion. A un certain âge, on aime mieux rire avec Molière que de pleurer avec Racine [2].

* *

Rien ne fâche plus dans une lecture qui plaît que de voir un homme d'esprit qui ne croit jamais en montrer assez. On serait presque tenté de souhaiter qu'il n'en eût point du tout [3].

* *

Le goût est à la fois un discernement vif et une sensation délicate : c'est le cœur éclairé [4].

1. *Lettres sur quelques écrits de ce temps*, tome VII, page 61.
2. *Ibid.*, page 222.
3. *Ibid.*, tome IX, page 27.
4. *Ibid.*, tome IX, page 343.

*
* *

J'ai lu quelque part, qu'un prédicateur prêchant sur l'enfer, et voulant ménager la délicatesse de ses auditeurs, leur disait : « Si vous persistez dans vos désor- « dres, vous courez risque d'habiter éternellement « dans un lieu que la *bienséance* m'empêche de vous « nommer. »

Nos prédicateurs ne poussent pas encore si loin les égards; mais cela pourra venir. Ils traitent déjà les matières les plus terribles d'une façon si agréable qu'on n'en est plus effrayé [1].

*
* *

Les traducteurs sont comme les peintres de portraits; ils peuvent embellir la copie, mais elle doit toujours ressembler à l'original [2].

*
* *

C'est entendre bien mal la galanterie, que d'entreprendre l'apologie des femmes dans la vue de leur plaire. N'est-ce pas supposer qu'elles ont des défauts qui demandent une justification [3]?

1. *Lettres sur quelques écrits de ce temps*, tome X, pages 31 et 32.
2. *Ibid.*, page 323.
3. *Ibid.*, tome XI, page 126.

*
* *

Il vaut souvent mieux donner au public l'esprit d'autrui que le sien [1].

*
* *

Rien n'est si commun que les louanges; rien n'est si rare que le mérite.

Pour un homme capable de faire honneur à sa patrie par la supériorité de ses talents, vous en trouverez mille qui voudront les apprécier par leurs éloges.

Combien de panégyristes, sans cesse occupés des grands hommes, se flattent d'en partager la gloire, parce qu'ils les font connaître? Semblables à ces hérauts de l'antiquité qui marchaient devant les conquérants pour annoncer leurs triomphes [2]?

*
* *

Avec un *peut-être* on ne risque rien; mais aussi rien ne se décide [3].

*
* *

Il ne faut pas avertir qu'on peut être plaisant; c'est le moyen de ne pas réussir [4].

---

1. *Lettres sur quelques écrits de ce temps*, tome XII, page 309.
2. *Ibid.*, tome XIII, page 155.
3. *Ibid.*, page 164.
4. *Ibid.*, page 166.

* *
*

Quand on veut appliquer des dénominations antiques à de grands hommes, c'est moins l'éclat que la justesse qui peut les flatter[1].

* *
*

La gaieté n'est point incompatible avec la décence. Un auteur ne doit chercher à plaire qu'aux honnêtes gens[2].

* *
*

Plus un empire s'étend, et plus il est proche de sa destruction[3].

* *
*

Ce n'est point avec les armes de l'esprit qu'on doit combattre les vices du cœur; les grandes vérités n'ont jamais plus de force que lorsqu'elles sont dénuées de vains ornements[4].

* *
*

C'est dans la littérature, dans les beaux-arts, qu'il est ridicule qu'un fils s'obstine à entrer dans la même carrière que son père.

On regarde le génie comme héréditaire; c'est un des

1. *Lettres sur quelques écrits de ce temps*, tome XIII, pages 173 et 174.
2. *Ibid.*, page 213.
3. *Ibid.*, page 295.
4. L'*Année littéraire*, 1754, tome III, page 315.

travers qui était réservé à nos jours. Mais nous voyons que, pour bien écrire, il ne suffit pas d'être né d'un grand écrivain

Il vaudrait beaucoup mieux sans doute que ces hommes, qui veulent à toute force être auteurs, eussent employé dans d'autres états la portion d'esprit ou de médiocrité qu'ils ont reçue de la nature. Tel aurait été un bon forgeron, qui n'est qu'un poëte dur et boursouflé [1].

*
* *

On trouve partout de l'esprit, mais où trouver du génie? Un homme d'esprit n'a pas plus de peine à en semer dans ses ouvrages, qu'un financier à répandre de l'argent. L'un et l'autre manquent presque toujours leur but, faute de savoir placer leur dépense [2].

*
* *

Les ridicules sont dans les choses, et non dans les mots [3].

*
* *

La bonté accompagne toujours la véritable grandeur. La plus grande vertu d'un prince c'est d'être bon, et les seules louanges que le cœur donne sont celles que la bonté s'attire : les autres qualités ne font que la

---

1. L'*Année littéraire*, 1754, tome IV, page 45.
2. *Ibid.*, page 219.
3. *Ibid.*, page 221.

gloire du souverain. La bonté fait la félicité des peuples [1].

*
* *

On peut être bon citoyen en tout sens, et trouver la plupart des écrits de ce siècle pitoyables. La critique des ouvrages est une opération de l'esprit ; le cœur n'y a aucune part. Si l'on était réputé méchant pour dire que telle tragédie est mauvaise, il y aurait en vérité bien des méchants, car tout le monde dit la même chose. J'aimerais autant, lorsque je suis chez un marchand qui m'étale plusieurs pièces d'étoffe sur lesquelles je prononce librement :

— « Celle-ci est passable, celle-là est commune, cette autre est fort laide, »
que ce marchand furieux dît de moi :
— « Voilà un bien méchant homme » [2].

*
* *

Le Goût est un prince détrôné qui, de temps en temps, doit faire des protestations [3].

Les ennemis des anciens n'avaient pas, à beaucoup près, un mérite éminent, au lieu que la plupart des admirateurs de ces mêmes anciens étaient de grands hommes, de grands génies ; ce qui seul décide la ques-

1. L'*Année littéraire*, 1754, tome VI, page 177.
2. *Ibid.*, 1755, tome I, pages 6 et 7.
3. *Ibid.*, page 10.

tion : c'est aux Turenne à juger de guerre et d'héroïsme [1].

*
* *

L'*à peu près* est le plus grand ennemi de la précision [2].

*
* *

Ce ne sont ni l'esprit, ni les talents, ni le savoir, ni le génie, ni la vertu même qui nous avancent dans le monde, c'est uniquement le caractère d'esprit, une certaine souplesse dans les ressorts de notre âme, un long service auprès des Grands, une constance, une assiduité qui ne se rebute ni des refus, ni des lenteurs, ni des duretés, et souvent aussi des caprices de la protection.

Voilà l'explication des écrivains médiocres que l'on voit parvenir aux honneurs et aux richesses, tandis que des gens de mérite vivent dans l'indigence, et presque dans l'opprobre. En un mot, on naît avec le talent de faire fortune, comme on naît avec le talent de faire de beaux vers : heureux celui qui les réunit tous deux [3].

*
* *

Il n'est pas possible qu'une pièce réussisse autant à la lecture qu'à la représentation, où le jeu noble, vrai, pathétique des acteurs, et les applaudissements d'un

---

1. *L'Année littéraire*, 1755, tome I, pages 249 et 250.
2. *Ibid.*, tome II, page 17.
3. *Ibid.*, tome III, pages 135 et 136.

parterre enchanté, augmentent la chaleur de l'action même, et communiquent une sorte d'enthousiasme aux esprits les plus difficiles à remuer.

Ce n'est pas là le moment d'apprécier un ouvrage dramatique; il faut attendre qu'il paraisse en public sans ce faste imposant de la scène; il me semble voir un roi dépouillé de sa grandeur suprême; c'est alors que ses vertus, ses vices et ses défauts sont mis dans la balance, et qu'on le juge définitivement[1].

*
* *

La prose peut sans doute être poétique; mais, quand elle l'est, il faut qu'elle le soit toujours; sans quoi, une phrase ou deux d'un autre genre lui font perdre l'unité de coloris, et produisent le même effet que des vers prosaïques dans la poésie[2].

*
* *

La prévention est pire que l'ignorance. Celle-ci est ordinairement simple, timide et avide d'apprendre; l'autre, au contraire, rejette toute instruction; elle tient lieu de savoir, et lorsqu'elle s'est emparée d'un esprit dur et altier, les faits les plus frappants, les preuves les plus convaincantes ne font aucune impression sur lui[3].

1. L'*Année littéraire*, 1755, tome VIII, pages 145 et 146.
2. *Ibid.*, 1756, page 116.
3. *Ibid.*, tome II, page 96.

*
* *

Ce qui fait le grand homme n'est pas d'être sans défauts dans ses ouvrages, mais d'être plein de beautés
frappantes, de morceaux transcendants qui marquent
la force et l'élévation du génie[1].

*
* *

S'il est peu d'auteurs qui fassent de bons ouvrages,
il en est bien moins encore qui, par l'heureuse invention d'une méthode utile, en fassent faire de bons[2].

*
* *

Rien n'impose à l'homme qui pense ; anciens ou modernes, morts ou vivants, tout lui devient égal ; il ne
juge l'auteur que par l'ouvrage, et ne croit point qu'il
soit Dieu, quelque ancien qu'il puisse être, parce qu'il
voit toujours qu'il est homme par quelque endroit ; ce
qui ne l'empêche pas d'être grand homme[3].

*
* *

La poésie a cet avantage, qu'elle rend sensibles au
peuple les vérités les plus abstraites par les images sous
lesquelles elle les présente ; par sa mesure et son harmonie, elle les imprime dans la mémoire[4].

1. L'*Année littéraire*, 1756, tome II, pages 134 et 135.
2. *Ibid.*, page 241.
3. *Ibid.*, tome III, pages 96 et 97.
4. *Ibid.*, pages 252 et 253.

** *

Malheureux les versificateurs qui n'ont que de l'esprit, et j'ose dire, les prosateurs eux-mêmes ! Les uns et les autres ne feront jamais que des écrits froids, languissants, inanimés, qui pourront avoir une petite durée passagère, semblable à ces santés faibles que l'on soutient pendant quelque temps par artifice. C'est la chaleur, la chaleur seule qui fait vivre les hommes et leurs ouvrages[1].

** *

Il est toujours beau de marcher après les grands hommes ; soutenir avec eux le parallèle, serait le comble de la gloire[2].

** *

C'est marcher à grands pas vers la perfection que de savoir être docile, et se corriger[3].

** *

Malgré l'axiome de Cicéron qui dit qu'on naît poëte et qu'on devient orateur, je crois qu'on naît orateur, grammairien même, etc., comme on naît poëte, peintre, etc., et qu'un homme ne se distingue dans un genre

1. L'*Année littéraire*, 1756, tome III, page 330.
2. *Ibid.*, tome IV, page 46.
3. *Ibid.*, page 57.

que parce que la nature l'a nommé à ce genre préféra-
blement à tout autre[1].

*
* *

Boileau était idolâtre des anciens, et devait l'être
sans doute par goût et par reconnaissance ; mais il se
mêle toujours de la superstition dans tous les cultes,
et sa délicatesse en est une preuve[2].

*
* *

Il est plus aisé d'être plaisant que judicieux.

*
* *

Par une contrariété bien singulière, les hommes, si
jaloux de leurs opinions, ne le sont guère de juger par
eux-mêmes[3].

*
* *

Le génie lui-même est souvent copiste, mais il ne
l'est pas comme l'esprit. Dans la Mothe on voit que
c'est l'esprit qui copie Homère ; dans Virgile on trouve
que c'est le génie[4].

*
* *

Quelle fureur a-t-on d'écrire lorsque l'on ne peut pas

1. *L'Année littéraire*, 1756, tome V, pages 244 et 215.
2. *Ibid.*, page 352.
3. *Ibid.*, page 356.
4. *Ibid.*, tome VII, page 141.

écrire clairement! Cette manie est aussi ridicule que
celle d'un homme dont la langue embarrassée ne saurait articuler distinctement un seul mot, et qui dans un
cercle frapperait continuellement nos oreilles fatiguées
de sons stériles[1].

***

Défions-nous de ces ouvrages fastueux qui nous annoncent l'universalité des connaissances.

Embrasser toutes les sciences en général, c'est n'en
traiter aucune à fond; et l'effet ordinaire de ces sortes
de livres est de rendre les lecteurs vains et superficiels
tout à la fois[2].

***

Le climat ne contribue en rien au génie; mais il
donne peut-être plus ou moins de vivacité dans l'esprit,
et l'esprit est à mille lieues du génie[3].

***

Chaque système est comme un nuage où l'imagination échauffée d'un auteur lui fait voir tout ce qu'il désire d'y trouver[4].

***

Je n'aime point tous ces parallèles étudiés de grands

1. L'*Année littéraire*, 1756, tome VIII, page 216.
2. *Ibid.*, page 258.
3. *Ibid.*, pages 268 et 269.
4. *Ibid.*, 1757, tome I, page 62.

hommes, où l'on s'attache bien plus à relever les qualités qui forment entre eux des contrastes qu'à marquer les véritables traits qui les caractérisent[1].

*
* *

Le caractère de l'Anglais penche naturellement à une mélancolie noire; il ressemble assez à ce triste charbon de terre qu'il brûle dans son île, ardent mais sans flamme[2].

*
* *

C'est sans contredit le plus heureux préjugé qu'un fils puisse exciter en sa faveur que de reconnaître le mérite réel de l'auteur de ses jours, et de faire éclater son admiration, Il n'y a point là de ridicule; il n'y en aurait pas même à louer un père médiocre; on le pardonnerait au zèle filial[3].

*
* *

Rien n'est plus ridicule qu'un poëte qui veut faire le philosophe, si ce n'est un philosophe qui veut faire le poëte, en supposant que l'un et l'autre sortent de leur genre[4]

*
* *

Quand on compose avec une imagination vive et ar-

---

1. L'*Année littéraire*, 1757, tome II, page 93.
2. *Ibid.*, tome IV, page 90.
3. *Ibid.*, tome V, pages 110 et 111.
4. *Ibid.*, page 159.

dente, on ne peut pas penser à tout, et ce qui coûte le plus dans tout ouvrage n'est pas l'entrée, mais la sortie[1].

*
* *

Un souverain ne doit point se livrer à un goût déterminé pour une science particulière ; il doit avoir une connaissance de toutes, sans les approfondir. Son génie, ainsi que le soleil, doit parcourir les immenses contrées des arts sans s'arrêter sur aucune. C'est une divinité bienfaisante ; il préside, et l'on agit sous ses auspices ; il est fait pour inspirer et non pour exécuter[2].

*
* *

Malherbe disait qu'un bon poëte n'était qu'un bon joueur de quilles, et qu'il n'était pas plus utile à l'État. Il se trompait : un État peut sans doute être tranquille sans les arts d'agrément ; mais, il ne sera grand que par eux[3].

*
* *

Le laurier est la récompense du grand capitaine et du grand poëte ; le même char les conduit à l'immortalité ; les mêmes éloges consacrent leurs noms dans nos fastes. Les muses reconnaissantes aiment surtout à célébrer leurs favoris dans le langage divin qu'ils ont

---

1. L'*Année littéraire*, 1757, tome VII, page 45.
2. *Ibid.*, pages 78 et 79.
3. *Ibid.*, page 150.

eux-mêmes si bien parlé; on a peut-être fait plus de vers à la louange de Corneille qu'en l'honneur de Turenne[1].

* * *

Les tableaux les plus rembrunis sont quelquefois les plus goûtés des connaisseurs.

L'œil s'égare souvent avec plus de plaisir sur des roches escarpées et des pays incultes que sur l'émail d'une riante prairie; et les volcans du Vésuve, allumés des mains de la nature, forment, du moins à mon gré, un plus beau spectacle que l'éclat postiche des gerbes et des soleils de nos feux d'artifice[2].

* * *

On se peint dans ses livres; on se lit dans ceux d'autrui, puisque ces derniers nous charment quand nous y trouvons nos idées, et nous déplaisent lorsqu'ils choquent notre façon de penser et de sentir[3].

* * *

La charge des ridicules est peut-être le défaut le plus excusable au théâtre, où il ne faut point des nuances délicates, mais des couleurs vives et fortes pour frapper les sens de la multitude[4].

1. L'*Année littéraire*, 1758, tome V, pages 46 et 47.
2. *Ibid.*, tome VI, page 95.
3. *Ibid.*, tome VIII, page 329.
4. *Ibid.*, 1759, tome I, page 13.

* *

Il y a des ouvrages qui deviennent bons à force d'être mauvais.

Le ridicule poussé à l'excès leur tient lieu de mérite; ils divertissent à peu près comme les grotesques dans la peinture. On en sent l'absurdité, mais on en rit, et même cette absurdité ne lasse point, si elle est soutenue d'une certaine chaleur d'imagination [1].

* *

L'intérêt s'affaiblit à mesure que les causes qui le produisent deviennent communes [2].

* *

Il y a de l'injustice à fermer les yeux sur les beautés des écrits de nos voisins; cela sent le goth et le bar-bare. La république des lettres embrasse tout l'univers, et le génie ne connaît de bornes que les limites du monde [3].

* *

L'utilité publique doit l'emporter sur les ménage-ments particuliers [4].

* *

1. L'*Année littéraire*, 1759, tome I, pages 145 et 146.
2. *Ibid.*, tome III, page 37.
3. *Ibid.*, tome IV, page 33.
4. *Ibid.*, tome VI, page 312.

Les auteurs comiques sont ordinairement pensifs, et tout le monde sait que Molière était un des hommes les plus graves de son temps. On a même fait une remarque, c'est qu'en général les poëtes tragiques sont gais, et les poëtes comiques sérieux.

Il ne serait pas difficile de rendre raison de cette singularité. Ne pourrait-on pas dire que le poëte tragique n'exerçant que son imagination, se livre plus aisément à la société par le genre même de son travail, qui n'a aucun rapport avec ce qu'il voit et ce qu'il entend ; au lieu que l'auteur comique conserve toujours, malgré lui, cet esprit d'observation qui lui est nécessaire ; ses succès dépendent absolument de bien saisir les caractères et les ridicules de tous les états de la vie ; c'est, en quelque sorte, l'espion de la société ; et tout homme qui observe, qui étudie, qui examine, est rarement agréable[1].

* *
*

Les figures sont l'âme de la poésie, dans quelque langue que ce soit, et il n'y a peut-être pas de traduction plus infidèle d'un poëte quelconque, que celle où l'on ne traduit pas ses figures[2].

*
* *

Tout ouvrage fondé sur la peinture des mœurs d'une nation, sur la plaisanterie qui lui est propre, ne pourra

1. *L'Année littéraire*, 1759, tome VII, pages 215 et 216.
2. *Ibid.*, tome VIII, page 182.

jamais être jugé par les étrangers, parce que le langage familier, différent du langage sublime, a des beautés qui ne peuvent être traduites. Corneille et Racine seraient plus aisés à être entendus de nos voisins que Molière et la Fontaine ; ces derniers ont une délicatesse qui ne peut être sentie que par un Français homme de lettres et de goût [1].

*
* *

La nature est beaucoup plus au-dessus de nos efforts que l'art ; rien de plus éloigné de nous que le vrai [2].

*
* *

Depuis vingt ans, nos écrivains abusent jusqu'à l'ennui de ces expressions du cœur et de l'esprit, de l'art et de la nature ; l'art est un mode vide de sens ; la belle nature ; a des proportions dans ses parties ; elle est parfaite ; elle se suffit à elle-même ; et qu'est-ce que l'art sans la nature ?

Y a-t-il de l'art dans ce chant admirable de Milton où il décrit le paradis terrestre et les amours innocents d'Adam et d'Ève ? Y a-t-il de l'art dans la peinture des jardins d'Armide, de son amour, de sa fureur, de son désespoir ? Ces beaux morceaux, les productions du génie, ne sont dûs qu'à la nature ; c'est l'art qui a créé l'*Adone* du cavalier Marin et cette foule de poëtes et

1. L'*Année littéraire*, 1759, tome VIII, page 308.
2. *Ibid.*, 1760, tome II, page 27.

27.

d'écrivains qui tombent les uns sur les autres dans le vaste gouffre de l'oubli[1].

*
 * *

Le génie est comme Argus qui avait cent yeux ; l'esprit n'en a que deux ; un homme de génie pourrait traiter les mêmes sujets qui ont immortalisé Molière, et nous les représenter sous de nouvelles faces, peut-être aussi intéressantes que celles que nous admirons dans notre grand comique.

L'homme de génie est un géant qui connaît mille chemins, les parcourt et les remplit à la fois ; l'esprit est un nain qui ne se traîne que par une route battue, où souvent même il s'égare[2].

*
 * *

Tout est médaille dans le moral comme dans le physique ; chaque raisonnement a son exergue et son revers ; c'est là le malheur de tout compositeur de recueils de pensées ; il n'en donne pas une qu'on ne puisse combattre et souvent détruire[3].

*
 * *

La raison ne touche qu'autant qu'elle prend la voix du sentiment ; on passe aux amateurs du grand œuvre

1. L'*Année littéraire*, 1760, tome II, page 28.
2. *Ibid.*, page 29.
3. *Ibid.*, page 32.

de *n'écrire que pour leurs pareils*. Tout écrivain sensé doit chercher à plaire à tous les hommes[1].

*
* *

La versification n'est que l'habillement de la poésie, et, sans la poésie, qu'est-ce que la versification[2].

*
* *

L'amitié est aveugle comme l'amour[3].

*
* *

Il en est du théâtre comme de la perspective; des traits trop délicats, des nuances trop fines se perdent à un certain point de vue, et ne font plus qu'une masse uniforme et peu frappante[4].

*
* *

Le talent est timide, circonspect, et s'effarouche aisément; ce n'est que la médiocrité qui vole au-devant des bienfaits[5].

*
* *

Il est certain que si chacun était placé dans le monde

1. L'*Année littéraire*, 1766, tome II, page 33.
2. *Ibid.*, page 40.
3. *Ibid.*, page 41.
4. *Ibid.*, page 149.
5. *Ibid.*, page 164,

suivant son génie et son mérite, on ne verrait pas tant de poëtes froids, tant de prosateurs insipides, tant de demi-savants, tant de mauvais critiques, tant d'artistes médiocres, etc. [1]

*
* *

C'est la perfection de l'art de ne point se montrer [2].

*
* *

Le pinceau de la poésie sera toujours préféré à ses crayons [3].

*
* *

Le sentiment gagne les hommes; mais le bon esprit et le raisonnement les persuadent et les fixent [4].

*
* *

C'est faire l'éloge d'un livre que d'en citer quelques endroits pour exciter la curiosité de le lire en entier [5].

*
* *

Le sublime majestueux est voisin du sublime ridicule; car le sublime est de tout genre [6].

1. *L'Année littéraire*, 1766, tome II, page 312,
2. *Ibid.*, 1760, tome III, page 13.
3. *Ibid.*, page 29.
4. *Ibid.*, page 62.
5. *Ibid.*, page 208.
6. *Ibid.*, page 320.

*
* *

Un peintre est un fort bon juge d'un poëte[1].

*
* *

Le plaisir diminue à mesure que les objets s'éloignent trop de nous; il faut les fixer dans une certaine distance qui nous permette de nous reposer, si je puis parler ainsi, sur leur contemplation[2].

*
* *

Le grand art d'émouvoir et de persuader consiste dans un talent plus aisé à sentir qu'à définir[3].

*
* *

La vertu fuit les ornements, et ceux qui la veulent flatter dans les louanges qu'ils lui donnent doivent imiter sa modestie[4].

*
* *

Peu d'âmes ont la force de résister aux premières impressions, et il est dans la nature d'y céder; ce n'est que par le secours de la réflexion qu'on parvient à les combattre et à les subjuguer[5].

1. L'*Année littéraire*, 1766, tome IV, page 66.
2. *Ibid.*, tome V, page 18 et 19.
3. *Ibid.*, page 26.
4. *Ibid.*, page 64.
5. *Ibid.*, page 222.

*
* *

Est-il possible d'être véritablement heureux quand on n'est pas sage[1] ?

*
* *

Comme la haine est aveugle! On la satisfait aux dépens de la raison et de la vérité historique[2].

*
* *

On aura beau se plaindre, il faut nécessairement que le genre humain renferme deux espèces : les charlatans et les sots; ces derniers aiment autant à construire des trétcaux que les autres à y monter[3].

*
* *

Les poëtes ressemblent aux jolies femmes; ils ont de l'humeur, des caprices, des fantaisies; on leur passe leurs boutades épigrammatiques, pourvu qu'elles soient semées des fleurs de l'agrément; dès qu'ils s'appesantissent, qu'ils prennent le ton amer de la méchanceté, qu'ils broient les noires couleurs de la calomnie, alors ces muses, filles du ciel, ne sont plus que des courtisanes effrontées qui ne font qu'exciter l'indignation des

1. *L'Année littéraire*, 1766, tome V, page 313.
2. *Ibid.*, page 352.
3. *Ibid.*, tome VI, page 102.

honnêtes gens, et que l'on doit abandonner à la rigueur des lois [1].

*
* *

La fureur de confondre les genres et les styles annonce la décadence du goût et de la belle littérature [2].

*
* *

Il n'appartient qu'à la postérité de donner la dénomination de *grands hommes*. Le siècle ne devrait point s'arroger le droit de gratifier nos contemporains de cette épithète, qu'il est si rare de mériter. M. de la Rochefoucault disait assez plaisamment, je pourrais dire très-judicieusement, *qu'il n'y avait point de grand homme pour son valet de chambre*. Ne sommes-nous pas dans le cas du valet de chambre? Nous voyons de trop près ces prétendus soleils de la littérature. Les taches dont ils sont couverts absorbent à nos yeux les traits de lumière qu'ils peuvent répandre [3].

*
* *

Il y a des caractères de méchanceté, comme il y a des caractères de bonté; qui dit caractère dit habitude de l'âme. Un honnête homme peut commettre une faute, j'oserai même dire un crime, par une espèce de mouvement rapide qui souvent échappe aux sens; par la

1. L'*Année littéraire*, 1766, tome VI, page 105.
2. *Ibid.*, page 134.
3. *Ibid.*, tome VII, pages 49 et 50.

même raison un scélérat peut faire un acte de vertu, et
il n'en est pas plus estimable[1].

*
* *

Les Anglais, les Italiens, les Orientaux disent qu'il
n'y a que des Français qui peuvent toujours parler; il
faut avouer cependant que cet esprit de conversation
a fait naître de la douceur dans les mœurs, de l'aménité
dans ce qu'on appelle les usages du monde; il a introduit l'art de plaire, et nous lui devons la politesse,
l'élégance du style, et beaucoup de riens aimables qui
sont nécessaires à ces gens frivoles qui n'ont pas assez
de solidité pour s'appliquer à des matières plus sérieuses. Peu d'hommes sont faits pour goûter le plaisir
de penser, et la solitude a produit beaucoup plus de
crimes que l'amour de la société[2].

*
* *

Dans la tête d'un homme à système, les plus grandes
absurdités se réalisent, et le vraisemblable, souvent
même le vrai, prend la place de l'impossible[3].

*
* *

C'est un inconvénient attaché à toutes les entreprises
de l'esprit humain, qu'elles ne reçoivent que par degrés

1. L'*Année littéraire*, 1766, tome VII, page 92.
2. *Ibid.*, page 93.
3. *Ibid.*, page 151.

les divers points de perfection où notre faiblesse peut
les porter [1].

*
* *

Toute innovation qui n'est pas nécessaire sent la
petitesse et la manie de la singularité [2].

*
* *

En général, quand les passions au théâtre ne sont
qu'indiquées, elles portent des coups sans vigueur [3].

*
* *

Les femmes les moins sages sont souvent celles qui
déclament le plus contre la galanterie. Le mot de probité est presque toujours dans la bouche d'un malhonnête homme [4].

*
* *

Le talent ressemble à la vertu : il doit se suffire à
lui-même ; c'est la postérité qui apprécie les travaux
littéraires, qui décerne les solides récompenses ; les
brigues et les cabales n'ont qu'un temps [5].

*
* *

L'éloge est le prix de la vertu, et elle n'y doit pas

1. L'*Année littéraire*, 1760, tome VII, pages 158 et 159.
2. *Ibid.*, page 243.
3. *Ibid.*, page 246.
4. *Ibid.*, page 295.
5. *Ibid.*, page 317.

être insensible; si ce mouvement de vanité est un défaut, n'est-il point le plus excusable? Presque tous nos célèbres écrivains sont remplis de cette franchise d'amour-propre, qui plaît mieux que le masque de la fausse modestie. Le grand Corneille se louait de la meilleure foi du monde; il se critiquait avec la même sincérité.

Personne n'a fait le procès à Horace pour avoir dit : *Exegi monumentum aere perennius.* Cette vanité, bien entendue, est la source des vertus et des talents; j'ai connu un officier du premier rang qui m'a dit plusieurs fois que, *si l'on se battait la nuit, nous aurions beaucoup moins de héros.*

M. de la Rochefoucault eut donc tort de vouloir avilir cet amour-propre, le mobile, le grand ressort du mécanisme humain; il aurait été bien plus adroit à ce célèbre auteur de nous donner un livre sur *le choix des moyens de diriger l'amour-propre.* C'est ainsi que les livres de philosophie et de morale deviendraient utiles[1].

* * *

Il est permis à tout le monde de se livrer à ses illusions, lorsqu'elles sont honnêtes.[2]

* * *

Une fausse abondance cache souvent une affreuse disette[3].

1. L'*Année littéraire*, 1760, tome VII, pages 319 et 320.
2. *Ibid.*, tome VIII, page 139.
3. *Ibid.*, page 140.

*
* *

Une pièce qu'on lit de sang-froid dans son cabinet est une femme qu'on peut juger avant sa toilette [1].

*
* *

Un certain public qui n'est avide que du singulier, le prend pour le merveilleux [2].

*
* *

Les passions sont nécessaires pour produire les grandes choses ; il ne s'agit que de les tourner à notre propre avantage et à celui des autres [3].

*
* *

Le langage de la poésie n'est pas toujours celui de la raison [4].

*
* *

L'idée qu'on se fait et qu'on doit se faire d'un père de famille est celle d'un homme vigilant sans tracasserie, tendre sans faiblesse, ferme sans dureté, attentif à ménager les intérêts de ses enfants, occupé de leur bonheur, prêt à se sacrifier pour eux quand ils le mé-

1. L'*Année littéraire*, 1761, tome I, page 289.
2. *Ibid.*, tome II, page 313.
3. *Ibid.*, tome III, page 54.
4. *Ibid.*, page 59.

ritent, mais trop raisonnable, pour écouter l'amour paternel lorsqu'ils tombent dans le déréglement[1].

***

La première vertu du père de famille, dans tous les états, est une sage économie; il n'est que le dépositaire du bien qu'il possède, et dès qu'il fait des largesses imprudentes, c'est un dissipateur[2].

***

Il faut des situations qui mettent en jeu les caractères, sans quoi ces caractères ne sont jamais exprimés[3].

***

La littérature est un vaste jardin; il y croît des roses et des lys à côté des chênes et des cèdres. Si ces derniers sont utiles, les autres sont agréables[4].

***

Le génie n'est autre chose que le sentiment porté au suprême degré[5].

***

L'esprit de la conversation est bien différent de

1. L'*Année littéraire*, 1761, tome III, pages 290 et 291.
2. *Ibid.*, page 292.
3. *Ibid.*
4. *Ibib.*, tome V, pages 101 et 102.
5. *Ibid.*, page 269.

l'esprit des livres où l'on ne sourit à la plaisanterie qu'autant qu'elle est fine et délicate [1].

* *

On ne fait point assez d'attention aux moyens de faire aimer l'étude aux enfants ; cependant, ces premiers moments décident de toute la vie ; tel serait un citoyen utile ou un homme de génie, si l'on avait eu l'art de l'instruire, qui, faute de cette science, grossit le vil troupeau de ces êtres vulgaires et subalternes que l'ignorance et les passions rapprochent de la brute [2].

* *

L'art est nécessaire jusques dans la manière de présenter la vérité [3].

* *

Il n'y aurait point de flatteurs, s'il n'y avait point de princes faibles ou vicieux [4].

* *

Hasarder un ouvrage au théâtre, c'est lancer un vaisseau en mer et l'exposer aux plus affreuses tempêtes. Les risques de l'impression sont moins soudains,

1. L'*Année littéraire*, 1761, tome V, page 275.
2. *Ibid.*, tome VI, page 114.
3. *Ibid.*, page 129.
4. *Ibid.*, page 130.

28.

moins douloureux. Par cette voie on fait naufrage
dans le calme ; point de ces bourrasques qui s'élèvent
tout d'un coup dans un parterre orageux ; point de ces
cris tumultueux, de ces clameurs désespérantes que
l'amour-propre le plus secourable ne peut empêcher de
parvenir jusqu'à la grille de l'auteur ; en un mot, la
mort de l'impression est la plus douce pour un écrivain [1].

* * *

Les grandes images ne s'arrêtent point dans ces
âmes qui, souvent, sont superficielles, et il est rare
qu'on ait beaucoup de génie avec beaucoup de gaieté.
Assurément Corneille, Molière et la Fontaine, les trois
génies originaux de notre nation, n'étaient pas *rieurs* [2].

* * *

L'indulgence doit paraître injurieuse lorsque l'on a
assez de talent pour profiter des critiques [3].

* * *

Des gens sensés prétendent que Corneille aurait été
un grand homme d'État, s'il eût appliqué ses talents et
ses études à le devenir ; et je crois que ces gens sensés

1. L'*Année littéraire*, 1761, tome VI, page 146.
2. *Ibid.*, tome VII, page 307.
3. *Ibid.*, tome VIII, page 59.

ont raison; mais il faut tout dire : Corneille avait du
génie [1].

* * *

On ne connaît les travers et les ridicules des gens de
lettres que parce qu'ils sont sur le théâtre de la réputa-
tation. Combien de spectateurs dans le parterre qui les
sifflent, et qui ne se sauvent du mépris ou de la haine
qu'à la faveur de l'obscurité où ils naissent, rampent
et meurent [2]!

* * *

Le sentiment a toujours le mérite de la nouveauté; le
génie lui cède la moitié de son sceptre [3].

* * *

Le plaisir d'aimer, dans une âme née féconde et sublime, s'étend et sur la société qui est et sur celle qui
fut et sur celle qui sera; sensible à l'infini, généreux
sans mesure, un grand homme porte ses regards d'a-
mour sur tous les siècles [4].

* * *

Nous faisons pour nos successeurs ce que nos prédé-

1. L'*Année littéraire*, 1761, tome VIII, page 101.
2. *Ibid.*, 1762, tome I, page 4.
3. *Ibid.*, page 83.
4. *Ibid.*, page 130.

cesseurs firent pour nous; nous travaillons à leur bonheur; ils travailleront à notre immortalité[1].

* *

Les humbles ruisselets se contentent de gazouiller obscurément dans l'herbe; s'ils voulaient s'élever en jets d'eau, ils montreraient toute leur petitesse[2].

* *

L'effort le plus heureux et le plus flatteur de l'art est de nous rapprocher de la nature[3].

* *

Ce n'est pas la versification qui fait le poëte, mais la force des pensées, la richesse, le sublime des images[4].

* *

On est presque assuré de persuader, quand on sait se faire aimer[5].

* *

J'ai observé que les définitions ne servaient sou-

1. L'*Année littéraire*, 1762, tome I, page 131.
2. *Ibid.*, page 309.
3. *Ibid.*, page 351,
4. *Ibid.*, tome III, pages 6 et 7.
5. *Ibid.*, page 47.

vent qu'à embrouiller une matière, au lieu de l'é-
claircir [1].

*
* *

Le génie, sans imiter servilement, peut donner le
mérite de la nouveauté à un sujet déjà traité [2].

*
* *

Il en est des vrais savants comme des alchimistes; si
les uns ne saisissent pas toujours la vérité, et si les
autres ne peuvent parvenir au secret de l'or philosophique, du moins nous tirons de leurs recherches des
remèdes heureux et de solides instructions [3].

*
* *

La plupart de nos écrivains se donnent le nom de
génie avec une confiance singulière. Jamais ce mot
génie n'a été plus prononcé, et peut-être jamais il n'y
en eût moins; il me semble entendre une troupe de
misérables parler continuellement d'or et d'argent [4].

*
* *

Il y a aussi peu de grands orateurs que de grands

1. L'*Année littéraire*, 1762, tome III, page 148.
2. *Ibid.*, tome V, page 109.
3. *Ibid.*, tome VI, pages 101 et 102.
4. *Ibid.*, page 171.

poëtes. Les uns et les autres doivent avoir du génie, et le génie est un présent de la nature[1].

*
* *

Malheur à l'écrivain qui tend à la fortune ! C'est presque toujours la marque d'un esprit vil et d'une âme rampante. Le vrai poëte n'entend ni les affaires, ni le commerce, ni l'intérêt de l'argent, etc. Homère, Le Tasse, Milton, Corneille, Molière, la Fontaine, etc., n'ont jamais songé à amasser de grands biens[2].

*
* *

Le mot *bonhomie*, injure pour les sots, est éloge pour les écrivains d'un ordre supérieur[3].

*
* *

Le style des Grecs ressemble à leurs belles statues : de l'élégance sans affectation, du naïf sans familiarité[4].

*
* *

Un des plus grands malheurs attachés à la célébrité est cette espèce de respect mal entendu que la plupart des hommes ont pour tout ce qui sort de la plume d'un écrivain connu par quelque ouvrage de génie ; il est

1. L'*Année littéraire*, 1762, tome VII, page 14.
2. *Ibid.*, page 137.
3. *Ibid.*, page 138.
4. *Ibid.*, 1763, tome I, page 115.

des superstitions en tout genre, et celle-ci paraît être la
plus dangereuse ; elle perpétue les faiblesses de l'humanité, au lieu de les dérober à l'œil vigilant de la
critique [1].

*
* *

Tout ce qui excite l'intérêt est presque toujours sûr
de plaire, quoique les ressorts qui le produisent aient
été mille fois employés [2].

*
* *

Il y a toujours du génie à peindre les erreurs utiles
et agréables ; il faut des songes aux hommes [3].

*
* *

La majesté de l'histoire ne comporte pas les pompons
du bel esprit [4].

*
* *

Les hommes se laissent imposer par tout ce qui les
frappe ; c'est la raison qui a produit les charlatans et
qui les protégera toujours contre les justes attaques de
la vérité et de la sagesse [5].

1. L'*Année littéraire*, 1763, tome II, page 26.
2. *Ibid.*, tome III, page 133.
3. *Ibid.*, tome IV, page 335.
4. *Ibid.*, tome V, page 125.
5. *Ibid.*, tome VII, page 43.

POÉSIES FUGITIVES DE FRÉRON

I

LA JOURNÉE DE FONTENOY [1].

Ode.

Flandre, qui dans tes champs, couverts d'ombres funèbres,
Vois croître les cyprès et les lauriers célèbres,
A des maîtres nouveaux soumise tant de fois :
Jusqu'à quand seras-tu la victime des armes,
     Le séjour des alarmes,
Et le théâtre affreux des vengeances des Rois ?

De meurtres affamé, le démon des batailles
De ses barbares mains déchire tes entrailles;
Pour nourrir sa fureur tu renais chaque jour :
Et ton sort est pareil au destin déplorable
     De ce fameux coupable,
Immortel aliment de l'avide vautour.

1. La bataille de Fontenoy eût lieu le 11 mai 1745.

Que dis-je? Contre toi si LOUIS se déclare,
Sa valeur fait tes maux, sa bonté les répare;
Tu devras ton bonheur à son bras irrité.
C'est ainsi que le Nil, franchissant son rivage,
        Dans les champs qu'il ravage,
Répand le germe heureux de leur fécondité.

Dans l'horreur de la nuit, la Discorde infernale
A rempli tour à tour du venin qu'elle exhale
Les LIONS réunis aux sanglants LÉOPARDS.
Sortis du fond des bois, ils viennent sur leurs têtes
        Attirer les tempêtes,
Qui foudroyaient déjà l'orgueil de tes remparts.

La barrière des cieux au soleil est ouverte.
Ennemis, frémissez : témoin de votre perte,
Pour la dernière fois il éclaire vos pas;
Il n'aura point fourni sa brillante carrière,
        Qu'épars sur la poussière,
Vous serez engloutis dans la nuit du trépas.

MAURICE et CUMBERLAND, précédés du tonnerre,
Sous leurs fiers escadrons ont ébranlé la terre;
Leurs soldats sont tout prêts; ils vont tenter le sort.
Déjà sont dirigés ces bronzes formidables,
        Dont les flancs redoutables
Renferment la terreur, le carnage et la mort.

Le clairon retentit. A ce signal terrible
La foudre a répondu par un bruit plus horrible;

Un fracas meurtrier fend la voûte des airs.
L'Escaut, saisi d'effroi dans sa grotte profonde,
         Précipite son onde,
Et court s'ensevelir au vaste sein des mers.

Muse, retrace-moi le choc des deux armées,
D'une égale fureur au massacre animées ;
Le fer, le feu, la mort lancés dans tous les rangs ;
Des coursiers belliqueux les bouches écumantes,
         Et les plaines fumantes
Du sang des bataillons sous le glaive expirants.

Deux tonnerres, cachés dans les sombres nuages,
Par leur choc ténébreux, précurseur des orages,
Troublent ainsi des dieux les paisibles lambris :
Ils tombent en grondant de la voûte céleste,
         Et leur chute funeste
Dans les champs ravagés sème d'affreux débris.

« Avancez, dit LOUIS à sa garde fidèle :
« Volez, brillante élite, où l'Honneur vous appelle ;
« Il n'appartient qu'à vous de fixer le Destin ;
« Paraissez : la Victoire, à regret indécise,
         « Sur vos drapeaux assise,
« Va réparer l'affront de son vol incertain. »

Dociles à sa voix, nos guerriers magnanimes
Rejettent les conseils des cœurs pusillanimes,
Qui, prompts à s'alarmer, désespèrent toujours ;
Et traînant de leurs ans la méprisable chaîne,

> Immoleraient sans peine
> Le salut d'un empire au salut de leurs jours.

Ils partent; c'en est fait : leur audace aguerrie
A repoussé l'Anglais, a vengé la patrie.
L'Art a beau seconder un impuissant courroux :
Ce chef-d'œuvre imprévu des leçons de BELLONE,
> Cette épaisse colonne,
Prête à les écraser, s'écroule sous leurs coups.

Tel, aux climats du Nord, où sa fureur s'exerce,
Le fougueux Aquilon de son souffle renverse
Ces chênes orgueilleux, ornements des forêts :
Telle et plus redoutable en sa course rapide,
> On voit la flamme avide
Dévorer les épis qui couvrent nos guérets.

Fortune, les Français dont la valeur t'enchaîne
Regardent d'un même œil ton amour ou ta haine;
Tu n'as rien fait pour eux : ils ont tout fait sans toi.
Ce peuple, pour soumettre au joug de l'esclavage
> L'ennemi qui l'outrage,
N'a besoin que d'un chef ou des yeux de son roi.

Mânes de nos héros, ah! si cette journée
Est le terme fatal de votre destinée,
Cédez, sans murmurer, à la rigueur du Sort :
Minos vous a reçus des bras de la Victoire;
> Les rayons de la Gloire
Ont dissipé l'horreur des ombres de la Mort.

GRAMMONT, je n'entends plus soupirer ta vaillance,
De laisser après toi le Destin en balance ;
Les vaincus aux enfers rassurent ton grand cœur :
Ils reculent encore à l'aspect de ton ombre;
      Leur frayeur et leur nombre
Te sont de sûrs garants que ton Maître est vainqueur.

Rivaux, dignes de nous, si le sort de vos armes
A la fière Albion fait répandre des larmes,
Vous n'en êtes pas moins et la gloire et l'appui :
A vos nobles efforts on rend cette justice,
      Qu'un autre que MAURICE
Eût vu votre valeur triompher aujourd'hui.

TOURNAY ranime en vain ses forces épuisées;
Sous les débris fumants de ses tours embrasées
Vos pâles compagnons tombent ensevelis :
GAND, BRUGES, DENDERMONDE ouvrent déjà leurs portes
      Et nos braves cohortes
Dans OUDENARDE en feu vont arborer les Lis.

Cessez de disputer cette triste contrée,
Que Bellone aux Bourbons tant de fois a livrée.
Dans des temps plus heureux vous pouviez nous dompter :
Mais aujourd'hui craignez de nouvelles disgrâces;
      Retournez sur vos traces;
Votre plus beau triomphe est de nous éviter.

L'hommage que l'on doit à tes vertus suprêmes,
Grand ROI, nos ennemis te le rendent eux-mêmes :
                29.

Ils viendront à tes pieds implorer tes bienfaits.
Après avoir chanté l'éclat de tes trophées,
        Puissent les doctes fées
Célébrer sous tes yeux les douceurs de la Paix!

Tel Auguste autrefois, favorable au génie,
Excitait les talents des fils de l'Harmonie ;
Il abaissait sur eux ses fertiles regards :
D'une main il fermait, déposant son tonnerre,
        Le temple de la Guerre,
Et de l'autre il ouvrait le temple des Beaux-arts [1].

II

APOLOGIE DE L'ART.

*Épitre adressée le premier jour de l'an à un Amateur de la belle
Nature, en lui envoyant des magots, des papiers de la Chine et
d'autres colifichets* [2].

        Bon jour, bon an, salut, santé
        A mon Philosophe entêté
        De la simple et froide NATURE,

1. *Opuscules de Fréron*, tome I, p. 383 à 391. Cette belle *Ode,*
— supérieure au poëme de Voltaire, et que J.-B. Rousseau n'eût
pas désavouée, — fait regretter que Fréron n'ait pas cultivé
davantage son talent pour la poésie.

2. Cette pièce de vers, publiée d'abord par Fréron, dans le
tome III de ses *Lettres sur quelques Écrits de ce temps* (1750,
pages 40 à 43, 12 janvier), sous le titre d'*Épitre* de M. Fréron *à
M. V****, *receveur général des finances,* y est précédée de l'avis

Cette triste divinité,
Qui n'ose, dans sa marche obscure,
De son éternelle parure
Varier l'uniformité.

De mon âme idole chérie,
Art charmant, Dieu de ma patrie,
Le merveilleux naît sous tes pas ;
Enrichis toujours ces climats
Des trésors de ton industrie ;
Laisse gronder les partisans
De ta rivale désolée :
De nos villes et de nos champs
Pour jamais elle est exilée.

Un sceptre d'émail à la main,
Tu gouvernes en souverain,
Le Français brillant et volage ;

suivant : « La petite pièce de vers que vous allez lire, monsieur,
doit sa naissance à une de ces disputes ingénieuses qui s'élèvent
quelquefois dans les sociétés. Un philosophe aimable eut le courage de fronder dernièrement dans un cercle ces colifichets de
prix dont nous sommes si curieux. Il gémissait de nous voir
abandonner de jour en jour les traces du bon goût. Une femme
de beaucoup d'esprit mit sous sa protection tous ces jolis riens
qui ornent nos appartements. Quelques jours après, elle adressa
au partisan de la *belle Nature* l'Épître suivante, dont l'auteur est
M. *Fréron*. »

Le *partisan de la belle Nature*, c'est Watelet.

On retrouve cette *Épître* dans les *Opuscules de Fréron*, tome I,
pages 392 à 394, (1753) ; et dans l'*Almanach des Muses*, 1771,
pages 129 à 131, avec diverses corrections de l'auteur, qui revoyait
beaucoup ses ouvrages ; la même observation s'applique aux
pièces qui suivent celle-ci.

C'est toi qui formes l'assemblage
De ses légers ameublements ;
Ta délicatesse, tes grâces
Brillent dans ses appartements ;
Il doit à tes heureux talents
Ces festons, ces vernis, ces glaces
Ces rideaux à nœuds de rubans,
Ces papiers que ta main divine
Peignit pour le plaisir des yeux,
Ces magots si facétieux,
Nés de ton humeur enfantine,
Et tous ces riens délicieux,
Que tu fais venir de la Chine,
Pour en décorer ces beaux lieux.

Qui suit la Nature à la piste,
Ne sera jamais qu'un copiste,
Qu'un malheureux imitateur :
Le Chinois seul est créateur ;
Il donne un nouvel ordre aux choses.
Fertile en prodiges divers,
Ses riantes métamorphoses
Font éclore un autre univers.

Fleuves, coulez sur les montagnes ;
Détachez-vous du firmament,
Étoiles, parez les campagnes ;
Poissons, quittez votre élément ;
Vous, oiseaux, rampez sur la terre ;
Cerfs, rhinocéros, éléphants,
Volez au séjour du tonnerre ;

Et vous, mortels impertinents,
Venez sous diverses figures,
Par mille grotesques postures,
Me divertir à vos dépens.

Voilà, malgré votre satire,
Ce que j'aime et ce que j'admire!
Soyez aussi de votre temps;
Et que la nature marâtre,
Dont vous êtes trop idolâtre,
Perde son pouvoir sur vos sens.
Croyez-moi : ses charmes maussades
Ressemblent à ces beautés fades,
Que l'on contemple sans désirs :
L'art est une coquette aimable,
Dont l'enjouement inépuisable
Sait donner la vie aux plaisirs[1].

III

A M. MORAND,

*Chirurgien major des Invalides, membre de l'Académie
des sciences, etc.*[2]

Favori du dieu d'Épidaure,
MORAND, par vos heureux travaux,

1. Il y a dans cette Épître de l'imagination, de la poésie, des
détails agréables ; cette pièce rappelle assez la manière de Gresset.
— « Cette *Apologie de l'Art,* comme vous pensez bien, — dit
Fréron, — n'est qu'ironique ; car je tiens autant que vous à la
belle et bonne nature. »(L'*Année littéraire,* 1771, tome I, page 56.)
2. Voyez Fréron : *Lettres sur quelques Écrits, etc.,* tome IV,

Vous faites rentrer tous les maux
Dans la boîte qu'ouvrit Pandore.

Du convive que la santé
De ses rayons brillants colore,
Vous n'êtes pas moins souhaité
Que du malade qui déplore
Les suites de la Volupté;
Et, tous les matins consulté
Comme un docteur grave et capable,
Le soir, vous êtes invité
A souper, comme un homme aimable.

Alors, après avoir dicté
Un arrêt cruel qui condamne
Cent malheureux à la tisane,
Votre gosier est humecté
D'un vin frais qui, dans la fougère,
Sourit avec malignité,
Comme s'il avait médité
Par sa mousse vive et légère,
D'étourdir votre gravité.

Mais cet ermitage agréable,
Par vous embelli chaque jour,
Du bonheur pur et véritable
Est à vos yeux le seul séjour.

p. 330 et 331 (1751, 3 mai); du même : *Opuscules*, tome I,
pages 395 et 396 (1753), et l'*Almanach des Muses*, 1772, pages 125
et 126.

Homère, Anacréon, Pindare,
La Fontaine, Boileau, La Fare,
Sont les dieux de ce Tivoli;
Et vous y mettez en oubli
Le jargon funèbre et barbare
D'Hippocrate et de Galien;
Préférant à leur sombre style
Les chants d'Horace et de Virgile,
Et les bons mots de Lucien.

Pour ce modèle des vrais sages,
Soleil, ne luis point à demi;
Sur la tête de mon ami
Lève-toi toujours sans nuages.
Puissé-je, au gré de mes désirs,
Charmer ses rapides loisirs
Dans cette retraite fleurie,
Où, loin des bavards importants,
Nous épanchons nos sentiments,
Au sein de l'amitié chérie!
Est-il des entretiens plus doux,
Des plaisirs plus vrais que les nôtres?
MORAND, je parle avec les autres :
Je ne puis causer qu'avec vous[1].

1. On trouve dans ces vers de l'esprit, de l'agrément, des éloges
flatteurs. Fréron parlant ailleurs de cette *Épitre*, dit : « Je ne
puis, en conscience, ni la louer ni la critiquer. Je dirai seulement
que ce qui m'en fait présumer quelque bien, c'est que le petit
malin *Bébé* (*La Harpe*, ainsi surnommé à cause de sa petite taille,
qui le faisait ressembler au fameux nain du même nom, au service de Stanislas, roi de Pologne), n'en a point balbutié de mal
dans son *Mercure*. » (*L'Année littéraire*, 1772, tome VIII, p. 346.)

IV

IMITATION D'UN MORCEAU DU SECOND LIVRE DE LUCRÈCE [1].

Libre de vains projets et de craintes serviles,
Quand pourrai-je habiter ces demeures tranquilles,
Ces jardins renommés, ces bois délicieux,
Ce temple, aussi serein que l'Olympe des dieux,
Où, goûtant les douceurs d'une volupté pure,
Les sages rassemblés encensent Épicure,
Et couronnent de fleurs son buste radieux ?

C'est de là qu'abaissant leurs regards sur la terre,
Ils gémissent de voir les farouches mortels,
Évoquant à grands cris le spectre de la guerre,
A leurs brillants forfaits ériger des autels ;
Des véritables biens méconnaissant la source,
Inquiets, égarés, se heurter dans leur course,
Changer à chaque instant et de mœurs et de lois.
Esclaves attelés au char de la Fortune,

1. Voyez l'*Almanach des Muses*, 1773, p. 99.

> *Sed nil dulcius est bene quam munita tenere*
> *Edita doctrina sapientum templa serena ;*
> *Despicere unde queas alios, passimque videre*
> *Errare, atque viam palantes quaerere vitae,*
> *Noctes atque dies niti praestante labore*
> *Ad summas emergere opes, rerumque potiri, etc.*

« Ce sont ces beaux vers, qui sont au commencement du second livre de *Lucrèce*, que j'ai tâché d'imiter en vers français. » — Fréron : l'*Année littéraire*, 1773, page 229.

Pour elle de l'honneur fouler aux pieds les droits ;
Fendre l'humide sein de l'avare Neptune,
Dans l'antre de Thémis prostituer leur voix ;
Tristes jouets enfin de l'erreur, de l'envie,
De leur faible raison éteindre le flambeau,
Et, sans avoir joui de l'éclair de la vie,
Se perdre pour jamais dans la nuit du tombeau.

V

COUPLETS

à l'occasion d'une Fête donnée le 24 juillet 1773, au château de Vanves, à MADAME [1] et à MADAME ÉLISABETH [2], par MADEMOISELLE de Bourbon-Condé [3]. Laujon avait obtenu pour l'auteur de ces couplets la permission de voir cette Fête, où peu de personnes étaient admises [4].

Sur l'air de *Joconde.*

Mais, voyez donc quel tour affreux
  L'ami *Laujon* me joue !
Tout ce qui frappe ici mes yeux,
  Il faut que je le loue !
Par lui, d'être admis en ces lieux
  J'obtiens le privilége ;

1. Marie-Adélaïde-Clotilde-Xavière de France, fille aînée de feu Monseigneur le Dauphin.
2. Élisabeth-Philippe-Marie-Hélène de France, sœur de MADAME.
3. Fille de S. A. S. Monseigneur le prince de Condé.
4. Voyez l'*Almanach des Muses*, 1774, p. 39 à 41.

Et c'est... c'est... (j'en suis furieux)
   Pour me tendre ce piége !

Concevez-vous cette noirceur?
   Sans critiquer, j'admire !
Exposer un grave censeur
   A ce cruel martyre !...
Lisez, dans mes yeux abattus,
   Ma triste destinée ;
Je puis dire comme *Titus :*
   « Je perds une journée ».

Imaginez tous les attraits :
   MADAME les efface.
J'ai décoché d'assez bons traits
   Sur les nains du Parnasse :
Mais ses beaux yeux, sa douce voix,
   Font bien plus de blessures ;
L'Amour n'a point, dans son carquois,
   De flèches aussi sûres.

Sa sœur naquit, et JUPITER
   Dit aussitôt : « Déesses,
« A cet enfant, qui nous est cher,
   « Prodiguez vos largesses.
« *Minerve*, dès ses jeunes ans,
   « Prenez soin de l'instruire ;
« *Muses*, donnez-lui vos talents ;
   « *Grâces*, votre sourire. »

Voilà-t-il pas encor BOURBON

Qui force mon hommage?
Jeunesse, esprit, beauté, raison,
Elle a tout en partage :
Ses pas font naître plus de fleurs
Que les pas de l'Aurore;
Mais c'est sans répandre des pleurs;
Les Ris les font éclore.

Laujon [1], tu me paîras ce tour,
Et le premier ouvrage
Que ta Muse doit mettre au jour,
Expîra cet outrage.
Oui, je t'apprendrai, sur ma foi,
Dans mon Martyrologe,
A me réduire, moi! moi! moi!
Au style de l'éloge!

VI

VERS SUR ÉSOPE ET LA FONTAINE.

Je t'aime, ô vérité! mais ton éclat me blesse;
Éclaire-moi sans m'affliger :
Que ton flambeau, propice à ma faiblesse,
Ne brille qu'à travers un nuage léger.

1. Né en 1727, mort en 1811, à l'âge de 84 ans, Laujon était secrétaire des commandements du duc de Bourbon lorsqu'eut lieu la fête chantée par Fréron. — Auteur dramatique et chansonnier agréable.

Ainsi pensait le sage ÉSOPE :
D'un tissu délicat de voiles transparents,
Censeur adroit, il enveloppe
La morale du peuple et la leçon des grands.

LA FONTAINE!.. Dieux! LA FONTAINE!..
Dès qu'il parut au double mont,
On vit tous les lauriers qui bordent l'Hyppocrène
S'agiter, se pencher, et couronner son front.

A la nature, à la raison fidèle,
Toujours peintre, jamais auteur,
Il eut ÉSOPE pour modèle,
Et n'aura point d'imitateur.

Leurs fables sont des comédies;
Les acteurs sont les animaux :
Mortels, accourez tous, et dans leurs parodies
Venez voir vos erreurs, vos vices, vos défauts.

Ici paraît l'Agneau timide,
Victime d'un loup ravissant :
Cette scène est pour l'homme avide,
Lâche oppresseur de l'innocent.

Là, jouet de la flatterie,
Un Corbeau gémit, mais trop tard :
Combien de sots, dans ma patrie,
Sont dupés par plus d'un Renard!

Tantôt, un Baudet ridicule
Fait le brave; il respire et siéges et combats :

Que de poltrons disent tout bas :
« C'est moi que l'on a peint dans ce plaisant Hercule. »

Tantôt, après des efforts et des cris,
Que renvoyaient au loin mille échos emphatiques,
Une Montagne en couche enfante... une souris !
Rimailleurs boursoufflés, prosateurs hydropiques,
    Ou je me trompe, ou voilà vos écrits.

Un Geai se pare avec audace
Du plumage éclatant de l'oiseau de Junon :
Plagiaire effronté, vil rebut du Parnasse,
Au bas de cette fable on met d'abord ton nom.

C'est par cette heureuse magie
Que, prêtant notre esprit aux animaux divers,
LA FONTAINE, et l'Esclave, honneur de la Phrygie,
Dans leurs drames charmants instruisent l'univers.

Moralistes chagrins et de Rome et d'Athène,
      Et vous leurs descendants,
        Tristes pédants
      De la Tamise et de la Seine,
M'ennuîrez-vous toujours sans me rendre meilleur ?
Une fable d'ÉSOPE, ou du bon LA FONTAINE,
Amuse mon esprit et corrige mon cœur[1].

1. Voyez *Opuscules*, 1753, tome I, page 400 à 402, et l'*Almanach des Muses*, 1775, pages 185 à 187.

APPENDICE

FRÉRON ET GEOFFROY

I

SADI VOLTAIRE.

Le 30 décembre 1760, c'est à-dire près de dix-huit ans avant la mort de Voltaire, Fréron — dans l'*Année littéraire*[1], — publiait, sous le nom de Sadi, célèbre poëte persan du treizième siècle, un des plus remarquables portraits qui soient peut-être sortis de sa plume acérée et qui enfonçait chaque trait comme le burin sur la planche de cuivre. Mais, comme il pouvait y avoir du danger à désigner Voltaire par son propre nom, et surtout comme il était plus piquant d'emprunter un autre nom et de se faire écrire par un correspondant fictif, Fréron fit précéder le dit portrait (qu'il intitula : *Lettre de M. Voltaire sur Sadi, célèbre poëte persan*) de ces quelques mots d'avis :

« On vient de m'envoyer la copie d'une lettre écrite à M. de Voltaire ; cette lettre m'a paru très-intéressante, et je suis persuadé que vous en porterez le même jugement.

---

1. 1760, tome VIII, pages 334 à 349.

Voici maintenant la lettre en question :

« Vous avez, Monsieur, le talent heureux de rapprocher les choses les plus éloignées et les plus disparates. A la tête de vos admirables *Annales de l'Empire* germanique, vous rapportez un passage de Sadi, poëte persan, sur la puissance de l'Être suprême ; vous avez même eu la complaisance de le traduire en vers blancs, et il faut avouer que cette citation est bien placée à propos d'une Histoire d'Allemagne. Tout le monde, à ce sujet, ne pensera peut-être pas comme moi ; mais, quelle que soit l'opinion d'autrui, j'ai trouvé ce passage sublime, et il m'a inspiré la curiosité d'en connaître plus particulièrement l'auteur. J'ai fait des recherches qui m'ont réussi, à ce que je crois. Permettez-moi de vous en faire part. A qui puis-je mieux adresser la vie d'un grand poëte qu'à M. de Voltaire, grand poëte lui-même ?

« Saadi ou Sadi reçut le jour à Ispahan [1], vers le milieu du treizième siècle de notre ère. Il était, comme vous l'avez dit, Monsieur, contemporain du Dante. Il fut un des plus beaux esprits qu'ait produits la Perse. Dès sa plus tendre enfance, il brûla de l'insatiable désir de tout savoir et de tout répéter ; il avait du talent, l'ardeur du travail et de la facilité. Il conçut d'abord le noble dessein de surpasser tous les poëtes tragiques qui l'avaient devancé ; la Perse en compte trois qui seront toujours les maîtres du Théâtre. Sadi composa donc des drames, où l'on rencontre des morceaux brillants, quelquefois du pathétique, du touchant, ce que nous appelons parmi nous des tirades, mais point d'ensemble ; un style décousu, inégal, qui tient de l'épique et du familier ; de belles scènes qui ne sont point amenées, des plans vicieux, de l'esprit, et nul jugement ; c'est ce qu'on peut penser du théâtre de Sadi.

« Il ne se borna pas à ce genre ; il emboucha la trompette

____

1. Paris.

de l'épopée; il écrivit un poëme en l'honneur d'un des premiers héros de la nation persane[1]. On admira dans cet ouvrage beaucoup de beaux vers; mais l'arrêt des connaisseurs de son temps, confirmé par la postérité, est que ce poëme épique n'est ni poëme ni épopée, que c'est plutôt une histoire mise en vers, ouvrage dénué d'invention, de poésie, de chaleur; en un mot, il est prouvé que Lucain même, le dernier des poëtes épiques, est, dans cette partie, bien supérieur à Sadi.

« Notre écrivain audacieux, à l'âge de près de quarante-trois ans, comme par une inspiration divine, se jetta à corps perdu dans la philosophie, voulut pénétrer le sanctuaire de la nature, chercha même à deviner l'énigme de notre être, et finit par se faire siffler.

« L'esprit humain connaît peu d'obstacles, quand il est excité par l'amour-propre. Bientôt l'Histoire ouvrit à Sadi sa vaste carrière; il jeta un coup d'œil sur tout l'univers, et donna un *Essai d'Histoire universelle*. On ne trouva pas encore ce titre assez modeste; on chercha dans cet ouvrage de la vérité, de l'impartialité, des connaissances, des rapports, des liaisons; on fut surpris de ne saisir que quelques traits de satyre, quelques anecdotes suspectes que leur singularité avait rendues précieuses à l'auteur; car, le singulier était tout ce qui frappait Sadi, quoiqu'il tranchât du philosophe. Il n'y a jamais eu d'enfants ni de femmelettes qui aient recueilli plus avidemment que ce poëte des contes absurdes et ridicules. Il est vrai que son style ingénieux, sans qu'il fût jamais le style du genre, faisait illusion; les ignorants et les demi-beaux-esprits, plus redoutables encore aux lettres que les ignorants mêmes, cette sorte de lecteurs qui ne se donnent jamais la peine de s'arrêter, de réfléchir, de comparer, qui jugent souverainement de tout sans avoir rien appris, les gens du beau monde qui n'ont tout au plus que des notions super-

---

1. Allusion très-transparente à *la Henriade*.

ficielles de leurs plaisirs et de leurs vaudevilles : voilà ce qui composait la troupe des admirateurs idolâtres de Sadi. Le petit nombre cependant des hommes de goût, aussi rares en Perse que le sont les Guèbres ou adorateurs du feu sacré, ne se laissa jamais entraîner à ce prestige général ; et ce sont eux qui ont jugé Sadi sans que sa mémoire en puisse appeler.

« Je n'ai pas besoin de dire que notre bel-esprit universel produisit encore une infinité de poésies légères ; on y remarque de l'aisance et l'esprit du jour ; mais, elles sont toutes sur le même ton, et peuvent être réduites à un très-mince recueil.

« Sadi copiait sans pudeur tous les auteurs qui tombaient sous sa main ; les Arabes Bédouins ne dépouillent pas les caravanes avec autant d'audace. Après s'être enrichi de vols et de plagiats, il finit comme l'*Avare* de Plaute, qui surprend sa main gauche volant sa main droite : il se pilla lui-même. Nous avons plus de vingt volumes de Sadi, et il n'y en a pas un qui nous offre une idée neuve ; il n'avait de l'imagination que dans l'expression, c'est-à-dire que chez lui la forme était tout, et le fond n'existait point. On ne sait trop sous quels traits le caractériser ; il a fait nombre de vers, et n'a jamais été poëte, parce qu'en Perse on met une grande différence entre un poëte et un versificateur. On se gardera bien de l'inscrire parmi les historiens, puisque la vérité, la première qualité de l'Histoire, ne se trouve pas dans celle de Sadi, indépendamment de tous les autres défauts qu'on lui reproche. Quel nom donc lui donner ? Celui de philosophe ? Sadi philosophe ! On aurait couvert de huées quiconque l'eût appelé ainsi. Bel-esprit, et quoi encore ? Bel-esprit : tel est le nom que les écrivains persans s'accordent à donner à Sadi : heureux, disent-ils, s'il eût reçu de la nature de l'invention, ce don qu'ont possédé très-peu d'hommes sur la terre : Homère, Virgile, Lockman. S'il eût cultivé un seul genre d'étude, et s'il n'eût pas confondu le bruit populaire et la réputation solide ! L'un frappe nos oreilles et meurt presqu'en naissant ; l'autre croît toujours, et n'éprouve jamais de diminution.

«Vous avez à peu près, Monsieur, une idée de Sadi comme *Auteur*. Pour que le tableau soit complet, je vais vous exposer l'*Homme*. Songez que ce sont des traits épars que j'ai recueillis de plusieurs historiens ; je vous les donne comme.le hasard les amène sous ma plume.

« Sadi a répandu dans ses ouvrages un vernis de morale et d'humanité qui en impose en faveur de l'écrivain ; on serait tenté de croire que c'était l'âme la plus sublime et la plus sensible, l'âme d'un demi-Dieu ; cependant toutes les histoires du temps nous le représentent sous des traits bien opposés. On prétend que dans sa conduite il ne fut qu'un homme et un très-petit homme, affichant dans ses livres le mépris de la renommée, de la grandeur, de la fortune, et dans sa·vie privée, bas courtisan, avide de la gloire la plus éphémère, et plus encore possédé du démon des richesses ; faisant à chaque instant l'éloge de l'amitié, et ne pouvant ni mériter ni conserver un ami. Le vautour de l'Envie dévorait son cœur ; elle y versait sans cesse ses poisons les plus venimeux ; Sadi se fût trouvé mal à la lecture d'un couplet de chanson qui eût paru passable ; il mourait de douleur à la vue des bustes d'Homère et de Virgile ; il souhaitait ardemment qu'un second déluge vînt bouleverser ce globe et que ses écrits pussent surnager pour attester à la nouvelle terre que Sadi était le seul génie qui brillât dans l'ancien monde. Il ne marchait que par les sentiers tortueux de l'intrigue ; il faisait jouer maladroitement les ressorts les plus grossiers, soit pour assouvir sa soif brûlante de la gloire et de l'argent, soit pour immoler à sa vengeance quiconque n'était pas prosterné devant son mérite. Il méprisait les Grands, et il n'y avait point de bassesses, de manéges qu'il n'employât pour vivre dans leur familiarité.

« La même journée voyait dans Sadi vingt hommes différents; toujours en contradiction avec son cœur et son esprit, il haïssait le soir ce qu'il avait aimé le matin, ou plutôt, sa vie était une éternelle fureur ou un éternel dégoût. Sa sensibilité allait jusqu'à la petitesse de la créature la plus faible. C'était surtout dans les querelles littéraires qu'il donnait au monde des scènes puériles d'emportement et de déraison. On ne voyait plus en lui qu'un homme ivre qui s'abandonnait à tous les écarts de la tête la plus déréglée. Il ne rougissait point de se démentir à chaque instant qu'il parlait ou qu'il écrivait; il s'en imposait à lui-même, et tous ses artifices étaient aperçus par les yeux les moins pénétrants.

« Je ne dis rien de son avarice. Les Arméniens, les Juifs essuyèrent de sa part des procès qui le couvrirent d'opprobre. A chaque lune il donnait une nouvelle édition qu'il désavouait la lune suivante; il vendait du vin et du blé comme il vendait des vers. Les Hébreux les plus habiles avouaient qu'ils ne possédaient point le calcul comme lui; ils le regardaient avec le respect que des disciples ont pour leur maître. Sa vanité était insupportable et révoltait à la fois le bon sens et l'humanité; il porta ce vice jusqu'à la folie, jusqu'à la rage. L'orgueil monstrueux de Caligula n'était rien en comparaison de l'orgueil de Sadi; la critique la plus modérée lui paraissait un crime digne de mort, et cependant ce ne fut qu'à la Critique qu'il dut le peu de correction et de beautés réelles qui se trouvent quelquefois dans ses écrits.

« Sa méchanceté lui attira plusieurs humiliations cruelles, une entre autres de la part d'un officier persan, qui se vengea de ses propos satyriques avec une arme moins funeste à la vérité, mais moins noble que l'épée. Sadi, outré de ce vil châtiment, s'avisa d'en porter ses plaintes au Visir. Il se jeta à ses genoux en lui criant : « Justice, « justice! »

Le Visir qui savait l'aventure, lui répondit froidement : « Lève-toi; on te l'a faite. »

« L'âge ne fit qu'aigrir ses humeurs au lieu de les adoucir ; son inquiétude, ses étourderies, ses extravagances le brouillèrent à la cour de son roi ; un monarque voisin de la Perse, protecteur et cultivateur des arts [1], descendit de son trône pour accueillir Sadi avec bonté. Notre auteur en devint si orgueilleux qu'on crut qu'il avait perdu la tête. Il manqua de respect et de reconnaissance à ce souverain, qui fut obligé de le chasser, et il se retira dans une espèce de désert [2], où il déclama tout à son aise contre le genre humain. Il avait joué le rôle d'Aristippe, que les plaisants de la Grèce appelaient *le chien de cour* ; alors il fit le personnage de Diogène. On vit paraître par lui un poëme rempli d'obscénités [3], qu'on ne lui eût pas pardonné dans sa première jeunesse. Il avait écrit pendant près de quarante ans que tout était bien, très-bien ; il se mit à dire qu'il s'était trompé, et que tout était au plus mal. Après avoir fait plus d'une fois dans ses écrits l'éloge des Mogolistans [4] aux dépens des Persans, ses compatriotes, il chanta la palinodie, et finit par dire beaucoup de mal des premiers. Il avait toujours parlé avec estime des sages [5] qui l'avaient élevé. Un de ces Imans s'avisa de ne pas s'extasier d'admiration à la lecture d'un poëme de Sadi ; c'en fut assez pour que tout le corps des Imans essuyât de sa part un orage affreux de calomnies et d'invectives ; ils s'en vengèrent en le plaignant et en priant le ciel de le rendre plus raisonnable.

« Sadi ne bégaya plus que de mauvais vers et ne fit que se répéter de plus mal en plus mal. Il vantait continuellement les délices de son hermitage où il était dévoré d'en-

---

1. Celui que l'on a appelé le grand Frédéric et qui — selon la piquante et surtout très-juste expression de M. de Maistre, — n'était *qu'un grand Prussien.*
2. Ferney.
3. La Pucelle.
4. Les Anglais ou les Russes (?).
5. Les Jésuites.

nui, le bonheur qu'il ne goûtait pas, sa maison de campagne qu'il appelait son château, et son exil qu'il décorait du beau nom de repos philosophique.

« Il entretenait toujours des relations avec la capitale, et il écrivait souvent à deux ou trois admirateurs béats qui montraient ses lettres et les faisaient imprimer, croyant lui faire honneur dans Ispahan, où, malgré ses cabales et ses amis, chaque jour emportait de sa réputation et épaississait sur son nom les ténèbres du silence.

« Enfin, Sadi finit par dire du mal de la poésie, de l'histoire, de la philosophie, des auteurs, des rois, de la terre, du ciel, de lui-même, et mourut. Les uns prétendent qu'il expira dans un habit de Derviche [1], et qu'il dit les choses les plus touchantes sur la vie et sur la vanité. D'autres soutiennent qu'il devint fou [2] et qu'il crut être Homère, Virgile, Socrate, Platon. Quelques-uns veulent qu'il demanda pardon aux écrivains ses confrères, de s'être tant estimé et d'avoir fait si peu de cas de leur mérite. Il pria néanmoins ses héritiers à son lit de mort de tâcher d'obtenir qu'il fut inhumé dans le tombeau des rois de Perse [3] ; ce fut sa dernière parole et sa dernière sottise. Il fut peu regretté. Les gens de bien le plaignirent d'avoir été aussi malheureux avec des talents, de la fortune et de la réputation. Les critiques du temps lui ont laissé peu d'ouvrages qui soient dignes des éloges du goût et de la vérité ; copiste de tous les auteurs, il n'a pu servir de modèle.

« Ce sont là, Monsieur, les principaux traits que j'ai pu

1. De Capucin. Allusion aux incessantes plaisanteries de Voltaire sur un de ses prénoms — François — et sa prétention au titre de père gardien temporel des Capucins de Gex.

2. Voltaire mourut en fou furieux ; Fréron a été ici plus prophète qu'il ne se croyait peut-être lui-même.

3. Voltaire devait songer à bien autre chose, à son lit de mort ; mais ici Fréron enfonce le trait, pour dépayser davantage le lecteur sur l'identité absolue entre Voltaire et Sadi.

recueillir sur Sadi. Tous les écrivains qui en ont parlé disent les mêmes choses ; mais je ne saurais me persuader que Sadi ait été tel que ces auteurs nous le dépeignent ; je trouve dans ce portrait des contrastes révoltants. Ne penserez-vous pas comme moi, qu'il est impossible que le même homme ait réuni tant de caractères opposés? Je m'en rapporte à vos lumières ; vous pouvez juger ce fait historique mieux que personne ; vous devez connaître ce qu'est l'âme d'un homme de génie, et si elle est susceptible de pareilles contrariétés. Peut-on passer la moitié de sa vie à peindre dans ses écrits le néant des biens et des honneurs, et l'autre moitié à se tourmenter pour acquérir ces mêmes misères? Peut-on vanter l'amitié et n'en pas goûter les charmes? Peut-on répandre sur ses vers les charmes mêmes de l'humanité et avoir des entrailles d'airain ; exalter à tout moment la sagesse, la vertu, la raison, la tranquillité, et sacrifier tout à ses accès d'humeur ; se montrer tour à tour un modèle d'avarice, de vengeance, de cruauté, d'orgueil, de haine implacable ; en un mot, un tableau changeant de tous les ridicules, de tous les vices, de tous les travers? Comment Sadi n'ouvrit-il pas les yeux au jour de l'âge et de l'expérience? Comment n'aima-t-il pas réellement cette demeure champêtre dont il nous fait la riante description dans ses vers?

« Quelle différence entre ce malheureux poëte persan et vous, Monsieur! Pardon si je me répands en louanges sur votre compte, et si je fais souffrir votre modestie ; mais la circonstance et la vérité m'arrachent ces éloges. L'auteur de la *Henriade*, de *Mérope*, d'*Alzire*, déploie dans la vie privée cette belle âme qui seule lui a fait produire des ouvrages si admirables. Qui mieux que vous a célébré l'Amitié et en éprouve les douceurs? Vous savez pardonner comme Guzman ; c'est dans votre cœur que vous avez puisé ces beaux vers :

> Et mon Dieu, quand ton bras vient de m'assassiner,
> M'ordonne de te plaindre et de te pardonner.

« Surtout quelle noblesse dans votre conduite vis-à-vis des Grands! Ah! que la Postérité redira avec plaisir que l'illustre Voltaire dédaigna tous les honneurs, qu'il alla se renfermer au fond d'une terre pour y jouir de la vraie félicité, content de porter les noms d'*homme* et d'*homme de génie*, noms qui sont aujourd'hui si profanés; qu'en un mot, vous vous arrachâtes des embrassements des rois pour donner à l'étude et au repos les derniers beaux jours d'une vie qui fera l'entretien et l'admiration des siècles futurs! Jouissez bien, Monsieur, de cette tranquillité qui vous est si chère, et dont votre âme philosophique connaît tout le prix. Ne laissez point échapper votre lyre divine de vos mains appesanties par l'âge; envoyez-nous souvent des romans philosophiques aussi ingénieux que *Candide*, des odes aussi harmonieuses que votre ode sur la mort de madame la margrave de Bareith. Au nom des Arts, n'abandonnez pas notre Théâtre : l'*Écossaise* et *Tancrède attendent des frères ou des sœurs;* c'est l'expression de feu M. de Boissy. Que les histoires que vous écrirez soient comme toutes celles que vous nous avez données, l'école du grand homme, du bon citoyen, du philosophe éclairé, de l'amant du genre humain, si je puis parler ainsi, et puissiez-vous, Monsieur, ne mourir qu'avec vos ouvrages [1]!

« J'ai l'honneur d'être, etc. »

II

PROJET D'UNE REPRISE DE L'*Écossaise*, EN 1804.

En l'an XII (1804), au moment où la lutte s'accentuait, plus vive peut-être que jamais, entre les idées voltairiennes et le retour au culte de nos pères, les ex-Jacobins, qui

---

[1] Quel chef-d'œuvre de persifflage! On ne peut pas pousser plus loin l'ironie sous la forme de l'éloge le plus dithyrambique.

s'étaient glissés partout dans les avenues du pouvoir, cherchaient à organiser diverses manifestations contre les défenseurs de l'ordre moral ; de même que Fréron avait été en butte aux attaques incessantes des sophistes, Geoffroy — un de ses disciples et de ses continuateurs à *l'Année littéraire*, — eut les honneurs d'attaques d'un autre genre, qui, pour être moins déclarées, n'en étaient que plus perfides.

Laissons raconter à Geoffroy lui-même, dans un de ses plus remarquables feuilletons dramatiques du *Journal des Débats* d'alors[1], les péripéties de cette petite conspiration qui avorta misérablement, comme on devait le prévoir d'ailleurs, grâce à la fermeté de Napoléon Ier.

« Le même nouvelliste qui annonçait il y a quelque temps les répétitions et les représentations de ma tragédie de *Caton*, vient encore de consigner dans sa gazette un autre fait non moins authentique et d'une aussi grande importance. Il nous assure qu'on a proposé aux comédiens de remettre *l'Écossaise* et que les comédiens ont rejeté la proposition, dans la crainte d'offenser *un certain personnage redoutable pour eux*. Il est très-possible qu'on ait fait aux comédiens une pareille proposition, très-possible qu'elle n'ait pas été approuvée ; mais le motif qu'on prête aux comédiens pour la rejeter est tout à fait étrange et invraisemblable. Que peut avoir de commun le personnage en question avec cette ignoble et dégoûtante satire qui déplut dans le temps à ceux même qui n'aimaient pas l'homme de lettres qu'on y outrageait avec tant de bassesse ? La plus forte raison pour ne pas reproduire aujourd'hui cette infamie littéraire, c'est le respect pour le nom de Voltaire, qui s'est couvert d'un éternel opprobre par cette vengeance indigne d'un honnête homme. Un second motif, peut-être plus puissant encore, c'est la froideur et la pla-

1. 3 nivôse an XII. Geoffroy, *Cours de littérature dramatique*, etc. 2e édition (1825), tome III, page 106 à 111.

titude de l'ouvrage, aussi ennuyeux que méchant. D'ailleurs, l'estimable écrivain, calomnié dans cette rapsodie maladroite, y est peint surtout comme un vil délateur, comme un espion de la tyrannie, lequel fait métier de lui dénoncer les malheureux et les proscrits. Or, depuis que les disciples de Voltaire et les plus ardents zélateurs de sa doctrine.ont exercé publiquement à Paris cette fonction honorable pendant les troubles de l'anarchie; depuis qu'ils se sont faits les espions du saint-office de *Salut public* et les familiers de l'inquisition de *Sûreté générale;* depuis qu'on les a vus, au nom de la philosophie et de la liberté, devenir les délateurs et les bourreaux de tout ce qu'il y avait d'honnête et de respectable en France, on n'a garde de rappeler aujourd'hui une accusation pareille, dans la crainte que le public indigné ne la détourne sur la tête des vrais coupables. Voilà les seuls motifs qui ont pu faire rejeter par les comédiens *l'Écossaise,* et non la crainte d'offenser *un certain personnage* plus utile que *redoutable pour eux :*

Censeur un peu fâcheux, mais pourtant nécessaire.

« Il sera peut-être intéressant pour les lecteurs de trouver ici quelques détails historiques et quelques réflexions impartiales au sujet de cette grande bataille livrée en 1760, sur le théâtre de Paris, entre les factieux avides de nouveautés et les défenseurs des anciennes lois du royaume : ceux-ci engagèrent l'action. M. Palissot, protégé de M. de Choiseul, profita du moment où les nouveaux docteurs venaient d'insulter, dans un libelle, la princesse de Robecq et la princesse de Lamarck; il fit jouer, par l'ordre du ministre, sa comédie des *Philosophes,* qui eut un grand succès. M. Palissot prétendit avoir fait la comédie des *Philosophes,* non pas pour soutenir le gouvernement et les anciennes institutions, mais uniquement pour venger deux princesses; il perdit tout l'honneur de cette attaque courageuse, et sa politique à l'égard de Voltaire lui fit un tort irréparable auprès des honnêtes gens. Pour un homme d'esprit, il commit une bévue bien grossière, en se flattant de pouvoir séparer Voltaire des philosophes dont il était le chef. Ses flatteries et son encens ne firent qu'augmenter le mépris du vieux pontife, sans affaiblir sa haine pour celui qui avait battu son clergé et ses valets de chambre. Quand on vit l'auteur de la comédie des *Philosophes* prosterné devant le lama de la philosophie, devant le Baal des infidèles, on sentit combien il était indigne de la gloire de défendre une si belle cause ; on aurait pu lui appliquer ces vers d'*Athalie* :

> Jéhu, qu'avait choisi sa sagesse profonde,
> Jéhu, sur qui je vois que votre espoir se fonde,
> . . . .
> . . . .
> Suit des rois d'Israël les profanes exemples ;
> *Du vil dieu de l'Égypte il conserve les temples ;*
> Jéhu, *sur les hauts lieux* enfin osant offrir
> Un téméraire encens que Dieu ne peut souffrir,
> N'a, pour servir sa cause et venger ses injures,
> Ni le cœur assez droit ni les mains assez pures.

« Le gouvernement se trahit lui-même par ce malheureux système de bascule et de contrepoids, toujours si dangereux. Après avoir permis qu'on démasquât les philosophes ligués contre les institutions et les mœurs de la nation, il crut aussi qu'il fallait laisser insulter le seul homme qui avait le courage de les défendre; il autorisa la représentation de *l'Ecossaise*, qu'on regardait comme la réponse à la comédie des *Philosophes* : traitant ainsi de la même manière ses amis et ses ennemis, à l'exemple du sot Jupiter de la fable :

Tros Rutulusve fugat, nullo discrimine habebo.

Quelle différence entre ces deux comédies! elle était presque aussi grande que la différence qu'il y avait entre les deux causes. Palissot confond une secte ennemie de la société; Voltaire insulte un homme de lettres qui n'a d'autre crime que de ne pas tout admirer et tout croire dans ses ouvrages : Palissot dénonce à la nation d'affreux principes, une doctrine désolante et meurtrière; Voltaire, n'ayant rien à reprocher à celui qu'il outrage que son zèle à défendre le gouvernement et le culte de son pays, se trouve réduit à d'infâmes impostures, à d'atroces calomnies, que les lois punissent dans tous les États policés : Palissot se nomme, comme le doit tout accusateur honnête; Voltaire se cache comme un lâche calomniateur, comme un vil libelliste; il a recours à toutes ces honteuses fourberies, à tous ces déguisements méprisables d'un criminel que sa conscience condamne.

« Qui pourrait aujourd'hui balancer entre M. de Voltaire, qui conspire la ruine de sa patrie, et M. Fréron, qui, pour la secourir, se dévoue à tous les traits d'une secte implacable? Ce n'est ici ni le poëte ni l'écrivain qu'il faut considérer; avant de faire des vers ou de la prose, il faut être citoyen, il faut être honnête homme : de bonnes actions valent mieux que de bons poëmes; le talent dont on abuse mérite plus de haine et de mépris que d'éloges, au jugement de J.-J. Rousseau; l'esprit n'est rien en comparaison des mœurs et de la vertu. M. Fréron succombant victime de son devoir, dédaigné du gouvernement qu'il a soutenu, en butte à la rage des sophistes dont il a dévoilé les complots, sans autre consolation que sa conscience, me paraît bien supérieur à Voltaire applaudi, triomphant, célébrant sa victoire au milieu d'une troupe de sectaires et de conjurés armés contre les lois et les mœurs de leur pays. Ce contraste me rappelle Bayard mourant au pied d'un arbre, en brave et vertueux chevalier, tandis que le connétable de Bourbon, infidèle à son roi, traître envers sa patrie, enivré de son coupable triomphe, se croit au comble de la gloire quand il a perdu l'honneur, et s'imagine faire envie, quand il n'excite que le mépris et la pitié.

« Les voltairiens ont répondu à la comédie de Palissot comme les molinistes aux lettres de Pascal, en l'accusant d'avoir falsifié les passages, altéré la doctrine des casuistes philosophes : rien ne serait plus facile que de vérifier si l'auteur a fidèlement extrait leurs principes. On me dira peut-être qu'il ne faut pas reprocher à ces sophistes d'avoir détruit l'ancien gouvernement pour nous amener l'heureux résultat dont nous jouissons aujourd'hui. Je réponds d'abord qu'il leur était impossible de prévoir ce résultat, et que personne n'osait l'espérer. Nous leur avons obligation de l'anarchie que leur Alcoran favorise et consacre ; mais, pour le miracle qui a terminé nos malheurs, nos docteurs modernes n'y ont aucune part ; ils ne peuvent l'appuyer sur aucun de leurs dogmes ; il n'y a que la saine et véritable philosophie, conservatrice de la société et de la tranquillité publique, qui ait présidé à cet acte de notre délivrance.

« Je réponds ensuite que c'est une lâcheté et une folie de cabaler contre le gouvernement sous lequel on vit, quels que soient ses abus ; que c'est un crime de souffler par des déclamations incendiaires les feux de la discorde et de la guerre civile, de faire éclore des factions qui, tôt ou tard, renversent l'État où elles ont pris naissance : il n'y a pas de plus grand attentat envers l'humanité que celui qui tend à détruire l'autorité. Les philosophes, comblés des bienfaits de la cour, étaient des ingrats qui déchiraient la main qui les nourrissait ; s'ils voulaient déclamer contre le despotisme, ils ne devaient pas en recevoir des pensions et des grâces. On peut toujours raisonnablement se défier d'une secte dont les talents se sont déjà signalés par la ruine de l'ancienne constitution de leur patrie. Il n'y a pas un des membres de cette confrérie philosophique qui ne puisse se vanter du pouvoir de ses sophismes, comme Émilie du pouvoir de ses charmes, et s'écrier avec une juste confiance : « Si j'ai détruit un gouvernement, j'en détruirai bien d'autres ! »

« Leur haine seule contre nos institutions religieuses est extrêmement funeste à la société, puisque la religion, suivant J.-J. Rousseau, est le plus solide appui de l'autorité, et presque l'unique garantie de la soumission des citoyens au gouvernement. Il leur serait difficile de nier cette haine, après l'aveu naïf que Voltaire en a fait en mille endroits de sa correspondance, et spécialement dans cette petite anecdote qu'il raconte joyeusement. M. Hérault, lieutenant de police, disant à l'un des frères :

— Vous ne détruirez jamais la religion chrétienne.

Le frère répondit froidement :

— *C'est ce qu'il faudra voir.*

Et on l'a vu.

FIN.

TABLE DES MATIÈRES

APPENDICE

PENSÉES DE FRÉRON.

CHAPITRE PREMIER. — RELIGION.

CHAPITRE II. — POLITIQUE.

CHAPITRE III. — DES FEMMES.

CHAPITRE IV. — DE L'ART.

CHAPITRE V. — PHILOSOPHES ET SOPHISTES.

CHAPITRE VI. — CRITIQUE LITTÉRAIRE.

CHAPITRE VII. — PORTRAITS.

CHAPITRE VIII. — HISTOIRE.

CHAPITRE IX. — PENSÉES DIVERSES.

POÉSIES FUGITIVES DE FRÉRON.

APPENDICE

FIN DE LA TABLE DES MATIÈRES.

Paris. — Imp. Viéville et Capiomont, rue des Poitevins, 6.

Ce livre est un curieux recueil contenant les faits et gestes de tous les théâtres parisiens pendant l'année qui vient de s'écouler.

Ce volume ne sera pas, comme tant d'autres, un ballon d'essai lancé au hasard et qui crèvera en l'air. C'est le premier anneau d'une chaîne qui se continuera longtemps. La collection est de celles qui auront leurs places marquées dans toutes les bibliothèques, et chaque volume s'y ajoutant, augmentera le prix de ses devanciers.

LE MASQUE DE FER.

GAULOIS (18 février).

... Ce premier volume, qui est accompagné d'une très-intéressante préface de M. Sarcey, renferme l'histoire du théâtre à Paris, en province et à l'étranger pendant l'année 1875, et de tous les événements se rapportant à la littérature dramatique et musicale. Il a sa place marquée d'avance dans la bibliothèque de tous ceux qui s'occupent des choses théâtrales.

F. OSWALD.

L'ÉVÉNEMENT (13 février).

Nous recevons un gros volume intitulé : les *Annales du théâtre et de la musique*, par MM. Édouard Noël et Edmond Stoullig.

C'est le relevé complet, fait avec le plus grand soin et une parfaite exactitude, des œuvres et des événements dramatiques et lyriques qui se sont produits dans le courant de l'année 1875.

Nous prédisons un réel succès à cette nouvelle et intéressante publication.

GEORGES DUVAL.

JOURNAL DES DÉBATS (15 février).

Francisque Sarcey présente les auteurs ainsi au public : « M. Noël s'est voué à la littérature dramatique et a fait jouer, en attendant mieux, en province, à Lyon, plusieurs pièces de sa façon. M. Stoullig a donné et donne encore à divers journaux des feuilletons de critique théâtrale. Ils sont, comme vous le voyez, gens du métier. » J'ajouterai que les feuilletons de M. Stoullig sont généralement fort bien pensés et fort bien écrits, et qu'on retrouve la netteté de son style et la sûreté de son jugement dans les courtes appréciations que renferme l'ouvrage patronné par M. Francisque Sarcey, et qu'à mon tour je recommande aux artistes et au public.

E. REYER.

LA LIBERTÉ (20 mars).

Une préface de M. Francisque Sarcey explique parfaitement la valeur et la difficulté d'un semblable travail. Ainsi fait, il devient à la fois très-curieux et très-utile à consulter. Notre théâtre revivra tout entier dans ces *Annales*. Nous avons pu déjà remarquer, dans cette première série, une grande exactitude dans les faits et une scrupuleuse intégrité dans les jugements.

L. P. LAFORÊT.

LE TEMPS (22 février).

Les auteurs ont évidemment cherché à être aussi complets et aussi exacts que possible. Pour rendre leur volume plus intéressant, ils ont donné un compte rendu sommaire de toutes les représentations qui ont offert quelque importance. Ils ont reproduit aussi les programmes des concerts du Conservatoire, mais seulement à partir du mois de novembre.

J. WEBER.

LE MONITEUR UNIVERSEL (24 février).

Tout en restant méthodiques et précis, les jeunes auteurs ont su donner à ces espèces de procès-verbaux une couleur séduisante et variée ; les incidents de chaque représentation, les indispositions des acteurs, les changements d'affiches, tout s'y trouve noté avec une exactitude sténographique.

Quelquefois même nous sommes initiés discrètement aux petits drames ou aux petites comédies qui se passent derrière la toile ; ici l'on nous montre les embarras et les désespoirs d'un directeur, là on nous laisse entrevoir telle petite rivalité, telle petite jalousie d'artistes, qui parfois suffisent pour arrêter dans son vol vers le succès la pièce la mieux lancée.

LE SIÈCLE (28 février).

J'ai lu avec intérêt et je consulterai souvent ce volume, excellent, clair, bien écrit, méthodiquement composé, d'une grande impartialité, et qui s'offre aux curieux des choses du théâtre et de la musique comme le fidèle tableau du mouvement dramatique pendant l'année 1875. Rien de ce qui peut intéresser la littérature dramatique et l'art musical n'a été omis dans ce recueil.   E. DE BIÉVILLE.

LE XIXᵉ SIÈCLE (15 février).

Mon confrère Francisque Sarcey a mis en tête des *Annales du théâtre et de la musique* une introduction, en forme de préface, qui recommande, avec cette autorité qu'il possède aujourd'hui, l'œuvre intéressante de MM. Noël et Stoullig. Ayant aussi quelque compétence en la matière, j'oserai offrir à mon tour aux courageux chroniqueurs qui nous présentent aujourd'hui leurs premiers travaux, mes félicitations bien sincères et mes encouragements.   CH. DE LA ROUNAT.

LA PRESSE (15 février).

J'ai reçu le premier volume d'une collection qui, d'année en année, rendra un véritable service à tous ceux qui s'occupent des choses du théâtre, écrivains ou amateurs.....

Le volume est compact, plein de faits curieux et complets. Rien de plus utile et de plus intéressant que ces sortes de répertoires. Celui-ci est excellent.   JULES CLARETIE.

REVUE DE FRANCE (mars 1876).

Ce volume est un résumé complet et assez détaillé de tout ce qui touche aux choses du théâtre. Il peut et doit être utile à ceux que les questions de cette nature intéressent et qui trouveront ainsi sous leur main tous les renseignements qu'ils peuvent désirer, date et nombre de représentations de chaque ouvrage, distribution des rôles, analyse et examen critique des pièces.

OPINION NATIONALE.

Les *Annales du théâtre et de la musique*, c'est tout simplement le résumé très-complet, très-soigné, très-exact des œuvres et des événements dramatiques et lyriques qui se sont produits dans le courant de l'année 1875 ; la liste et l'analyse raisonnée des pièces jouées à Paris et en province, les concours du Conservatoire, les comptes rendus des Assemblées des sociétés des auteurs et des artistes dramatiques, un rappel de tous les faits saillants rendu intéressant par des appréciations consciencieuses et réfléchies.

Ce n'est plus de la critique improvisée au jour le jour, c'est, en quelque sorte, de l'histoire écrite avec calme et impartialité.

GUSTAVE RICOUART.

SATURDAY REVIEW.

... Nous avons nommé M. Sarcey en connexion avec les *Annales du théâtre*, mais il serait plus exact de dire qu'il agit seulement comme chaperon de MM. Ed. Stoullig et Ed. Noël; il est néanmoins responsable à un certain degré des écrivains qu'il introduit, et la collaboration de ces trois gentlemen a produit une œuvre très-intéressante (*and the collaboration of his three gentlemen has produced a very interesting work*).

Des listes bibliographiques et nécrologiques complètent ce volume qui épuise le vaste sujet (*which exhausts the wede subject*) du drame et de la musique pour l'an 1875.

LE TEMPS (14 février).

C'est le premier volume d'une série qui sera continuée. Il me semble que c'est ce qu'on a fait jusqu'à ce jour de plus complet, de mieux ordonné, et même de plus agréable à lire en ce genre.

FRANCISQUE SARCEY.

LE GUIDE MUSICAL (17 février).

A part quelques imperfections de détails, inhérentes d'ailleurs à la première année d'une publication de ce genre, il est fort bien fait et de nature à rendre d'utiles et réels services aux amateurs, aux gens du monde et surtout aux travailleurs.

ARTHUR POUGIN.

REVUE POLITIQUE (11 mars).

... Leur volume, très-exact, très-complet, contient l'histoire du mouvement dramatique et musical tant en province qu'à Paris. C'est plus qu'une nomenclature : les ouvrages sont analysés et appréciés selon leur importance ; à la fin même on trouve une conclusion philosophique et morale. M. Sarcey a présenté l'ouvrage et les auteurs au public dans une très-agréable préface.

MAXIME GAUCHER.

JOURNAL DE PARIS (14 février).

La France aime le théâtre avec passion. Une publication destinée à passer en revue tous les événements dramatiques de l'année est donc assurée d'y recevoir un bon accueil, sans compter que, si elle est faite avec soin, avec conscience, elle rend un véritable service à tous ceux qui, par profession, ont à se tenir au courant des faits et gestes de l'art dramatique.

Tel est précisément le caractère de l'ouvrage publié par MM. Noël et Stoullig. Il est composé avec un soin minutieux ; aucun fait, si petit qu'il soit, aucune date n'y sont oubliés.

JULES GUILLEMOT.

Paris. — Impr. Viéville et Capiomont, rue des Poitevins, 6.